本书为国家社科基金重大项目"G20峰会国家对外传播理念与机制研究"
（项目批准号：16ZDA216）阶段性成果

THE MEDIA COVERAGE OF
THE G20 SUMMIT:
A CROSS-CULTURAL PERSPECTIVE

G20峰会跨文化传播研究

主 编
孙有中
刘 滢
章晓英

社会科学文献出版社
SOCIAL SCIENCES ACADEMIC PRESS (CHINA)

目　录

上篇　东道国媒体对历次 G20 峰会的报道

G20 华盛顿峰会美国媒体报道研究 ……………………………… 翟　峥 / 3
G20 伦敦峰会英国媒体报道研究 ………………………………… 章晓英 / 13
G20 匹兹堡峰会美国媒体报道研究 ……………………………… 宋　颖 / 34
G20 多伦多峰会加拿大媒体报道研究 ……… 刘　滢　秘丛丛　王笑璇 / 40
G20 首尔峰会韩国媒体报道研究 ………………………………… 苗春梅 / 71
G20 戛纳峰会法国媒体报道研究 ………………………………… 王昭文 / 83
G20 洛斯卡沃斯峰会墨西哥媒体报道研究 ……………………… 徐四海 / 97
G20 圣彼得堡峰会俄罗斯媒体报道研究
　　　　　　　　　　　　　　　　　　陈蔚青　王笛青　李　暧 / 108
G20 布里斯班峰会澳大利亚媒体报道研究 ……………………… 江　璐 / 132
G20 安塔利亚峰会土耳其媒体报道研究 ………………………… 关　博 / 152
G20 杭州峰会中国媒体报道研究 ………………………………… 张树军 / 160
G20 汉堡峰会德国媒体报道研究 ………………………………… 陆娇娇 / 178

下篇　世界性通讯社对历次 G20 峰会的报道

美联社 G20 峰会报道研究 ………………………………………… 胡　洁 / 191
合众国际社 G20 峰会报道研究 …………………………… 胡　洁　张　权 / 213

塔斯社 G20 峰会报道研究 …………………… 李　暖　孙　磊 / 228

新华社 G20 峰会报道研究 …………………… 胡　洁　张　权 / 251

结语　回顾与展望

G20 历次峰会报道综合分析及大型高端会议跨文化

　传播策略研究 ………………………… 北京外国语大学课题组 / 275

上 篇

东道国媒体对历次 G20 峰会的报道

G20 华盛顿峰会美国媒体报道研究

翟峥*

摘要： 为了应对全球金融危机，二十国集团从 2008 年起召开领导人峰会，首次峰会于 2008 年 11 月在美国首都华盛顿召开。本文选择会议东道国八家主流平面和广电媒体的峰会报道作为研究样本，分析其报道关注点与报道视角。研究主要结论是：美国媒体对此次峰会的关注度不高，新闻来源不够多元，叙述框架比较集中。最后，本文提出了若干应对国际媒体和组织类似大型国际会议报道的建议。

关键词： 美国媒体　G20 峰会　媒体报道

一　G20 峰会背景

2008 年，美国次贷危机引发了波及全球的金融危机，拖累世界经济一路下行。这场危机暴露了以美元为主导的国际货币体系和美国主导的治理体系的弊端。冷战后形成的、主导全球经济体系的"七国工业集团"（G7，即美国、英国、德国、法国、日本、意大利、加拿大）已无法适应当前全球政治、经济格局多极化发展的大趋势，尤其是与新兴经济体的群体性崛起不相适应。缺少新兴经济体的配合，西方世界不可能仅凭一己之力应对这场金融危机。1997 年的亚洲金融风暴其实已经为全球金融秩序敲响了警钟。为

---

* 翟峥，博士，北京外国语大学专用英语学院副教授，主要研究领域为美国政治传播。

此，八国集团（G8，即G7国家加上俄罗斯）的财长于1999年在柏林正式成立二十国集团（G20）。作为一个非正式对话机制和国际经济合作论坛，G20由原G8和其他12个重要经济体组成，目的是防止类似亚洲金融风暴的重演，让有关国家就国际经济、货币政策举行非正式对话，以利于国际金融和货币体系的稳定。

G20最初为财长和央行行长会议机制，但正是因为2008年这场突如其来的金融危机，G20会议升级为领导人峰会，成为国际经济合作主要论坛。第一次G20峰会于2008年11月15日在美国华盛顿举行，可以说，各国首脑"临危受命"，希望能找到拯救全球经济的办法。在这次会议上，各国领导人深入分析了产生金融危机的原因，共商加强国际金融领域监管、促进全球经济发展和维护世界经济稳定的举措。

可以说，与会各国领导人都有自己的意图和主张。总的来说，美国坚持自由市场原则和以美元为核心的国际货币体系，但在金融危机的背景下，认为有必要对现有体系做出一些调整。欧盟强调市场干预，希望提升欧元的地位，"颠覆"现有体系。日本则准备向IMF提供1000亿美元贷款，意在拓展自己在国际舞台上的影响力。而以中国为代表的新兴经济体则希望取得"话语权"。

会议在五个领域达成共识应对危机，通过了应对金融危机的3600字《华盛顿声明》。该声明分析了危机产生的根源，说明各国采取并将采取的行动，阐述改革金融市场的原则，承诺各国将继续致力于发展对外开放的全球经济。总体来说，华盛顿峰会达成的主要是一些原则性的承诺，但如何执行则留到后续峰会继续讨论。峰会宣言支持了美国坚持的自由市场原则和美元的核心地位，但也肯定了欧盟提出的金融改革三大建议，即提高金融市场透明度、完善问责制和加强监管。而G20峰会的一个巨大贡献就是打破了发达国家对设置议程和核心决策的垄断，新兴经济体国家首次能够与发达国家一道"平等参与"全球经济治理机制，这对发展中国家来说是个历史性的突破。

二　美国媒体环境概述

美国拥有世界上最发达的媒体系统，美国的媒体往往具有国际性的特征，其经营范围超越国界，在全球范围内盈利，重要媒体具有国际影响力，在相当程度上左右着全球新闻的议程和世界话语权。

一方面，美国宪法第一修正案保护新闻自由。美国媒体被视为与立法、行政、司法并立的"第四权力"，对这三种政治权力起制衡作用，不直接受控于政府。美国新闻界多年来揭丑报道的传统决定了其报道方式与态度。一般来说，美国媒体最关注本国事件，其次是他国的负面事件。需要指出的是，虽然美国媒体在进行国内报道时也以"扒粪者"自居，但媒体与政府存在一种共生关系，在很多情况下很难独立发挥监督政府的作用。

另一方面，大多数美国媒体是商业媒体公司，依靠广告、订阅以及出售版权盈利。媒体的商业性质决定了其内容选择与风格，需要考虑受众的喜好。美国人在与媒体的互动过程中也形成了趋好负面新闻和轰动性新闻的习惯，因此媒体选择的框架与受众认知的框架形成了一个相互建构和互动强化的过程。尤其值得注意的是，近二十年来，美国主要媒体公司的兼并、重组呈现明显的持续上升趋势，互相竞争的媒体在资本层面已经被紧紧绑在了一起。大媒体公司的业务几乎全部横跨报纸、电视、网络等各个媒介领域。其结果是新闻垄断在少数公司手中，新闻内容和观点的多元化越来越弱。

三 研究样本

本文选取了八家媒体的报道作为研究样本，具体为：《纽约时报》（以下简称"NYT"）和《华盛顿邮报》（以下简称"WP"）两份报纸；美国广播公司（以下简称"ABC"）、全国广播公司（以下简称"NBC"）、美国哥伦比亚广播公司（以下简称"CBS"）、福克斯广播公司（以下简称"FOX"）和有线电视新闻网（以下简称"CNN"）五家电视台；还有一家广播电台（全国公共广播电台，以下简称"NPR"）。《纽约时报》和《华盛顿邮报》是美国发行量较大的两份主流报纸，长期以来拥有良好的公信力和权威性，也是美国新闻议程的重要制定者。一般认为，《纽约时报》在报道国际事务上更有威望，而《华盛顿邮报》更擅长报道美国国内政治动态。ABC、NBC 和 CBS 是美国三大传统商业广播电视网，现母公司分别为迪士尼、康卡斯特和国家娱乐公司。其中 CBS 的节目以新闻和娱乐性节目为主，收视率长时期居三大广播电视网首位。CNN 是美国最大的专门播送新闻的电视公司，也是世界上最早出现的国际电视频道，现已成为世界性新闻电视网，为国际社会所瞩目。由默多克控股的 FOX 新闻集团于 1986 年

10月创办，20世纪90年代中期FOX已经崛起为同三大广播电视网齐名的著名电视网。与上述其他媒体不同，NPR是美国最大的公共广播电台，是一家获公众赞助及部分政府资助，但独立运作的非商业性美国媒体，享有国际声誉。

整体来说，本文选取的样本代表了美国主流媒体的立场与态度。美国大多数主流媒体被自由派把持，自由主义的文化哲学和意识形态长期占主导地位。事实上，大部分美国媒体从业人员认同媒体是社会公器，应当监督政府，推动社会进步。在上述八家媒体中，仅有FOX持保守派政治立场。

四 研究发现

（一）媒体关注度不高，报道体裁以消息为主

在华盛顿举行的峰会是G20首次峰会，且会议准备时间较短。小布什是在2008年10月18日与到访的法国总统萨科齐会面后才宣布将主持召开首次国际峰会。因此，从正式宣布召开峰会到峰会举行尚不足一个月时间。从总体上来看，美国媒体对本次峰会的关注程度比较低。笔者利用LexisNexis数据库，以G20为关键词对2008年11月1日至30日上述八家媒体有关G20峰会的报道进行检索，剔除无关新闻后，共得到24篇有效研究样本。具体样本分布情况如表1所示。

表1 美国主流媒体对首次G20峰会的报道量

单位：篇

	平面媒体		广电媒体						小计
	NYT	WP	ABC	NBC	CBS	FOX	CNN	NPR	
会前（11月1日~11月14日）	1	3	0	0	0	1	3	1	9
会中（11月15日）	0	2	0	4	3	0	0	0	9
会后（11月16日~11月30日）	0	1	1	1	0	0	3	0	6

注：CNN数据既包括电视节目文字转录稿也包括CNN网站刊登的新闻。
资料来源：由笔者统计整理得到。

从报道量时间分布上看，11月15日峰会当日的报道量最多，前一日领导人抵达华盛顿并参加晚宴的报道量次之，峰会次日报道量第三（见图1）。

这体现了新闻报道的事件驱动性,而且在本次峰会结束后,媒体对峰会的关注度迅速降温。

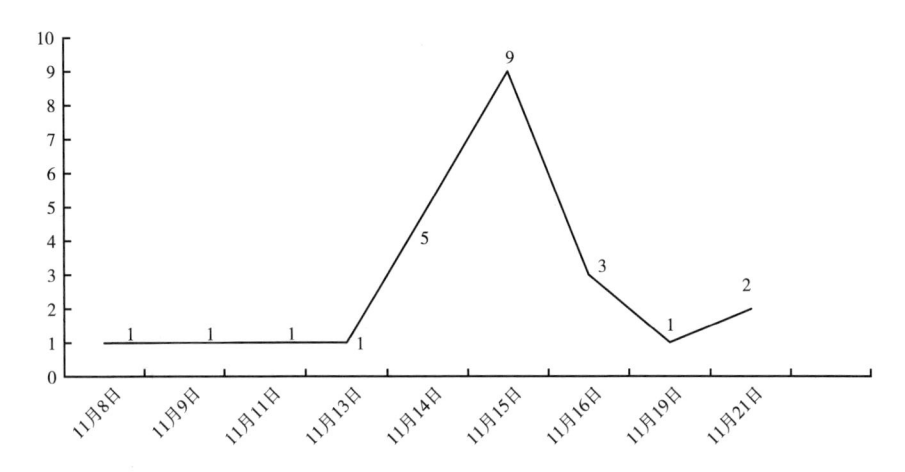

图 1　美国主流媒体对首次 G20 峰会的报道量时间分布

从报道体裁上看,两份报纸的报道中消息为 6 篇(占总数的 86%),《华盛顿邮报》刊登了 1 篇对日本首相麻生太郎的访谈(占总数的 14%),但没有评论、特写、读者来信等其他体裁。在广电媒体的 17 篇报道中,16 篇为节目文字稿,1 篇为 CNN 网站刊登的新闻(以专家访谈形式出现的新闻)。在 16 个节目中,15 个为新闻类节目(其中 3 个为在新闻直播节目中记者邀请嘉宾进行简短访谈),1 个为谈话类节目(CNN 的拉里·金直播,但有关 G20 的内容仅有 120 个单词)。可以看出,广电媒体在本次报道中主要在新闻类节目中报道峰会,但邀请嘉宾参与节目接受访谈是一个常见的呈现形式。在上述 3 个访谈中,时任白宫新闻发言人佩莉诺出现在 11 月 15 日同一个时间档(美国东部时间上午 7 点)的两个早间新闻节目中,先后接受了 NBC 和 CBS 两个电视台新闻主播的采访,为 G20 的报道定下了基调。

(二) 新闻来源以政府和发达国家为主

新闻来源是指"在新闻引述中提及且可确认的个人、组织和实体"[①]。新闻来源是新闻话语的实际主体,它以特定的话语体系对新闻事件进行带有

---

① P. S. Voakes, J. Kapfer, D. Kurpius, and D. S. Chern, "Diversity in the news: A conceptual and methodological framework," *Journalism and Mass Communication Quarterly*, 73 (3), p. 586.

价值观的界定。新闻记者依赖新闻来源为其提供新闻报道的原始材料，并对其进行选择，以说明究竟发生了什么。因此，新闻来源与新闻记者的互动和博弈共同影响新闻话语的导向。

在24篇报道样本中，共计87条新闻来源（包括未提供具体信息但做了背景交代的新闻来源，如"欧洲和拉美的外交人士表示"等，也包括在现场做连线新闻报道的记者，但不含念新闻稿或与现场记者对话的电视台节目主播）。平面媒体报道共7篇，共计44条新闻来源，平均每篇报道有6.3条新闻来源；广电媒体报道共17篇，共计43条新闻来源，平均每篇报道有2.5条新闻来源。

本文把新闻来源分为以下类型：政府首脑及高级官员，学者和业界人士，非政府组织（如世界银行、国际货币基金组织等），普通民众，记者。具体分布情况见表2。

表2 美国主流媒体在报道首次G20峰会时采用的新闻来源

单位：条

	平面媒体		广电媒体						小计
	NYT	WP	ABC	NBC	CBS	FOX	CNN	NPR	
政府首脑及高级官员	2	28	2	6	5	7	4	2	56
学者和业界人士	0	4	1	0	2	0	1	2	10
非政府组织	0	6	0	0	0	0	0	0	6
普通民众	0	4	0	0	0	0	0	0	4
记者	0	0	1	3	1	1	4	1	11

注：CNN数据既包括电视节目文字转录稿也包括CNN网站刊登的新闻。
资料来源：由笔者统计整理。

通过表2可以看出，无论是平面媒体还是广电媒体，在报道G20峰会时均以官方信息为主要信息源，占全部信息源的64%；其次为在活动现场的电视新闻记者，占13%；然后是学者和业界人士，占11%；非政府组织占新闻来源的7%。除了《华盛顿邮报》在一篇报道抗议活动的新闻中采访了普通民众以外，其他报道中没有任何以普通民众为新闻来源。

如果从新闻来源所在国家来分析，美国主流媒体在报道首次G20峰会时的偏向性就更为明显，在所有87条新闻来源中，仅有8条是来自八国集团以外的发展中国家（其中4条出自《华盛顿邮报》的同一篇稿件），仅占全部新闻源的9%（由于世界银行和国际货币基金组织等国际组织在很大程度上仍由发达国家控制，所以在本文中未将此类国际组织视为发展中国家代表）。

（三）新闻选择与叙述框架比较集中

在对首次 G20 峰会的报道中，美国记者关注了以下几个突出的主题。

记者最为关注的自然是本次峰会上各方的观点冲突以及峰会到底取得了什么成果。在报道这个主题时，记者的报道内容和叙述框架并未随时间的变化而变化。整体上说，报道对首次 G20 峰会持谨慎的积极评价，无论是自由派媒体还是保守派媒体都认为本次会议虽然不可能取得具体的成果，也不可能立竿见影地把全球经济从泥潭中解救出来，但重要经济体在全球危机面前携起手来，取得一些原则性的共识是有必要的，而且很多报道寄希望于后续峰会取得更实质性的结果。绝大多数报道关注美欧差异，尤其是美国与法国、英国的不同立场。危机发生时，法国正担任欧盟轮值主席国，而小布什正是在萨科齐的劝说下才同意召开并主持此次峰会。很多报道直接引用法国总统萨科齐的原话，介绍他的主张，即要求对现有国际治理体系进行大刀阔斧的变革。美国虽然承认现有体系的漏洞，但并不想重建一个新的体系，只想"小修小补"。无论是报纸还是电视，均大量报道引用了小布什的讲话内容，比如"自由市场经济"才是最好的模式，在当前的形势下，各国不应采取"贸易保护政策"，而且"政府干预并不是万灵丹"。此外，有个别报道也关注了新兴经济体国家的诉求，应把这些国家纳入决策过程。如前所述，此次峰会通过的《华盛顿声明》是多方诉求的妥协，照顾了各方利益。美国媒体在报道时对峰会取得的成果做了报道，表明会议旨在改革现行国际治理体系而非另起炉灶。

第二个主题是对本次会议召开时机的讨论。很多报道指出，小布什的任期即将结束，而当选总统奥巴马多次表示不会参加本次峰会，因为"同一时间只能有一个［美国］总统"。一方面，记者对奥巴马的决定均表示理解并肯定，因为这样可以避免混乱。另一方面，美国媒体也都认可小布什在离任前两个月召开这次会议的决定，因为全球经济形势非常严峻，需要主要国家领导人对一些重要原则问题达成共识。在这个问题上，各媒体的态度和立场是统一的。

第三个主题是外国首脑对美国政府和小布什本人的批评。可以说，本次峰会各国首脑齐聚华盛顿的目的之一是来美国兴师问罪，毕竟这次危机是由美国次贷危机引发的。但记者对这些批评的报道只是一笔带过，并未提供细节。与此同时，不止一篇报道援引小布什的原话，"［金融危机］不是一夜之间产生的，也不可能在一夜之间得到解决"①。这实际上有为美国开脱之嫌。CNN 在 11 月 19 日播出的一档新闻节目中对小布什总统进行了调侃。新闻主播先是播放了一段 15 日 G20 峰会首脑拍摄集体照时的视频，视频显示其他首脑都在相互握手打招呼，却没有人搭理小布什。主播开玩笑说，小布什现在"好像是高中里谁也不待见的孩子"，但六年前他是"似乎大家都挺喜欢的一个小霸王"。随后主播把"布什"（Bush）和"霸王"（bully）两个字同时放在谷歌搜索栏里搜索，竟然出现了 250 万条结果。最后主播表示"我其实挺替他难过的"②。这种带有怜悯情绪的调侃自然也不能视为对小布什乃至美国政策的批评。

第四个主题是 G20 峰会的一些花絮，但基本是负面报道。比如 ABC 的一条新闻介绍了 14 日"工作晚宴"的菜谱，特别指出每人的花销超过 400 美元，在经济危机的背景下，如此奢华的宴会自然会"引起不满"③。《华盛顿邮报》在 15 日的一篇报道中提到，"昨晚的活动本来目的是要解决危机的，但其实在一段时间内给华盛顿增加了麻烦：一个个豪华车队把街道堵死，华盛顿的晚高峰拥堵情况加剧"④。

最后，《华盛顿邮报》在 16 日报道了 G20 峰会会场外的抗议活动，这是本次峰会中美国主流媒体唯一关注抗议活动的报道。在报道中，记者引用了来自四个发展中国家的抗议者和一名印度裔美国人的观点，他们表示世界应该更加关注贫穷国家的人民，应该打造一个更加人性化、更加公正的世界新秩序⑤。

需要指出的是，在这 24 份报道中，仅有 8 份报道提及中国，而且都是一笔带过，说明在首次 G20 峰会时，中国并不是美国媒体的显著关注点。

总的来说，美国主流媒体对首次 G20 峰会的报道选题比较集中，立场和态度也没有显著差异。

---

① Martin Weil and Marissa Newhall, "Full plate at White House for G20: economic talk and quail," *Washington Post*, Nov. 15, 2008, p. A10.
② Anderson Cooper, Rick Sanchez, Wolf Blitzer, and Susan Lisovicz, "CNN Newsroom" transcript, 3:00 PM EST, Nov. 19, 2008.
③ Bill Weir and Kate Snow, "Good Morning America" transcript, 7:08 AM EST, Nov. 16, 2008.
④ Weil and Newhall, Nov. 15, 2008, p. A10.
⑤ Pamela Constable, "G-20 opponents seek policies that do more for world's poor," *Washington Post*, Nov. 16, 2008, p. A14.

结 论

通过以上对美国媒体首次 G20 峰会报道的样本分析，本文得出了以下主要结论，并提出一些建议。

首先，美国主流媒体表面客观，但不可避免地带有主观倾向，这一点从媒体对新闻来源的选择就能明显看出来。虽然媒体的新闻来源较多，但来自非政府部门（尤其是真正的草根非政府组织）和普通民众的声音非常少。美国主流媒体在报道重大国际事件时仍然会大量采用官方信息作为新闻来源。与此同时，记者在报道新闻时为了制造不同角度、互补呼应的多样化和平衡，有可能还会采用非（美国）政府信息源。在本次报道中，记者采用的主要非（美国）政府信息源是外国领导人、专家学者和非政府机构。

对中国政府而言，应抓住一切机会利用国际媒体发出自己的声音。时效性决定有效性，透明度决定公信力，及时、准确地为新闻议程进行首次定义和解释就可能占据话语的主导地位，至少可以避免媒体的新闻来源旁落他人，完全被排挤出话语体系的尴尬境地。对中国媒体而言，应增加报道中新闻来源的数量和类型。增加来自非政府部门（学者、业界人士、非政府组织和普通民众）的新闻来源。从争夺话语权角度来说，如果更多的中国学者、智库、非政府组织及企业等专业人士和机构能够用符合外国受众思维方式和文化背景的语言进行报道，用一种非官方的方式对涉华新闻事件进行再定义和再解释，就可以成为中国官方新闻发布的有益补充，从而增加中国在国际媒体上的声音。采访普通民众也是一个重要报道方式，这种报道能够进一步拉近受众与新闻事件的距离。必须指出的是，中国记者应进一步重视新闻引语的作用，更多地使用标明信息源的直接引语，避免大而化之、含糊其辞的报道。

其次，本研究表明，不同媒体的报道方式和惯例有所不同。虽然本次研究样本绝大多数是消息类报道，但报纸引用的新闻源要大大多于广电新闻引用的新闻源。主要原因是报纸消息篇幅限制较小，而英语新闻的一大写作特点即是通过引语的方式讲述新闻故事；电视新闻以画面见长，辅以主播或记者的画外音。但在引用新闻源时，无论是报纸还是广电媒体都会挑选最出彩、最俏皮的一两句话或者几个词（sound bite），不可能长篇大论地引用。

对准备接受媒体采访的中国政府官员或专家学者而言，必须深刻了解媒体的运作规律，切忌说话没有重点、平铺直叙，应该事先设计好一两句既精辟又出彩的话，在采访时抛给记者，这些话被引用的概率就会更大。在接受现场直播电视新闻连线采访时更应该精心准备，在最短的时间内把最重要的信息用受众最能接受的方式包装，配合恰当的面部表情和肢体语言大方自信地表达出来。对中国媒体而言，在准备一个大型活动报道时，应考虑不同受众的信息处理习惯及不同媒体的运作惯例。报纸可编发消息、组织特写或专访、安排评论性文章、刊登读者来信，电视可在新闻节目中插入连线访谈、组织专访、做谈话节目或专题节目等。主流媒体可更侧重于对事件本身的关注，地方媒体或都市报纸可以在花絮报道上进一步挖掘，专业化媒体（包括新媒体）则可以充分发挥窄播的特点，为自己的受众提供定制化的信息。总之，各类媒体可以相互配合，形成合力，从而实现对重大事件的立体化报道。

A Study on US Media's Coverage of G20 Washington Summit

ZHAI Zheng

Abstract: In response to the 2008 financial crisis, the first G20 Summit on Financial Markets and the World Economy was held in November 2008 in Washington, D. C. The paper studies the coverage of eight mainstream print and broadcast media of the United States on the summit and examines the focuses and perspectives of such stories. The main conclusions are: in general, the US media paid scant attention to the event; the sources of news are limited to the Western world to a large extent; and the frame of coverage is limited. The paper also proposes some suggestions for how to better respond to the international press and how to organize a large-scale coverage on a major event.

Keywords: US Media; G20 Summit; Media's Coverage

G20 伦敦峰会英国媒体报道研究

章晓英[*]

摘要： 本文以英国四家主流媒体《泰晤士报》、《卫报》、《金融时报》和"BBC全球监测"为研究对象，对其2009年G20伦敦峰会的报道进行了文本分析。依据叙事学理论，本文从新闻事件、新闻视角、新闻叙述者三个层面对文本进行了由浅入深、由粗到细的层层梳理和分析。研究显示，英国四家主流媒体选择了同质化的新闻事件，但具有不同的视角和不同的隐藏叙事者。

关键词：《泰晤士报》 《卫报》 《金融时报》 "BBC全球监测" G20伦敦峰会

一 引言

1997年亚洲金融危机发生后，国际社会呼吁增加新兴市场国家在全球经济活动中的发言权。因此，西方七国集团财长于1999年9月25日在华盛顿宣布成立二十国集团（G20）。作为布雷顿森林体系框架内非正式对话的一种新机制，其宗旨是推动发达国家和新兴市场国家之间就实质性问题进行讨论和研究，以寻求合作，并促进国际金融稳定，促进经济的持续增长。

---

[*] 章晓英，博士，北京外国语大学国际新闻与传播学院教授、执行院长。主要研究方向：英国研究、国际传播、跨文化传播。感谢国际新闻与传播学院研究生张怡晟帮助搜集《泰晤士报》、《卫报》、《金融时报》和"BBC全球监测"的新闻文本。

2008年11月，在国际金融危机冲击的背景下，G20首次峰会在美国首都华盛顿举行。2009年4月，G20第二次峰会在英国首都伦敦举行。此后，G20领导人又先后在美国匹兹堡、加拿大多伦多、韩国首尔、法国戛纳、墨西哥洛斯卡沃斯、俄罗斯圣彼得堡、澳大利亚布里斯班、土耳其安塔利亚、中国杭州、德国汉堡举行峰会。从2011年法国戛纳峰会起，G20每年举行一次峰会，G20峰会从此步入机制化轨道。

本文主要关注2009年G20伦敦峰会。此次峰会于4月2日在伦敦召开，为期一天。该会的核心议题是经济刺激、金融监管、打击"避税天堂"等。其主要成果有：会议同意为国际货币基金组织和世界银行等多边金融机构提供总额1.1万亿美元资金；提出有必要对所有具有系统性影响的金融机构、金融产品和金融市场实施监管和监督，并首次提出将对冲基金置于金融监管之下；同意对拒不合作的"避税天堂"采取行动及实施制裁。同时，建立金融稳定委员会。

本文选取英国四家主流媒体《泰晤士报》、《卫报》、《金融时报》和"BBC全球监测"为研究对象，对其峰会报道进行了文本分析。本研究利用LexisNexis新闻数据库，以"G20"为核心词进行检索，检索的时间段为会前一周、会议期间、会后一周。在此基础上，对文本进行初步梳理，剔除了相关性不大的文本，最终共收集文本1346篇，其中《泰晤士报》216篇、《卫报》481篇、《金融时报》317篇、"BBC全球监测"332篇。依据米克·巴尔的叙事学理论，本文从新闻事件（fabula）、新闻视角（story）和新闻叙述者（text）三个层面对所选文本进行了由浅入深、由粗到细的层层梳理和分析。具体研究问题是：

（1）媒体主要关注哪些新闻事件？
（2）媒体从什么样的视角解读新闻焦点事件？
（3）除了记者作为文本作者外，媒体还有哪些隐性作者或叙事者？

二 概况：研究文本数量和类别

（一）四大媒体所选文本数量

《泰晤士报》所选文本一共是216篇，其中会前一周115篇、会议当天24篇、会后一周77篇；《卫报》所选文本481篇，其中会前一周198篇，会议当天82篇，会后一周201篇；《金融时报》共选文本317篇，其中会前一周138篇，会议当天67篇，会后一周112篇；"BBC全球监测"共选文本332篇，其中会前一周147篇，会议当天46篇，会后一周139篇。图1显示了四家媒体所选的文本数量，图2显示四家媒体文本所占的比例。

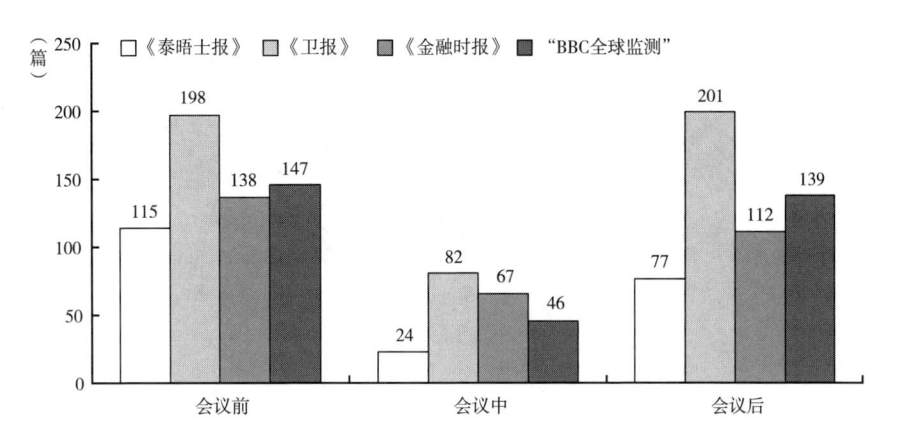

图1 《泰晤士报》、《卫报》、《金融时报》和"BBC全球监测"四家媒体的文本量

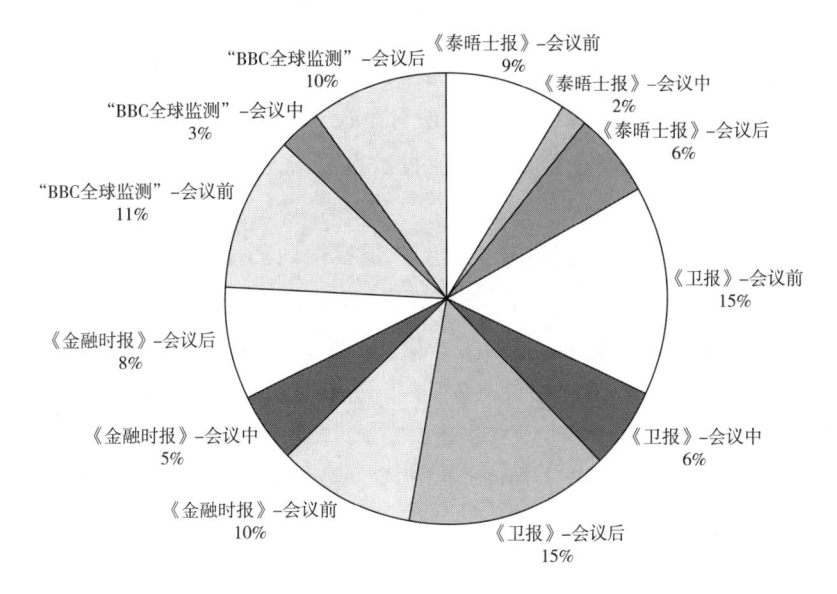

图2 《泰晤士报》、《卫报》、《金融时报》和"BBC全球监测"四家媒体文本所占比例

（二）新闻报道类型[1]

《泰晤士报》的新闻报道类型主要有商业（45 篇）、新闻（76 篇）、特稿（67 篇）、社论（28 篇）。图 3 显示了《泰晤士报》主要新闻类型占比。

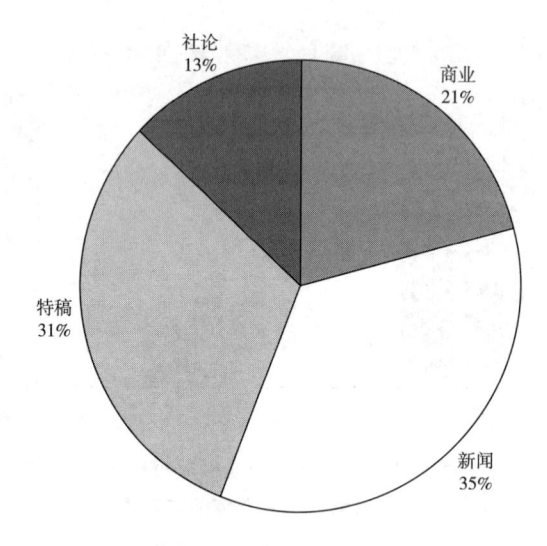

图 3 《泰晤士报》主要新闻类型占比

《卫报》的新闻报道类型主要有金融（33 篇）、国内新闻（128 篇）、国际新闻（2 篇）、特稿（23 篇）、评论与争论（36 篇）、社论（42 篇）、网站文章（217 篇）[2]。图 4 显示了《卫报》主要新闻类型占比。国际新闻较少，忽略不计。

《金融时报》的新闻报道分类广泛，包括国内新闻（17 篇）、国际新闻（38 篇）、报告（16 篇）、头条（23 篇）、经济衰退中的世界（10 篇）、人物（4 篇）、商业（4 篇）、公司（5 篇）、市场（31 篇）、G20 峰会（101 篇）、周末（10 篇）、关注伦敦（2 篇）、总统府行（1 篇）、短见（1 篇）、洞悉（1 篇）、专栏（8 篇）、分析（5 篇）、评论（19 篇）、社论（8 篇）、来信（13 篇）。图 5 显示了《金融时报》主要新闻分类占比。总统府行、短见、洞悉篇幅少，忽略不计。

---

[1] "BBC 全球监测"（BBC Worldwide Monitoring）全部引用或转载外国媒体对 G20 的报道，故此处省略其新闻类型。

[2] 在 LexisNexis 新闻数据库中检索到的文本，只有《卫报》包括了其网站文章。

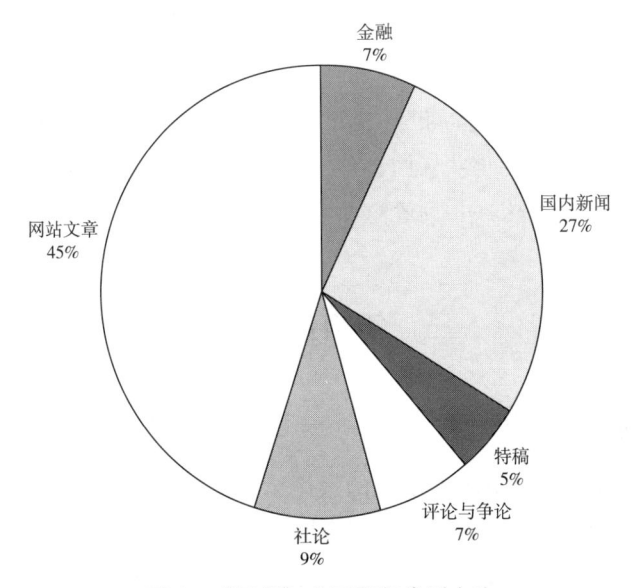

图 4 《卫报》主要新闻类型占比

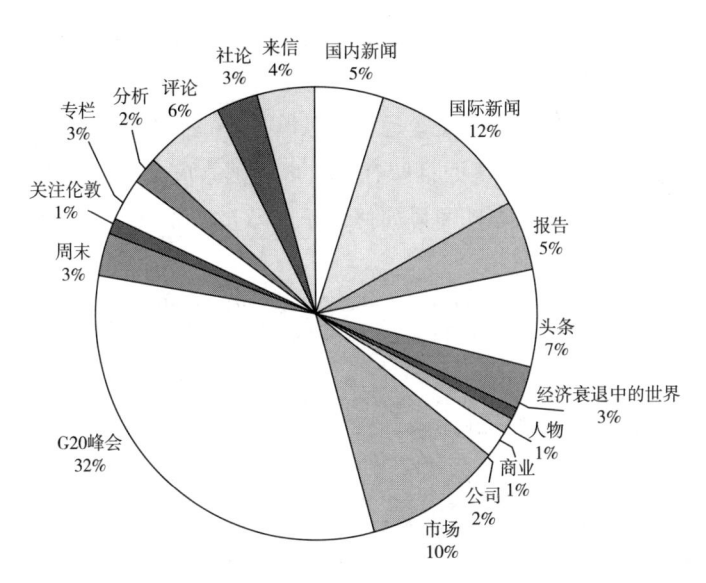

图 5 《金融时报》主要新闻类型占比

从报道篇数上看,《卫报》对伦敦 G20 峰会的报道最多,主要原因是该报在峰会后对示威者伊恩·汤姆林森(Ian Tomlinson)的死亡事件进行了大量跟踪报道,而其他三家媒体虽然对此事件有所报道或涉及,但基本上一带而过。另外,《卫报》的评论性文章是最多的。如果把"评论与争论"和

"社论"两个新闻栏目加起来,该报的评论性文章多达78篇,而《泰晤士报》社论是28篇,《金融时报》的评论和社论加起来是27篇。不难看出,与《泰晤士报》和《金融时报》相比,《卫报》更具有观点纸特性。

四家媒体分别关注哪些新闻事件?采用什么视角报道这些焦点事件?谁是叙事者?以下部分将一一回答这些问题,并进行分析与比较。

三 焦点新闻事件

(一)《泰晤士报》

在峰会前一周,《泰晤士报》的舆论比较谨慎,称 G20 峰会是促进经济开放的机会,但对它能在多大程度上纠正全球经济不平衡表示怀疑。新闻报道释放的信息有几个方面。就欧洲而言,该报试图展现一个团结的欧洲,但同时指出欧盟困难重重,面临欧元危机;① 萨科齐带来"威胁"。② 就英国来讲,女王对经济危机表示担忧;③ 布朗提出"市场需要道德"的经济观点;④ 布朗呼吁世界领袖为了未来而团结;⑤ 英国作为欧洲的"病人"需要吃药;⑥ 英国对恐怖袭击以及反资本主义运动表示恐惧;⑦ 在经济刺激问题上首相与财政大臣观点不同;⑧ 不仅英国而且所有 G20 峰会国家应实行经济刺激;⑨ 打击"避税天堂";⑩ 银行家与布朗商讨如何修正全球金融体系;⑪ 安全担忧;⑫ 示

---

① Eurozone risks being at odds with history, *The Times*, March 23, 2009.
② Sarkozy's threat to G20; President seeks tighter regulation-or he'll walk out, *The Times*, March 31, 2009.
③ Fittingly frugal dish before a Queen, *The Times*, March 25, 2009.
④ Time to reset capitalism's moral compass, *The Times*, April 1, 2009; It's a quasi-religion-and from the son of a preacher man, *The Times*, April 1, 2009.
⑤ Brown calls on leaders of the world to unite in pursuit of brighter future, *The Times*, April 1, 2009.
⑥ We still need to take our medicine, *The Times*, April 1, 2009.
⑦ Hospital on alert as police prepare for G20 violence, *The Times*, March 27, 2009.
⑧ It's really just a skirmish in an ancient British war, *The Times*, March 25, 2009.
⑨ We are ready to lead. Are you ready to join us? The G20 need not make a false choice between a chaotic and unforgiving capitalism and an oppressive state-run economy, *The Times*, March 25, 2009.
⑩ Poor countries need G20 to act on havens, *The Times*, March 30, 2009.
⑪ Bankers head for No 10 to fix financial world, *The Times*, March 23, 2009.
⑫ Fear: the last refuge of desperate politicians. Brown has resurrected a familiar bogeyman. But at present the bigger threat is from elsewhere, *The Times*, March 25, 2009.

威者的"推特"攻略以及英国警察应对示威者的方法;① 银行家的安全;② 对资本主义的申辩;③ G20 局限性④。在美国方面,美国出资救助被困银行;⑤ 美国财政部长蒂姆·盖特纳的资助银行计划;⑥ 奥巴马呼吁 G20 国家共同应对全球经济危机;⑦ 奥巴马来到戒备森严的伦敦;⑧ 赞美奥巴马夫人⑨。就中国而言,"中国挑战美元";⑩ 中国想扩大国际影响力并有钱"购买"影响力;⑪ 中国发出自己的声音;⑫ 等等。

《泰晤士报》也报道了对 G20 的期待。索罗斯认为 G20 是最后机会,应对 IMF 提供帮助,G20 必须避免保护主义,并呼吁对资本主义进行讨论,认为"该是清算体系的时候了"。⑬ 津巴布韦总理则对 G20 抱以期待。⑭

《泰晤士报》还提供了一些花边新闻,如晚宴和大厨吉米·奥利佛

---

① G20 activists hope Twitter tactics will keep them one step ahead of the police, *The Times*, March 28, 2009.
② Bankers seek security as vandals strike at Sir Fred, *The Times*, March 26, 2009.
③ War, pestilence. And your problem is shopping? The anti-consumer brigade thinks there is a fairer, more rational, alternative to capitalism just round the corner. There isn't. *The Times*, April 1, 2009. Change how the world works? Yes, we can. In *The Times* last week Hugo Rifkind asked "what do the globalisation protesters really want?" Robin Hahnel, Professor Emeritus at American University, Washington and a leading voice of anti-globalisation, says the answer is simple-replacement of the economics of competition and greed with a new economics of equitable co-operation, *The Times*, April 1, 2009.
④ Constrained Expectations. The G20 summit is an opportunity to restate the case for economic openness. But there are limits to how far it can correct the imbalances in the global economy, *The Times*, April 1, 2009.
⑤ Obama seeks new powers to take over rogue firms, *The Times*, March 25, 2009.
⑥ A stage-stealer, but Geithner's gamble has flaws, *The Times*, March 24, 2009.
⑦ Where Obama leads, the rest of the world is struggling to follow, *The Times*, March 30, 2009.
⑧ Obama flies in to fortress London. Dozens of forces called in to man barricades Pope appeals to Brown for ethical finance, *The Times*, April 1, 2009.
⑨ Young, gifted-and a White House favourite. As Michelle Obama visits London for the G20, Lisa Armstrong meets Jason Wu, the 26-year-old whose designs have seduced the First Lady, *The Times*, April 1, 2009.
⑩ China challenges power of the dollar as it flexes its economic muscles, *The Times*, March 24, 2009.
⑪ China wants influence and has money to buy it, *The Times*, March 25, 2009.
⑫ G20 must look beyond the needs of the top 20. China believes the developing world should have a stronger say in how the international financial system is run, *The Times*, March 27, 2009.
⑬ Soros warns: Britain may have to seek IMF rescue. G20 summit "last chance to avert depression", *The Times*, March 28, 2009.
⑭ Don't make us pay for working with Mugabe. In his first article since taking office Zimbabwe's Prime Minister states his ambition to move from aid to trade with the West, *The Times*, April 1, 2009.

(Jamie Oliver);① 英国第一夫人晚宴上邀请的名人。②

在会议当天，报道主要聚焦在重要国家及其重要人物、具体突发事件，以及一些花边新闻。比如，布朗与奥巴马的亲热关系；③ 布朗和奥巴马的记者招待会（奥巴马称媒介夸大 G20 冲突）；④ 奥巴马在伦敦的外交活动；⑤ 美俄核武控制；⑥ 法国和德国对草案的不满；⑦ 萨科齐与胡锦涛的会面；⑧ 萨科齐性格；⑨ 示威游行和全副武装的警察；⑩ 奥巴马夫人的着装；⑪ 布朗夫人和奥巴马夫人访问癌症中心；⑫ 布朗夫人作为女主人和好女儿的形象；⑬ 晚宴及大厨吉米；⑭ 等等。

在峰会后一周的报道中，《泰晤士报》关注的话题比较广泛，对峰会的评价基本保持平衡。该报对 G20 峰会的评价基调不温不火，保持平衡。该报认为，峰会很成功，但没有解决贸易不平衡的根本问题，也没有解决结构性问题；⑮ 布朗也很成功，但在国内事务上比较失败；⑯ 英法关系改善，但仍有不和谐（英国第一夫人是动物爱好者，她发现法国大餐难以下咽）；⑰ 示威游行者行为不雅，但他们的声音被忽视。⑱

---

① Jamie Oliver creates a stir for wives, celebrities and even supermodels, *The Times*, April 1, 2009.
② Nessa gets a laugh over dinner, *The Times*, April 1, 2009.
③ Smiles in the sunshine from our new best friends, *The Times*, April 1, 2009.
④ What they said, how they said it-and what they really meant; Gordon Brown and Barack Obama's joint press conference yesterday was an exercise in mutual appreciation, Philip Collins writes, *The Times*, April 2, 2009.
⑤ Dynamic Obama does London with a whirlwind of diplomacy. An extraordinary day shows the President at ease with terrorism, finance and dinosaurs Tom Baldwin reports, *The Times*, April 2, 2009.
⑥ US nuclear overture to Russians, *The Times*, April 2, 2009.
⑦ Sarkozy and Merkel scheme, *The Times*, April 2, 2009.
⑧ A day in the life of London, *The Times*, April 2, 2009.
⑨ Sarko bleu! It's a funny way to treat the President. Mocking Sarkozy is an art form for tormentor-in-chief Nicolas Canteloup. And he's following a grand tradition, says Charles Bremner, *The Times*, April 2, 2009.
⑩ A sure-hoofed way to control the mobs. If humans are so clever, why do we rely on the least aggressive of animals to do our patrolling? *The Times*, April 2, 2009.
⑪ From mint to Black, WAGs do their bit for world (rag) trade, *The Times*, April 2, 2009.
⑫ A day in the life of London, *The Times*, April 2, 2009.
⑬ Sarah plays perfect hostess as well as dutiful daughter, *The Times*, April 2, 2009.
⑭ Home cooking British style, complete with water from the tap, *The Times*, April 2, 2009.
⑮ G20 takes step in the right regulatory direction, *The Times*, April 7, 2009.
⑯ The world is saved. But what about Rotherham? Gordon Brown's summit was an international success. But the Tories mustn't let voters forget his failings at home, *The Times*, April 4, 2009.
⑰ Sarah plays perfect hostess as well as dutiful daughter, *The Times*, April 2, 2009.
⑱ Actually, those G20 protesters do have a point. Behind the anti-capitalist ranting lie genuine popular concerns about globalisation that world leaders are simply ignoring, *The Times*, April 3, 2009.

(二)《卫报》

峰会前一周的报道对 G20 抱有悲观态度，认为 G20 仅仅给改革未来金融体系提供了机会而已。该报指出，要挽救经济危机，需要建立适合 21 世纪的基础设施。主要释放的信息有以下几个方面。其一，突出欧盟与美国的矛盾。[1] 欧盟与美国存在摩擦和矛盾分歧，认为奥巴马拯救计划是"通向地狱的路"，担心美国的纯粹自由市场的资本主义会带来全球崩溃。因此，美国需要重建与欧盟的信任。其二，突出美俄关系。[2] 美俄关系是奥巴马"权力之轮"上重要一轴。其三，中国呼吁废除美元的霸权地位。[3] 其四，英国方面，呼吁欧盟不要实行保护主义政策；[4] 英国不能实行经济刺激政策；[5] 工党预言布朗 G20 计划将告失败；[6] G20 成功需具备 5 大因素；[7] 该报支持"绿色新政"，提出"向民众征求药方"，把"民众放在第一位"，以度过金融危机；[8] 呼吁警署依法对待示威游行者。[9] 同时，该报也撰文赞扬峰会宴会的大厨杰米·奥利佛，称他是"人民的大厨"[10]。

尽管如此，《卫报》对峰会本身的报道却持十分积极乐观的态度，特别是峰会公报发布后。《卫报》撰写了一篇评论文章[11]，认为峰会是自 1944 年以来最好的一次峰会，表明与《华盛顿共识》和纯粹自由市场的资本主义

---

[1] Obama's rescue plan is "road to hell", claims EU president, *The Guardian*, March 25, 2009. Obama's "road to hell" to cause US – EU friction, *The Guardian*, March 26, 2009.

[2] Economic crisis meeting: Fear, apathy and Obama: how the world sees G20 summit: From Moscow to Baghdad-what politicians want from the G20, *The Guardian*, March 31, 2009.

[3] China calls for end to dollar's reign as global reserve currency, *The Guardian*, March 24, 2009. Scrap dollar as global reserve currency, says China, *The Guardian*, March 25, 2009.

[4] Gordon Brown urges EU not to retreat into protectionism, *The Guardian*, March 24, 2009.

[5] Britain cannot afford any further fiscal stimulus, King warns, *The Guardian*, March 24, 2009.

[6] Brown's G20 doomed to fail, says Labour MP: Byers first Labour MP to call for VAT cut withdrawal: Article expresses concern about Brown's G20 agenda, *The Guardian*, March 24, 2009.

[7] Grave new world: hard choices leaders face to solve the crisis: In the first part of our series on how to fix the global economic crisis, Larry Elliott suggests five areas for leaders at next week's G20 summit to focus on, March 23, 2009.

[8] A G20 strategy to put people first, *The Guardian*, March 31, 2009.

[9] Police accused of misusing terror laws against peaceful protests: Parliamentary concern at heavy-handed approach: Lawyer talks of stop and search "mission creep", *The Guardian*, March 25, 2009.

[10] The people's chef: When Jamie Oliver burst on to our TV screens a decade ago, he was enthusiastic, but a tad annoying, *The Guardian*, March 26, 2009.

[11] G20: Best summit since 1944, *The Guardian*, April 2, 2009.

决裂，与世界新秩序、新思想对接。

　　会议当天，该报的主要关注点也是在重要国家及其重要人物上。一是奥巴马。奥巴马豪车代表"权力的轮子"①，奥巴马大胆地送女王一个 iPod。②二是英美特殊关系。③ 三是美俄关系的改进。④ 四是法国和德国一致希望加强银行监管并且打击"避税天堂"。⑤ 五是突出中国的地位，提到胡锦涛在宴会上坐在奥巴马旁边，称中国为"G1"，开始"发挥影响力"⑥，但原文用了"throw its weight"短语，该词是一个贬义词，多表示"作威作福"或者"仗势欺人"之意。

　　但是，《卫报》报道最多的还是示威游行中发生的冲突和伊恩·汤姆林森的死亡事件⑦。该报对示威游行者丧失生命深表悲痛，追究警察责任，对银行家的冷漠态度表示批评，同时，也对示威游行者提出批评，认为"政治示威不应该仅仅是出来愉快地度过一天并与银行家们斗争"⑧。

　　在峰会后的一周，《卫报》的报道很明显侧重民主进程的推进。该报呼吁制止银行的秘密行为，⑨ 通过第一夫人俱乐部（First Wives' Club）的故事呼吁妇女参政。⑩ 同时，该报对峰会公报进行了深入解读，总结出五大点：第一，G2 的出现。中美两国悄悄形成"新的精英伙伴关系"。第二，发展游说集团的力量。发展游说集团的力量比环境游说集团强大许多，投入到发

---

① G20：Obama：Wheels of power, *The Guardian*, April 2, 2009.
② G20：The summit：Royal meeting：Obamas bring dash of style-and a personalised iPod-to the palace, *The Guardian*, April 2, 2009.
③ G20：Obama：Shades of 1776 as Obama glows on ancien regime, *The Guardian*, April 2, 2009.
　　G20：The summit：Obama and Brown, *The Guardian*, April 2, 2009.
④ G20：Obama：Russian relations：Arms control treaty signals improved ties between rival powers, *The Guardian*, April 2, 2009.
⑤ G20：The summit：Tough talk as the EU awkward squad demand rapid results：Sarkozy and Merkel agree on tighter bank regulation and a crackdown on tax havens but dig in heels on fiscal stimulus, *The Guardian*, April 2, 2009.
⑥ G20：Will China make this the G1? *The Guardian*, April 2, 2009.
　　China, maybe unsurprisingly, has started to throw its weight around, *The Guardian*, April 2, 2009.
⑦ Man dies during G20 protests in London, *The Guardian*, April 2, 2009.
　　"Bottles thrown" as man lay dying："Bottles were thrown… we had to move him", *The Guardian*, April 2, 2009.
⑧ G20：Political protest should be about more than having a nice day out and fighting some bankers, *The Guardian*, April 2, 2009.
⑨ The work starts here：In any rewriting of the rules of 21st-century capitalism, banking secrecy must be tackled, *The Guardian*, April 3, 2009.
⑩ Michelle, Marx and the secrets of the First Wives' Club, *The Guardian*, April 2, 2009.

展中的资金比给予低碳经济的力度更大。第三，国际货币基金组织卷土重来。一度资金告急的组织，如今变得更加强大，但是，能否成功改革仍然是一个不确定的问题。第四，另一个特别关系得以生存维系。奥巴马与沙特阿拉伯国王阿卜杜拉举行了双边会谈，就石油价格、中东和平进程等进行会谈。第五，对奥巴马的忠告。演讲的时代回来了，但在记者招待会上，人们从奥巴马的发言中听到太多美好的东西。他需要设置一个"关"的装置。①

（三）《金融时报》

在峰会前一周，《金融时报》的会议报道持不乐观态度，甚至十分悲观。该报在以下方面表示担忧。其一是联合国。联合国支持废除美元作为全球储备货币的地位。② 其二是欧洲。欧洲呼吁加强金融监管，谴责美国的政策是"通往地狱之路"。③ 其三是世界贸易组织（WTO）。WTO预计9%的世界贸易下滑。④ 其四是国际货币基金组织。IMF计划帮助贫困国家。⑤ 其五是经济合作与发展组织（OECD）。OECD预计失业率将达10%。⑥ 其六是英国本土。⑦ 布朗强调对资本主义的信任，呼吁欧洲支持经济刺激，降低英国对新刺激的期望，鼓励首相府、财政部和银行三方团结合作，提醒人们对G20不要持"讥讽态度"，承认G20达成一致会是一场斗争；英国中央银行行长倡议谨慎，不主张经济刺激；银行家呼吁审查资本限额；财政部呼吁新经济体介入，以使管理者能够控制有问题的金融机构；苏格兰皇家银行行长住房遭袭击以及银行家的安全问题；伦敦示威游行。其七是中国。⑧ 中国"重新掌握控制权"，但还"没有能力挽救世界"。其八是"避税天堂"。"避税天堂"引起公众愤怒。其

---

① G20: The deal: Five things we learned, *The Guardian*, April 3, 2009.
② UN hears calls to end dollar's reserve status, *The Financial Times*, March 27, 2009.
③ Merkel to warn stimulus would create unsustainable recovery, *The Financial Times*, March 28, 2009.
④ WTO predicts 9% fall in world trade, *The Financial Times*, March 24, 2009.
⑤ IMF overhaul aims to help emerging markets, *The Financial Times*, March 25, 2009.
⑥ OECD predicts jobless rate will hit 10%, *The Financial Times*, March 24, 2009.
⑦ Brown asks for Europe to back global stimulus, *The Financial Times*, March 25, 2009;
UK cannot afford fresh stimulus package, says central bank chief, *The Financial Times*, March 25, 2009.
Push for common accounting rules, *The Financial Times*, March 25, 2009;
Treasury calls for new powers to intervene, *The Financial Times*, March 25, 2009;
Former RBS chief's house attacked amid pay outrage, *The Financial Times*, March 25, 2009.
⑧ Happy China, *The Financial Times*, March 28, 2009.

九是保护主义。阿根廷和巴西反对保护主义。其十是对峰会议题的讨论，认为峰会应该关注四大问题：促使经济增长，避免进一步衰退；不仅要注资，也要改革国际组织；推动国际合作，重启商业信用；推行绿色经济刺激计划。①

峰会期间的报道还是积极乐观的，认为会议总体基调是和谐的。《金融时报》于会议当日发表《和谐是议程主要内容》②的文章，对会议表示赞赏。同时，该报还强调以下内容：G20 领导人的全球思维；奥巴马的新外交；③ 美俄关系的改善；④ 中法关系的改善；⑤ 德国和法国团结一致；⑥ 沙特阿拉伯和非洲在经济振兴中的作用；⑦ IMF 的胜利；⑧ 女王收到奥巴马的 iPod；⑨ 中国事实上已"成为世界经济的领头羊"。⑩ 但是，该报明确表示反对示威者，认为示威者是无政府主义的年轻人，他们追求好玩，吸引注意力等。⑪

观察《金融时报》会后一周报道，有三点值得关注，尤其是对中国救市的期待。一是对峰会成果的态度。该报连续发文表示对峰会成果不满，如《全球贸易协议日期还遥遥无期》⑫、《伦敦峰会对全球经济影响甚少》⑬、《伦敦峰会并没有解决危机》⑭ 等。二是强调中美力量。强调 G2 的经济政策和双边对话对世界经济的复苏极其重要。三是尤其关注中国的崛起。该报就中国发表多篇文章，如《中国逐渐地发挥关键作用：开始发出声音，并表示其好恶》⑮、《中国谨慎对待 G20 峰会结果》⑯、《G20 结束了，G2 必

---

① G20 summit needs to focus its energy on four pressing priorities, *The Financial Times*, April 1, 2009.
② Harmony is main item on the agenda, *The Financial Times*, April 2, 2009.
③ Genial Obama sets stage for new diplomacy, *The Financial Times*, April 2, 2009.
④ Obama and Medvedev set their sights on new arms treaty, *The Financial Times*, April 2, 2009.
⑤ France and China to address rift, *The Financial Times*, April 2, 2009.
⑥ Paris and Berlin unite on goals, *The Financial Times*, April 2, 2009.
⑦ Saudi Arabia will play its part in a global recovery, *The Financial Times*, April 2, 2009.
⑧ IMF is clear victor in policy mêlée, *The Financial Times*, April 2, 2009.
⑨ Queen receives personalised iPod, *The Financial Times*, April 2, 2009.
⑩ China assumes lead on world economy, *The Financial Times*, April 2, 2009.
⑪ Protesters smash into RBS branch, *The Financial Times*, April 2, 2009.
⑫ Still no deadline for global trade agreement, *The Financial Times*, April 3, 2009.
⑬ London summit has little impact on global economics, *The Financial Times*, April 4, 2009.
⑭ The London summit has not fixed the crisis, *The Financial Times*, April 6, 2009.
⑮ China slowly grows into its crucial role: Beijing starting to say what it wants as well as dislikes, *The Financial Times*, April 4, 2009.
⑯ China greets G20 results with caution, *The Financial Times*, April 4, 2009.

须讨论什么?》①,对中国保护自我利益表示理解,并对中国救市报以极大希望。

(四)"BBC 全球监测"

"BBC 全球监测"(BBC Worldwide Monitoring)全部引用或转载外国媒体对 G20 的报道。其中,引用率最高的还是欧洲媒体,特别是俄罗斯媒体。就亚洲而言,引用的国家媒体不多。但是,在峰会前一周、会议中、峰会后一周的时间段内,对中国国家媒体的转引率非常高,其中新华社提到的次数最多,共有 330 次,《人民日报》提到过 4 次。相比之下,对于另一个全球大通讯社塔斯社才提到过 27 次。"BBC 全球监测"覆盖的全球媒体见表 1。

表 1 "BBC 全球监测"覆盖的全球媒体

地区	媒体
亚洲	新华社 人民日报 菲律宾马尼拉时报 日本共同社 台湾"中央"通讯社 香港中国通讯社 泰国曼谷邮报 印度教徒报
非洲	埃塞俄比亚通讯社 多哥国家广播台 肯尼亚私有旗帜报 (伦敦)津巴布韦独立短频广播
欧洲	意大利私有左翼共和国报 意大利晚邮报 意大利私有中间派新闻报 丹麦独立私有政治报 德国周日世界报 新西兰国际文本 匈牙利私有人民自由报 匈牙利私有保守民族报 土耳其私有自由日报 斯洛伐克通讯社

---

① What the G2 must try to discuss now the G20 is over, *The Financial Times*, April 8, 2009.

续表

地区	媒体
	亚美尼亚新闻社
	捷克国家公共新闻社
	阿尔巴尼亚独立报
	瑞士资讯
	白俄罗斯国家电视台
	塔斯社
	俄罗斯报
	俄罗斯时政评论网站
	俄罗斯国家电视台
	俄罗斯外交部网站
	俄罗斯新报
	俄罗斯新闻网站
	俄罗斯国有电视台罗西亚
	俄罗斯私有国际文传通讯社
	塔吉克斯坦国有新闻社
	斯洛文尼亚新闻社
	拉脱维亚迪那报
阿拉伯国家和地区	沙特阿拉伯国家通讯社
	伦敦独立阿拉伯圣城报
	叙利亚国有穆赫塔尔报
	巴勒斯坦报
	伊朗法斯通讯社
加勒比海地区	加勒比通讯社

　　在峰会前一周，"BBC 全球监测"比较全面地反映了不同国家对峰会的态度，有积极的，也有持怀疑态度的。"BBC 全球监测"对中国的关注是最多的，尤其是中国的观点和想法。① 比如，中国建议建立超主权的储蓄货

---

① Chinese scholar on Hu Jintao's participation in upcoming G20 summit, BBC Worldwide Monitoring, March 23, 2009;
China says western financial oversight system unfit for emerging economies, BBC Worldwide Monitoring, March 23, 2009;
Chinese banker suggests creating super-sovereign reserve currency ahead of G20, BBC Worldwide Monitoring, March 24, 2009;
China: Scholar says "substantial concession" from France needed to improve ties, BBC Worldwide Monitoring, March 25, 2009;
Chinese minister calls for full-scale reform of global financial system, BBC Worldwide Monitoring, March 26, 2009;

（转下页注）

币，呼吁对全球金融体系进行全面改革，批评西方金融监管体系，呼吁行动一致，应对危机，建立公平公正的金融体系，增加世界银行的贸易信用，呼吁求同存异，呼吁全球合作，反对威胁经济恢复的保护主义，呼吁新兴经济体需要在国际金融体系中拥有更多的发言权，期望与法国改善关系，期待中美就朝鲜发射火箭问题进行讨论。另外，对香港作为中国代表团参加G20，对中国学者有关胡锦涛主席参加峰会的看法，对新华社对胡锦涛主席的采访，对中国媒体对驻英大使傅莹的采访等内容都进行了转引。

另外，"BBC全球监测"也关注其他国家的不同声音。比如，欧盟认为峰会是"机会难得的峰会"；俄罗斯呼吁建立更加平衡的国际储备货币；德国强调绿色增长；意大利对G20表示怀疑，并对美国提出批评；西班牙认为G20对中国、美国、欧洲很重要；葡萄牙、芬兰、瑞典认为G20缺乏领导力；卢森堡提醒G20危机；韩国、新加坡支持自由贸易；印度和越南对G20表示担忧；日本主张监管对冲基金；泰国和印度反对保护主义；非洲和拉丁美洲国家期待更多的援助和资金。

在峰会期间，"BBC全球监测"仍然继续关注重要议题以及各国对这些议题的看法，继续对中国给予高度关注。① 这些议题包括对非洲的援助、新

（接上页注①）China's finance minister upbeat on "timely readjustments" ahead of G20 summit, BBC Worldwide Monitoring, March 28, 2009;

Chinese agency analysis on whether G20 summit will make a difference, BBC Worldwide Monitoring, March 29, 2009;

Chinese vice-premier calls on G20 summit to act together to fight crisis, BBC Worldwide Monitoring, March 30, 2009;

China agency says emerging economies need bigger say in international finance, BBC Worldwide Monitoring, March 31, 2009.

① Chinese economist says crisis exposes flaws of US dollar-based reserve system, BBC Worldwide Monitoring, April 2, 2009;

Chinese agency urges West to listen to developing countries on financial reform, BBC Worldwide Monitoring, April 2, 2009;

Chinese spokesman objects to Hong Kong, Macau called tax havens, BBC Worldwide Monitoring, April 2, 2009;

Chinese president urges closer Sino-Russian cooperation to overcome economic crisis, BBC Worldwide Monitoring, April 2, 2009;

Chinese commentary on "reconciliation" in Sino-French relations, BBC Worldwide Monitoring, April 2, 2009;

Chinese agency sums up views of G20 summit participants on financial reform, BBC Worldwide Monitoring, April 2, 2009;

China sees upgraded Sino-US dialogue as "new historic start", BBC Worldwide Monitoring, April 2, 2009.

兴国家的声音、国际合作、国际储备货币的弊病、中国在应对金融危机中的重要作用、G2 的形成、"避税天堂"问题、国际银行体系的透明度、严格的金融监控、中英领导人会晤、中日领导人会晤、中俄关系的改善、中法关系的和解、中美关系、中国在 IMF 中的地位,以及欧盟与美国合作的难度等。

峰会后一周的报道集中在各国媒体对 G20 峰会的评价上,既有批评也有赞扬,后者远远多于前者。 对峰会给予批评的国家包括伊朗、委内瑞拉、匈牙利、拉脱维亚、菲律宾等,比如有文章写道,"匈牙利报纸说 G20 峰会没有获得真正的成果";① 对峰会予以赞扬的国家包括中国、德国、意大利、俄罗斯、乌克兰、葡萄牙、瑞士、捷克、丹麦、韩国、越南、泰国、埃及、南非、埃塞俄比亚等,比如有文章写道:"中国代表团发言人称赞 G20 峰会的'现实成果'。"②

四 新闻视角

《泰晤士报》、《卫报》、《金融时报》以及"BBC 全球监测"有不同的发展历史、政治立场和编辑政策,因此,四家媒体各自依照自己的价值和视角对峰会进行报道。

(一)《泰晤士报》

《泰晤士报》创办于 1785 年,是一份综合性全国日报,英国最著名的大报。该报于 1981 年被鲁伯特·默多克(Rupert Murdoch)收购,现归属于默多克的新闻集团,现任总编是罗伯特·汤姆森(Robert Thomson)。早在 1996 年,《泰晤士报》就开通网络版。该报一直秉承"独立地、客观地报道事实"、"报道发展中的历史"的宗旨,但纵观其 200 多年的历史,该报基本上代表保守的声音,一直以来在历次重大国内外事务上支持英国政府的观点。比如,在 20 世纪 30 年代,《泰晤士报》主编乔治·杰弗里·道森和英国首相张伯伦结成政治同盟,支持英国政府的"绥靖政策",纵容法西

---

① Hungarian paper says G20 summit failed to achieve real results, BBC Worldwide Monitoring, April 6, 2009.
② Chinese delegation spokesman on "pragmatic achievements" of G20 summit, BBC Worldwide Monitoring, April 4, 2009.

斯德国的侵略。这被视为《泰晤士报》发展史上极不光彩的一段时期。

就 G20 峰会报道而言，《泰晤士报》的立场依然如故，传递英国政府的声音，为英国政府树立良好形象。此次峰会在经济危机背景下召开，英国首相布朗的核心目标是呼吁各国团结合作，对世界经济保持信心。《泰晤士报》在峰会前的报道看起来态度比较谨慎，但也试图展现一个"团结的欧洲"；峰会报道中聚焦中、美、俄、法等重要国家的重要人物及其和谐景象；峰会后的报道总体基调稳重平衡，对利弊进行分析。值得一提的是，《泰晤士报》十分注重以小见大，树立国家形象。该报撰文描述布朗夫人在晚宴上招待与会的各国元首夫人和英国各界知名人士时，还专门提到邀请了她自己的母亲，把布朗夫人塑造成女主人、好夫人、好女儿的形象。另外，在报道 4000 名示威游行者时，其态度总体上也是反映政府的声音，认为他们虽然是在行使自己的权利，但是行为不雅。

（二）《卫报》

《卫报》被视为《泰晤士报》的竞争对手，与《泰晤士报》、《每日电讯报》一起被合称为英国三大报。该报创办于 1821 年，被视为世界领先的自由派声音。2004 年，《卫报》创立网络版。《卫报》现属于卫报传媒集团旗下的卫报新闻与媒体子公司。现任总编为凯瑟琳·维纳（Katharine Viner）。该报注重报道国际新闻，擅长发表评论和分析性专题文章。《卫报》的政治观点为中间偏左，主要读者为政界人士、白领和知识分子，尤其是年轻人。在英国，人们把《卫报》戏称为"愤青报纸"。《卫报》由于根据"监控门"事件揭秘者斯诺登提供的大量机密文件所做的监控事件报道而获得 2014 年普利策新闻奖。普利策新闻奖评选委员会称《卫报》"通过大胆的报道就安全和隐私问题激发了一场有关政府和公众之间关系的辩论"。

在 G20 峰会报道上，《卫报》坚持一贯的激进派风格，主张民主自由，主张变革，并为此发出强音。第一，峰会前，该报对 G20 表示悲观，但是公报发布后又异常兴奋，认为峰会是自 1944 年以来最好的一次峰会，表明与《华盛顿共识》和纯粹自由市场的资本主义决裂，与世界新秩序、新思想对接。第二，《卫报》承认中国的崛起，但认为中国要"耀武扬威"、"仗势欺人"、"作威作福"等，如使用"throw its weight"（倚势凌人）等字眼。第三，《卫报》强调峰会的欢迎晚宴没有使用皇家御用厨师，对峰会宴会的平民大厨吉米·奥利佛大加赞扬，称他是"人民的大厨"。第四，也是最能反映其风格的就是对示威游行者的报道。虽然该报对示威游行者的嬉闹态度有所批评，但对于在游行中死亡的伊恩·汤姆林森事件进行大量报道，追究警察办案不当的责任，与警方死磕到底，并声称"在监督社会里，我们可以监督警察如何监督我们"，强调公民的权利。

（三）《金融时报》

《金融时报》创办于1888年，是一家领先的全球性财经报纸，各国政要、工商界领袖和社会精英经常在该报发表文章，被视为财经报道的《圣经》。该报归属于培生集团和日本媒体公司日经新闻（Nikkei），现任总编为莱昂内尔·巴伯（Lionel Barber）。该报于1995年建立网络版，2003年开通中文网。《金融时报》自称是"诚实金融家和受人尊敬的经纪人的朋友"，意味着是金融家和经纪人的代言人。

在对伦敦峰会的报道中，不难看出《金融时报》为资本利益代言的立场。第一，聚焦重要国际组织及资本方，如联合国、世贸组织、国际货币基金组织、经济合作与发展组织等；第二，该报提醒人们反对银行会带来不良后果；第三，该报侧重报道银行家们的困境，如峰会期间不允许穿制服，苏格兰皇家银行行长住房遭袭击及银行家的安全隐患等；第四，把中国看作"能够掌控局面"的"盈余国家"，或是"世界银行"，对中国报以救市的期望；第五，也是最能体现其立场的是对示威游行者的报道。与《卫报》形成鲜明对比，《金融时报》对示威游行并不感兴趣，没有用很大篇幅来报道，但是观点鲜明，公开反对示威游行者，认为他们是"无政府主义的年轻人，只是追求好玩，并吸引注意力"。

（四）"BBC全球监测"

"BBC全球监测"是英国广播公司"全球服务"的一部分，其经费来自用户的接收费。"BBC全球服务"的前身是始于1932年的"BBC帝国服务"。"BBC全球监测"的任务是24小时不间断地翻译和分析全球新闻和信息，收集的新闻和信息覆盖150多个国家。其服务对象是媒体机构、外国政府、非政府组织、高等院校、大使馆、安全部门、新闻社、智库、国际商业组织等。其总部在英国雷丁，在莫斯科、内罗毕、基辅、巴库、塔什干、开罗、第比利斯、埃里温、德里等地设有分支机构。"BBC全球监测"的工作原则如下：关注开放的媒体源；"字如其言"——准确、不带偏见地对演讲和声明进行翻译；对媒体报道进行分析；全面了解和理解关键国家的复杂的媒体现实；分析家和专家对事件进行深度解释。

就伦敦峰会而言，"BBC 全球监测"秉承 BBC 公共服务的精神。它使用外视角报道方式，相对而言，较为直观、客观地展示了各国媒体对伦敦峰会的报道，尽管媒体和新闻的选择也是一种观点。

但是，外视角的局限性在于其无法很深地介入其监测的媒体本身，因而无法进入被监测媒体的内核。外视角观察的结果往往是获得流于表面的现象。

五　新闻叙事者

新闻叙事者有显性和隐性之分。显性叙事者指文本作者（也称"写作人"），隐性叙事者指文本作者以外的话语主体，也叫隐性作者。他们其实是真正的叙事主体，是掌握话语权的人。

在峰会报道上，《泰晤士报》新闻报道的真正话语主体是戈登·布朗以及各政府部门官员。

对《卫报》来说，其话语主体包括为公共利益代言的学者，比如许多知名学者，如哥伦比亚大学教授、诺贝尔经济学奖获得者约瑟夫·斯蒂格利茨（Joseph Stiglitz），谢菲尔德大学的杰米·高夫博士（Dr Jamie Gough），华威大学的乌蓬德拉·巴克西教授（Upendra Baxi），爱丁堡大学的罗杰·杰弗里教授，威斯敏斯特大学的海库·帕瑞克教授（Bhikhu Parekh），伦敦政治经济学院的约翰逊·白瑞教授（Jonathan P. Parry），萨塞克斯大学的萨利·蒙特教授（Sally R Munt），华威大学的戴维·哈迪曼教授（David Hardiman），剑桥大学的皮瑞雅姆瓦达·戈帕尔教授（Priyamvada Gopal），伦敦政治经济学院荣休教授梅格纳德·德赛（Meghnad Desai）以及 100 多名其他学者。峰会召开当天，《卫报》发表了由以上学者及 130 名其他学者签名的来信，呼吁印度释放被关押的政治犯比纳亚克·森（Binayak Sen），并呼吁 G20 峰会关注全球人权问题。①

《金融时报》真正的话语主体是政府金融部门官员、银行家、经纪人以

---

① Leaders must look at case of Binayak Sen, *The Guardian*, April 2, 2009.

及代表资本利益的权威人士。

"BBC全球监测"的话语主体则是世界各地新闻机构。

六　总结与启示

《泰晤士报》、《卫报》、《金融时报》和"BBC全球监测"都是英国主流媒体,但是它们的峰会报道各有自己的议程。虽然它们聚焦同样的新闻事件,但从不同的视角给予报道,或者根据自己的价值判断取舍新闻事件。同时,他们都使用多元的新闻叙事者,除了写作人以外,还有隐性作者,即真正掌握话语权的人。

对英国四大主流媒体2009年G20伦敦峰会报道叙事特点进行全面系统的分析,对我国媒体报道重大国际政治或经济会议有以下几方面的启示。

第一,主流媒体需要协同作战,各司其职,发挥所长,设置不同的议程,为不同的利益群体发声。

第二,在统一的对外传播总体目标下,根据自己的编辑政策选择新闻事件,不必一窝蜂报道。同时,对新闻事件的解读要有自己独特的视角。

第三,采用多元叙事者的策略,发挥"隐性作者"的作用,尤其是权威人士或学界的声音。

第四,可以考虑建立类似"BBC全球监测"的新闻部门,收集全球新闻,为全球用户服务。

第五,在写作层面,加强观点性文章写作,如评论、社论等。

A Study on British Media's Coverage of G20 London Summit

ZHANG Xiaoying

Abstract: This paper examines the narrative features of the news reports on 2009 G20 London summit in four British mainstream media outlets. The selected media for observation include *The Times*, *The Guardian*, *The Financial Times* and BBC Worldwide Monitoring. The Narrative theory of fabula, story and text is adopted in the analysis of the texts collected. The study shows that the reports of the four media outlets are focused on almost the same news events but provide different perspectives and have different invisible narrators.

Keywords: *The Times*; *The Guardian*; *The Financial Times*; BBC Worldwide Monitoring; G20 London Summit

G20 匹兹堡峰会美国媒体报道研究

宋 颖[*]

摘要：本文分析了美国主流媒体对 2009 年 9 月 24 日至 25 日在美国匹兹堡召开的 G20 第三次峰会的报道。通过对媒体形式、报道篇数与字数以及传播内容的分析，可知美国媒体对 2009 年举办的第三次 G20 峰会并未有很多关注，报道量并不大，报道内容比较有限。并且，各个媒体在新闻选择、价值判断、叙述框架方面都有不同侧重。

关键词：G20 匹兹堡峰会 美国主流媒体 《纽约时报》《华盛顿邮报》

引 言

二十国集团（Group 20，G20）在八国集团（G8）的基础上由八国财长共同成立于 1999 年 9 月 25 日。二十国集团领导人第一次峰会于 2008 年 11 月 14 日至 15 日于美国华盛顿召开。本文关注的是 G20 第三次峰会，于 2009 年 9 月 24 日至 25 日在美国匹兹堡召开。此次峰会召开于全球经济衰退、美国陷入经济危机不能自拔的大背景之下。在回答记者的提问"为什么匹兹堡被选为峰会举办城市"时，奥巴马政府的白宫新闻秘书罗伯特·

---

[*] 宋颖，博士，北京外国语大学英语学院讲师。主要研究方向：美国媒体、国际传播、跨文化传播。

吉布斯（Robert Gibbs）曾将匹兹堡称为"经济和环境变革的楷模"。我国国家主席胡锦涛、国务院副总理王岐山出席了峰会。

本文选取的媒体代表包括美国的《纽约时报》《华盛顿邮报》两份报纸，ABC、NBC、CBS、FOX、CNN五家电视媒体，以及美国国家公共电台（National Public Radio，NPR）一家广播媒体。选取的时间段为峰会前一个月至峰会后一个月（8月23日至10月26日）。本文从这些新闻媒体对G20峰会报道的媒体形式、报道数量（篇数与字数）以及传播内容等方面进行了深入分析。

一 媒体形式与报道数量分析

从报道总数上看，八家媒体对峰会的报道总数是23篇，数量并不多（见图1）。

具体而言，每个新闻媒体对G20峰会的关注度差异很大。

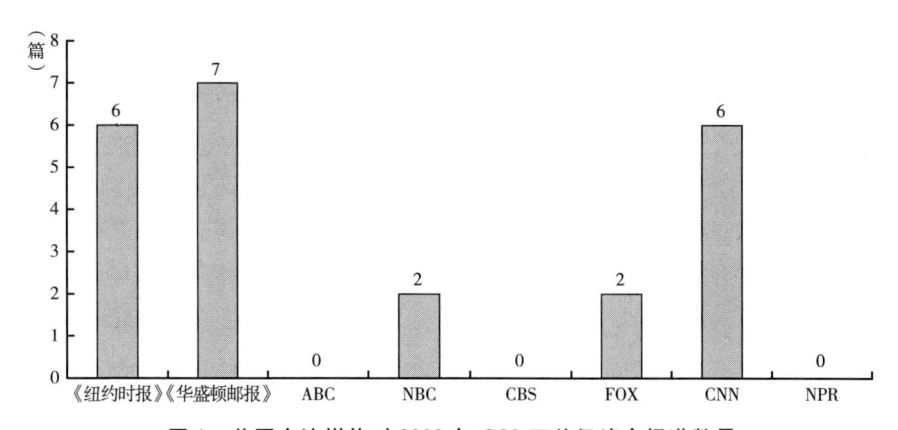

图1 美国主流媒体对2009年G20匹兹堡峰会报道数量

从媒体形式上来看，纸媒更加关注此次峰会，而电视媒体（除了CNN之外）和广播媒体对此事件的关注度较低，ABC、CBS和NPR三家媒体没有报道。

现将报道分为峰会前报道（8月23日至9月23日）、峰会期间报道（9月24日至25日）以及峰会后报道（9月26日至10月26日），并进行报道篇数统计（见图2）。可以看出，各大媒体对峰会的会中报道最多，会前报道次之，会后报道较少。只有FOX一家媒体有会后报道。可见，峰会议题

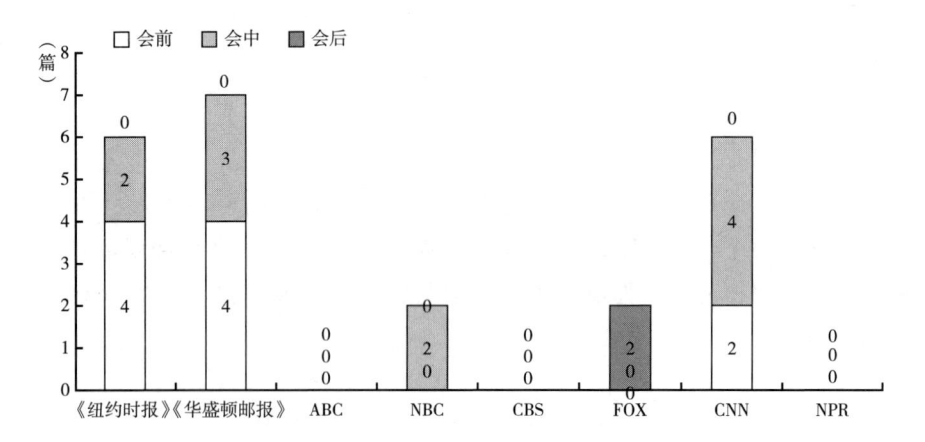

图 2　美国主流媒体对 2009 年 G20 匹兹堡峰会会前、会中、会后报道数量对比

以及会议本身是媒体的主要关注点。峰会一结束，媒体关注的热点马上转变。

接下来，本文对媒体报道的篇幅（字数）进行了统计（见表1）。

表 1　美国主流媒体对 2009 年 G20 匹兹堡峰会报道字数对比

单位：字

	会前	会中	会后	总计
《纽约时报》	2793	1259	0	4052
《华盛顿邮报》	3072	2550	0	5622
ABC	0	0	0	0
NBC	0	1182	0	1182
CBS	0	0	0	0
FOX	0	0	674	674
CNN	1492	3981	0	5473
NPR	0	0	0	0

由此统计可见，依然是《华盛顿邮报》、CNN 和《纽约时报》在报道字数上领先。但同样有两篇报道的 NBC 和 FOX 相比，NBC 在字数上更多些，几乎是 FOX 的两倍。

进而，本文对几家主流媒体报道的内容分别从新闻选择、价值判断、叙述框架几个方面进行深入分析。

二 传播内容分析

主流媒体对此次峰会的新闻主题选择主要包括如下三个：峰会的议题（尤其是经济议题），峰会举办城市匹兹堡，以及在匹兹堡发生的游行示威活动。

1. 媒体关于峰会议题的报道多数是中立的，介绍了不同与会国家在经济政策方面的主张和观点，多数报道内容不带有价值判断。《纽约时报》有三篇，也就是一半的文章报道的是经济议题。《华盛顿邮报》有一篇文章报道峰会的主要议题。

2. 关于峰会举办城市匹兹堡市的主题主要有两个：该市的过去和对未来的展望。CNN 于 9 月 24 日的报道就借助普通市民的口吻对匹兹堡这一曾经被弃置的工业城市进行了描述，同时对峰会可能为该市带来的光明未来进行了展望。NBC 于 9 月 24 日题为《G20 峰会上美国的形象正在发生变化》的报道中提到，奥巴马政府之所以选择匹兹堡作为峰会举办城市，就是希望能够突出展示匹兹堡这样一个正在发生巨大转变的工业城市。

3. 关于抗议活动的叙述框架主要包括两个。一个框架是警民（可能的）对抗。例如，在《纽约时报》9 月 25 日的一篇报道《G20 峰会的抗议者受到催泪弹阻拦》中，警察使用的各种警备器械被一一列举出来，例如警用盾牌和警棍、用于驱散人群的能够发出尖利声响的声音大炮、催泪弹，以及能释放出耀眼火光的闪光弹等。警方出动了警用直升机、炮艇和悍马军车。匹兹堡市官员宣布通过上周释放轻刑罪犯而为监狱空出 1000 个位置。文章还引用普通民众的话，称当时的场景十分恐怖，就像是战场一样。

《纽约时报》8 月 23 日的一篇报道《匹兹堡寻求援助 调配 4000 警力以助峰会安保》，讲述了对可能出现的抗议游行的担心，以及为此做出的寻求全国警力援助的决定。文中提到游行的组织机构已经计划在峰会期间游行和搭建"帐篷城"。

另一个框架是游行的和平性质。《纽约时报》9 月 26 日有一篇名为《在匹兹堡几千人出于多种原因进行和平游行》的报道。文章中对游行人群的非暴力行动进行了描述，其中提到喊口号、打出标语、举出巨大和平鸽复制品和演奏乐器等。

NBC 在 9 月 24 日也报道了游行以及警察逮捕游行示威者,但文字上并未突出警民对抗,并且强调这并不构成实质的冲突。同时报道强调示威游行的人数远远少于军警力量。报道中一名受访的游行示威者说,尽管雨天寒冷,但感觉很好,人们热情、坦诚。可见,这样的叙述框架与《纽约时报》所展现出来的叙述框架截然不同。

值得注意的是,CNN 的两篇文章都提到要让中国更多消费,减少出口,减少销售给美国的产品数量。

结 论

由上文的分析可见,美国媒体对 2009 年举办的第三次 G20 峰会并未有很多关注,报道量并不大,报道内容比较有限。

从报道量上看,八家媒体对峰会的报道总数只有 23 篇。从媒体形式上来看,传统的纸媒更加关注此次峰会,而电视媒体和广播媒体对此事件的关注度较低。

从新闻主题选择上看,主流媒体着重关注如下三个主题:峰会的(经济)议题,峰会所在城市匹兹堡,以及在匹兹堡发生的游行示威活动。其中,媒体关于峰会议题的报道多数是中立的,多数报道内容不带有价值判断,介绍了不同与会国家在经济政策方面的主张和观点。关于峰会举办城市匹兹堡市,媒体主要关注的是该市的历史和未来。关于抗议活动的叙述框架主要包括两个:警民对抗以及游行的和平性质。

A Study on U. S. Media's Coverage of G20 Pittsburg Summit

SONG Ying

Abstract:This paper analyzes the U. S. mainstream media coverage of the third G20 Summit held from September 24 to September 25, 2009 in Pittsburg. Based on the analysis of media forms, numbers of articles and words and news content, this paper finds that the U. S. media didn't attach enough attention to this summit, due to the limitation in both coverage and variety of themes. Besides, the U. S. media differ in their choice of news themes, value judgement and narrative frames.

Keywords: G20 Pittsburg Summit; U. S. Mainstream Media; *The New York Times*; *The Washington Post*

G20多伦多峰会加拿大媒体报道研究

刘滢　秘丛丛　王笑璇[*]

摘要： 2010年6月，二十国集团领导人峰会在加拿大举行。本文选取加拿大《环球邮报》、加拿大广播公司和《多伦多星报》这三家媒体，运用文本分析法和内容分析法，对收集到的三家媒体的报道从报道态势、报道类型、议题选择、消息来源、报道视角、报道立场、话语分析等方面展开研究。研究发现，三家媒体在对G20峰会进行报道时，有基本的共性，包括报道态势相同、力求报道的均衡性以及报道的可读性等，同时各家媒体根据自身定位也有不同的报道特点。

关键词： G20多伦多峰会　加拿大媒体　媒体报道

一　研究背景

2010年6月26日至27日，二十国集团（G20）领导人峰会在加拿大安大略省多伦多的大都市会议中心举行，这是二十国集团领导人的第四次峰会，也是继2009年9月匹兹堡峰会确定二十国集团为世界经济合作首要论坛以来的首次会议。除二十国集团主要经济体的21个国家外，六名受邀国家的领导人以及包括世界银行和国际货币基金组织等在内的国际组织的代表

---

[*] 刘滢，北京外国语大学国际新闻与传播学院副教授，国际传播研究中心主任；秘丛丛、王笑璇，北京外国语大学国际新闻与传播学院硕士研究生。

也参加了此次峰会。

2008年11月,G20首次领导人峰会在华盛顿举行,集团领导人对当时的金融危机和全球经济衰退做出了商讨和应对,通过了应对危机的《华盛顿共识》;2009年4月的伦敦峰会,这些措施继续得到扩充;2009年9月匹兹堡峰会后,持续一年的全球金融危机得到缓解,经济呈现复苏迹象。但是,随着经济的好转,各国合作的意愿逐渐减弱,此时欧元区又爆发了债务危机。在这样的背景下,以"复苏与新开始"(Recovery and New Beginnings)① 为主题的G20多伦多峰会如约召开。

这次会议围绕以下几个议题展开深入讨论:构建平衡、可持续增长框架;全球金融体系改革和发展进程;打击贸易保护主义,构建开放市场;② 征收全球银行税和金融交易税;等等。③ 会议达成了发达经济体减债以及减少债务国的债务与国内总产值比率的坚定目标,到2013年将赤字削减一半,在2016年前债务与国内生产总值的比率应至少稳定或呈下降趋势。④ 会议还发表了《二十国集团多伦多宣言》,在成功应对全球经济危机的基础上,会议决定下一步采取的措施是以优质的工作确保经济全面恢复增长,改革并且加强金融体系,实现强劲、可持续和平衡的增长。宣言称,二十国集团迄今的努力取得了良好成果,但严峻的挑战依然存在。当前的经济复苏是不平衡且脆弱的,尤其是欧洲的主权债务危机对世界经济复苏造成威胁。

会议期间,美欧两方关于银行税收和是否退出刺激计划的分歧和争议成为关注焦点。欧洲方面由于担心希腊债务危机的蔓延,希望二十国集团能够迅速将经济刺激政策转为削减赤字。相反,面对高失业率和持续的经济低迷,美国方面希望二十国集团继续刺激经济,不要执行过度紧缩的财政政策

---

① Stephen Harper, Prime Minister of Canada, Statement by the Prime Minister of Canada at the 2010 World Economic Forum, Davos, Switzerland, January 28, 2010, http://www.who.int/pmnch/media/news/2010/200101_canada_speeches/en/index1.html.

② The G20 Toronto Summit Declaration, Toronto, June 27, 2010, http://www.g20.utoronto.ca/2010/to-communique.html.

③ Differences on economy set to play out in Toronto, The Hindu. June 25, 2010, http://www.thehindu.com/business/Economy/Differences-on-economy-set-to-play-out-in-Toronto/article16267674.ece.

④ Stephen Harper, Prime Minister of Canada, Statement by the Prime Minister on the Closing of the G20 Summit, Toronto, June 27, 2010, https://www.cigionline.org/articles/prime-minister-harpers-closing-remarks-g20.

来影响世界经济增长。① 在银行税收问题上，欧洲方面表示支持，但美国不希望对金融部门收取过多的新税。这一问题在峰会上并未达成统一，会议宣言中也没有提及征税的内容。②

这次会议也引发了多伦多为期一周的游行抗议。这次抗议于 G20 峰会开幕前一周开始，并在 6 月 26 日会议开始当天举行大规模游行。有 1100 多名游行者被关押进临时拘留中心，超过 2 万名警察、军事和安全人员参与到了此次行动中，这成为加拿大历史上有军事人员参与的最大规模的警务行动。③

加拿大政府举办 G8 和 G20 峰会的费用接近 10 亿美元，这其中包含高昂的安保费用。相比之下，在匹兹堡举行的 G20 峰会的成本为 1800 万美元，在英国伦敦举办的成本为 3000 万美元。④ G20 多伦多峰会高昂的举办费用成为会后被诟病和讨论的重要话题。

二 研究方法

本文样本选取自加拿大三家媒体机构，分别为《环球邮报》（The Global and Mail）、加拿大广播公司（CBC）和《多伦多星报》（Toronto Star）。在搜索资料时，利用 LexisNexis 数据库进行检索，界定检索的关键词是 "G20 Toronto summit"，检索范围是 2010 年 6 月 19 日至 2010 年 7 月 4 日的所有报道，据此分别获得《环球邮报》119 篇报道，加拿大广播公司 66 篇报道，《多伦多星报》86 篇报道。

本文采用文本分析法和内容分析法，对收集到的三家媒体的报道从报道态势、报道类型、议题选择、消息来源、报道视角、报道立场、话语分析等方面进行研究。在分析的具体过程中，将 G20 多伦多峰会的报道按照会议

---

① Les Whittington and Bruce Campion-Smith, G20 set to tackle sharp differences over economic policy, Toronto Star, June 25, 2010, https：//www.thestar.com/news/gta/g20/2010/06/25/g20_set_to_tackle_sharp_differences_over_economic_policy.html.

② Rhodri Davies, G20：Battles within and outside, Qatar：Al Jazeera, June 26, 2010, https：//www.aljazeera.com/focus/2010/06/201062571713780493.html.

③ Jeffrey Monaghan and Kevin Walby, "They attacked the city"：Security intelligence, the sociology of protest policing and the anarchist threat at the 2010 Toronto G20 summit, SAGE Journals, June 22, 2012.

④ Security chief defends high cost of G8 - G20 summits, CTV.ca, May 28, 2010, https：//www.ctvnews.ca/security - chief - defends - high - cost - of - g8 - g20 - summits - 1.516679.

的进展分为三个阶段，分别为会议召开前的 2010 年 6 月 19 日至 25 日，会议召开期间的 2010 年 6 月 26 日至 27 日，以及会议结束后的 2010 年 6 月 28 日至 7 月 4 日，并根据这三个阶段进行分析。其中，报道类型分为新闻消息、商业新闻、专题报道或特稿、社论或评论四类；各家媒体的议题选择分为经济、政治外交、文化科技、社会民生四类；消息来源分为政府机构或官员、专家学者、区域或国际组织、媒体以及一般民众或民间团体五类。另外，本文话语分析的部分使用 Wordsmith 语料库对各家媒体的报道进行高频词分析，并对相关高频词进行检索定位。

三　研究发现

（一）报道态势

通过对 G20 多伦多峰会报道的三个阶段进行分析，从图 1 可以看出，《环球邮报》的报道总量为 119 篇，其中会前刊发报道 48 篇，会议期间刊发报道 28 篇，会议结束后刊发报道 43 篇。《多伦多星报》的报道总量为 86 篇，其中会前刊发报道 36 篇，会议期间刊发报道 25 篇，会议结束后刊发报道 25 篇。加拿大广播公司的报道总量为 66 篇，其中会前刊发报道 36 篇，会议期间刊发报道 8 篇，会议结束后刊发报道 22 篇。

这三家媒体在这三个阶段的报道态势基本相同，在会议召开之前和会议结束后的发稿量都高于会议召开期间的发稿量，且会前高于会后。其中，

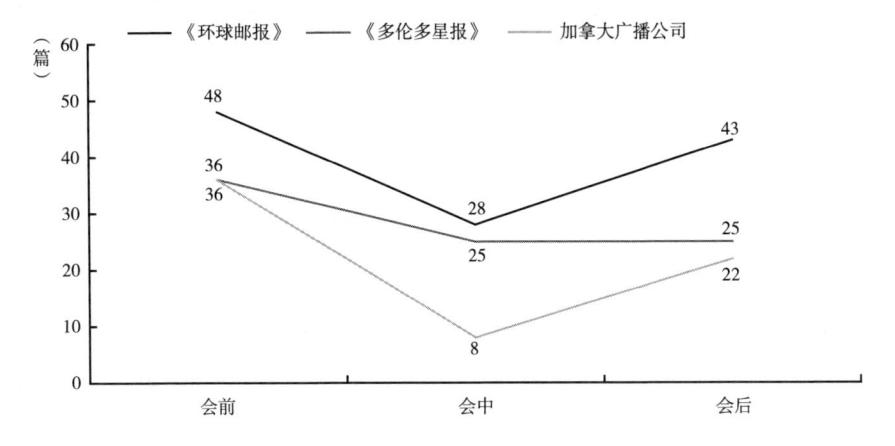

图 1　加拿大三家媒体对 G20 多伦多峰会报道态势

《多伦多星报》的态势相较另外二者更加稳定，《环球邮报》发稿量最多，加拿大广播公司发稿量最少。

（二）《环球邮报》报道分析

1. 报道类型

从表1可以看出，在《环球邮报》刊发的119篇报道中，新闻消息共20篇（约占16.8%）、商业新闻27篇（约占22.7%）、专题报道或特稿37篇（约占31.1%）、社论或评论35篇（约占29.4%）。其中，专题报道或特稿以及社论或评论作为主要新闻体裁在报道中占有重要位置，超过总报道量的一半。

这一点说明《环球邮报》在对G20多伦多峰会的报道过程中，不仅重视传播此次会议的具体相关内容，而且将关注点转向更深层次意义上的挖掘，包括对与会人员背景的补充、会议内容的探讨、会议结果的分析、对G20未来发展的预测等。这些信息的挖掘和观点的探讨将G20多伦多峰会更深层次的内涵传递给受众，符合受众的期待。

另外，由于G20峰会是一个国际经济合作论坛，《环球邮报》也使用了大量笔墨集中对商业新闻进行报道，突出G20峰会对世界经济发展的重要影响。

表1　《环球邮报》对G20多伦多峰会的报道类型

时间类型	新闻消息 （news）	商业新闻 （business）	专题报道或特稿 （features）	社论或评论 （editorial）	总计	百分比 （%）
会前	11	10	13	14	48	40.3
会中	6	6	10	6	28	23.6
会后	3	11	14	15	43	36.1
总计	20	27	37	35	119	100
百分比(%)	16.8	22.7	31.1	29.4	100	

2. 议题选择

如图2、图3、图4所示，本文将《环球邮报》在会前、会中和会后三个阶段的报道进行了分别整理。会前报道中，经济议题报道有18篇（占37.5%），政治外交议题有12篇（占25%），社会民生议题有18篇（占37.5%），没有关于文化科技议题的报道。会中，经济议题报道有8篇

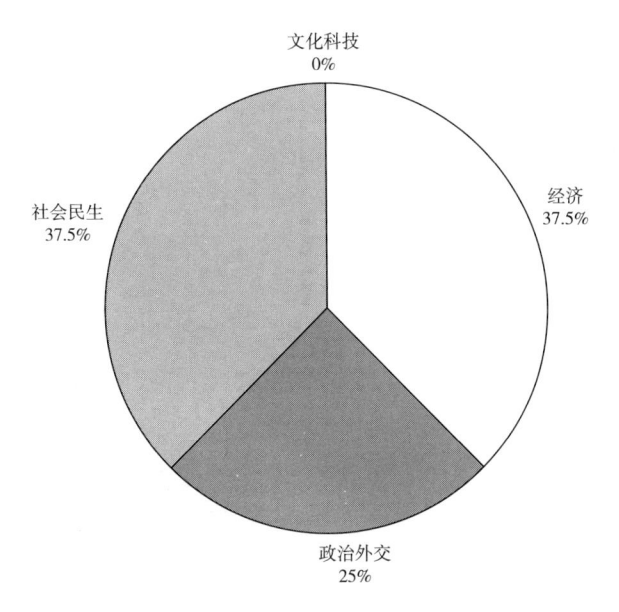

图 2 《环球邮报》G20 多伦多峰会报道会前议题选择情况

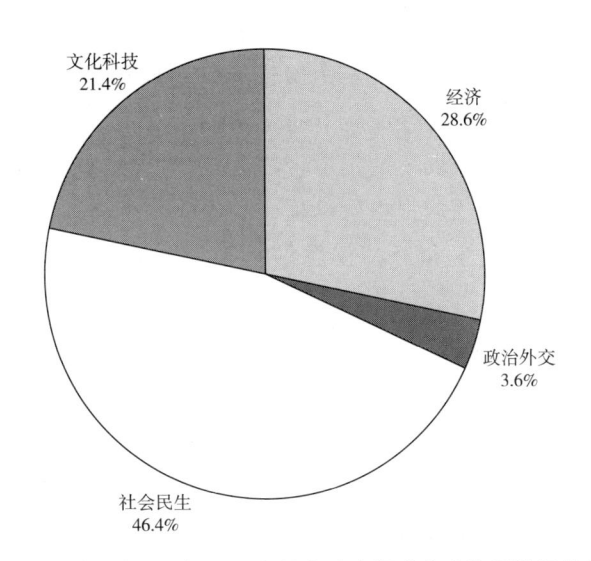

图 3 《环球邮报》G20 多伦多峰会报道会中议题选择情况

（约占 28.6%），政治外交议题有 1 篇（约占 3.6%），文化科技议题有 6 篇（约占 21.4%），社会民生议题有 13 篇（约占 46.4%）。会后报道中，经济议题报道有 17 篇（约占 39.5%），政治外交议题有 3 篇（约占 7%），文化科技议题有 2 篇（约占 4.7%），社会民生议题有 21 篇（约占

文化科技
4.7%

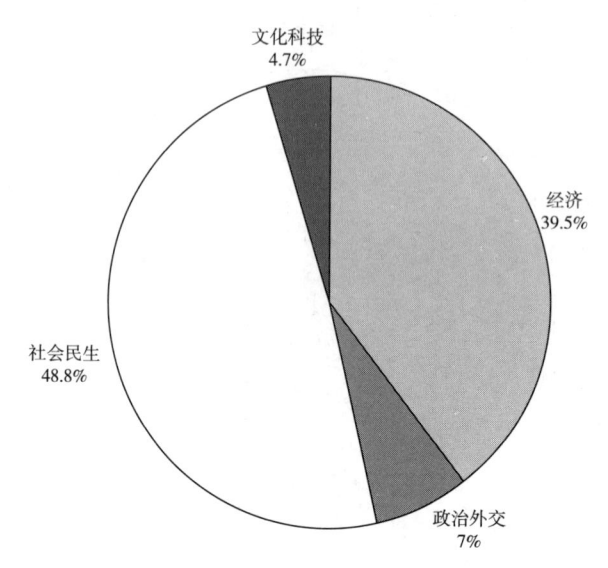

经济
39.5%

社会民生
48.8%

政治外交
7%

图 4　《环球邮报》G20 多伦多峰会报道会后议题选择情况

48.8%）。

通过比较会前、会中、会后三个阶段的议题选择，可以发现不同阶段《环球邮报》对议题的关注焦点是不断变化的。会前，没有关于文化科技的议题报道，而在会中该议题的报道量约占该阶段报道的 21.4%；随着会议的推进，政治外交议题的报道数量呈减少趋势，由会前的 25% 降到会后的 7%；另外，社会民生和经济议题的报道一直保持较高数量，持稳定态势。

如图 5 所示，《环球邮报》的所有报道中，关注最多的是社会民生议题，主要包括 G20 多伦多峰会期间爆发的大规模游行示威活动以及多伦多举办此次会议的高额开销等问题；经济议题是其关注的重点，其一在于 G20 作为国际经济合作论坛的性质，其二在于此次多伦多峰会恰逢全球经济复苏和欧元区爆发债务危机的关键时期，所以对经济的关注度自然不容小觑。

3. 消息来源

消息来源的选择，往往能够体现媒体报道的价值选择和倾向性。

由表 2 可以看出，在《环球邮报》对 G20 多伦多峰会的 119 篇报道中，政府机构和官员是其中最主要的消息来源，共出现 148 次（约占 39.36%）。来自政府机构和官员的消息具有权威性。另外，专家学者这一消息来源出现

G20 多伦多峰会加拿大媒体报道研究　　47

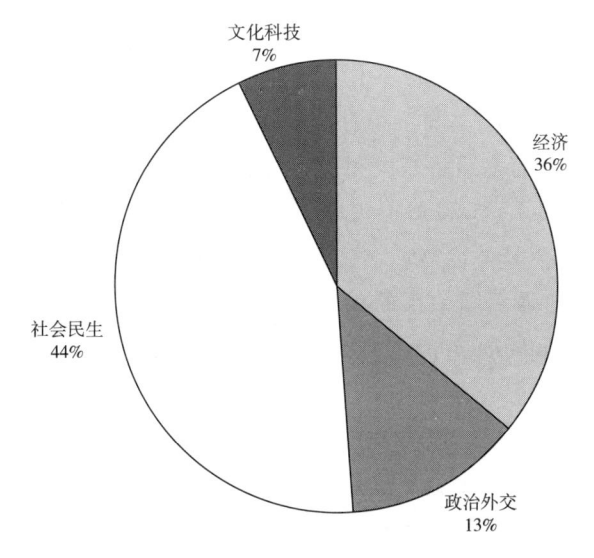

图 5　《环球邮报》G20 多伦多峰会报道议题选择总体情况

136 次（约占 36.17%），这一比例几乎持平于政府机构和官员这一消息来源。G20 多伦多峰会讨论的议题种类丰富，且多为重大国际问题，记者在获取消息来源时大多需借专家学者之口进行分析和报道。此外，《环球邮报》的 119 篇报道中涉及很多社会议题，因此，一般民众和民间团体也作为主要消息来源多次出现，这其中包括多伦多普通市民、游行者以及民间运动组织的领导人等。

表 2　《环球邮报》G20 多伦多峰会报道消息来源

消息来源	数量	百分比(%)
政府机构和官员	148	39.36
专家学者	136	36.17
区域和国际组织	13	3.46
媒体	13	3.46
一般民众和民间团体	66	17.55
总数	376	100

《环球邮报》在报道 G20 多伦多峰会时，运用这些不同消息来源，结合官方与非官方消息来源，使新闻报道呈现多元化态势，增强了报道的可读性；但其最主要的消息来源依然为官方。

4. 报道视角

《环球邮报》在报道 G20 多伦多峰会时，分别使用了政府、专业和平民这三种视角。

在其报道中，有多篇将笔墨和镜头对准各国国家领导人，报道全球经济政策、各国外交关系、G20 峰会议题等。通过这一视角，向受众传播重大议题、讲解 G20 峰会具体内容。《环球邮报》2010 年 6 月 25 日刊发的题为《中国的访问是加强两国关系的乐观信号》（China's visit a hopeful sign for strained Canadian relationship）一文主要就是从政府视角进行报道：

> 加拿大希望中国能够签署协议，将加拿大纳入经批准的旅游目的国，以求为加拿大大量未开发的旅游市场敞开大门。胡锦涛主席在星期四和哈珀总理会面时同意签署这样的协议。
>
> 两国领导人还签署了重新开放中国的加拿大牛肉和牛肉产品市场的合作协议，组建环境与清洁能源部门的商业合作工作组谅解备忘录，以及合作打击犯罪谅解备忘录。

在报道 G20 峰会经济议题时，《环球邮报》在新闻和评论中经常将专家、学者作为消息来源来分析当前国际重大经济话题，一方面通过专家视角来传递权威信息，另一方面通过专家的解读来帮助读者理解和思考当前亟须解决的国际经济问题。《环球邮报》在 2010 年 6 月 29 日刊发的题为《G20 峰会计划的困境：以紧缩财政促增长》（G20 plan's dilemma：Boosting growth with less spending）的报道中，通过对包括诺贝尔经济学奖获得者保罗·克鲁格曼（Paul Krugman）、加拿大贸易部门前首席经济学家约翰·柯蒂斯（John Curtis）和国家银行首席经济学家斯蒂芬·玛丽恩（Stéfane Marion）等专家的采访，分析报道了 G20 峰会的经济决策。

《环球邮报》在对 G20 多伦多峰会的报道中也采用了大量的平民视角，将关注对象、关注层面转向普通的多伦多市民，报道能够反映普通民众需求并被其广泛认同和接受的内容，使报道与受众更接近，与受众的利益息息相关。在《环球邮报》2010 年 6 月 28 日题为《四名被捕人员的特写：从无政府主义者到厨房帮工》（Profiles of four arrests：from an anarchist to a kitchen worker）的报道中，记者从四名被捕的普通加拿大公民的角度入手，报道了 G20 峰会期间发生的游行和警务行动。

5. 报道立场

媒体在报道新闻事件时，不可避免地有其报道的倾向性，媒体的立场选择对报道结果甚至事件本身都会产生影响。本文通过 G20 多伦多峰会会前、会中、会后三个阶段分别分析《环球邮报》在报道此次峰会时的立场。

（1）G20 峰会会前

《环球邮报》2010 年 6 月 25 日刊登的报道《商界领袖认为加拿大将成为世界焦点，值得投资》（Canada's turn in the world's spotlight is worth the investment, business leaders say）中，首先肯定了 G20 峰会能够为加拿大带来长期的经济利益，又提到在峰会召开期间多伦多同时遭受到的经济损失：

> 加拿大一些顶级的 CEO 认为加拿大人应该期待从 G20 峰会中获取长期的经济利益，因为这是一个难得的展示加拿大并且和新兴经济体例如中国以及印度开展高层次接触的机会。
>
> 加思·怀特是加拿大餐饮以及食品服务协会的主席。他并不怀疑 G20 会带来长远的收益，但是他认为多伦多周边地区的餐厅在整整两周内可能会损失 4500 万美元。

《环球邮报》在 2010 年 6 月 21 日刊登的报道《即使 20 个国家可能还不够》（Even 20 might not be enough）中表达了其对 G20 效果的怀疑：

> 法国部长自相矛盾的回答说明了金融危机后全球治理的一个现实，即随着八国集团明显的衰退，二十国集团能否有效地取代它仍然不确定。

《环球邮报》在 2010 年 6 月 24 日刊登的报道《为什么一些 G20 的抗议者不谴责暴力行为？》（Why some G20 protesters won't condemn violence）中谴责了暴力示威者的行为：

> 在峰会前夕，G20 的抗议者们愤愤不平地抱怨所有的安保措施——直升机、水炮、丑陋的围栏以及不计其数的警力。他们不愿承认的是，如果他们只是简单地同意放弃暴力（而这正是他们一直拒绝做的事情），绝大多数的安保措施都会变得不重要。
>
> ……

事实上，激进分子发现暴力是有用的。暴力能够吸引摄像机，摄像机能够引起人们的关注。激进分子的领导人可能不会扔砖块，但是他们中的很多人乐意看到其他人这样做。

当发生暴力事件时，你可以确定他们会将其全部归咎于警方。

（2）G20 峰会会中

《环球邮报》在其 2010 年 6 月 26 日一篇题为《其他成本》（The other cost）的文章中批评了政府在多伦多暴力游行事件中对公民自由的破坏：

政府没有建立对公民自由的监督机制，不过，政府有义务按照《权利和自由宪章》行事。如果逮捕行为与日俱增，那么政府的行为在法庭上将受到挑战。但是在这次时间这么短的事件中，集会和表达的自由已经被破坏。政府自身有责任保持警惕，但这不应只是对激进的抗议者们的警惕，更应是对其自身破坏个人自由的企图的警惕。

《环球邮报》在 2010 年 6 月 27 日刊登的报道《G20 峰会的底线？好的意图》（The G20 summit's bottom line? Good intentions）中否认了暴力游行的效果：

任何峰会都会引出无政府主义者……

他们的目的是通过面对电视，吸引警察，不时引起警察的过度反应，用打破窗户、点燃汽车等其他策略来吸引媒体对自己的关注。

他们可能会在 24 小时内获得成效，但在这之后完全被人们遗忘。

（3）G20 峰会会后

《环球邮报》在 2010 年 6 月 28 日刊登的报道《迈向新世界平衡的历史性一步》（A historic step toward a new world balance）中肯定了 G20 多伦多峰会取得的成功：

G20 正在逐渐接近其重新平衡全球经济的目标……

这次的承诺具有历史性的意义。

现在，问责机制达到了其最高水平……

现在，逐渐提高的透明度甚至能够鼓励成员国之间开展讨好投资者政策的竞争。

在其2010年6月28日刊登的报道《〈多伦多共识〉：共赢下的最大赢家哈珀》（The Toronto Consensus: Everybody wins-and Harper wins the most）中也有同样的评价：

虽然关于G20峰会的讨论大多集中于对人工湖、十亿美元预算以及燃烧的警车这些问题，但是更主要的现实是在史蒂芬·哈珀的带领下世界上最大的以及最有影响力的经济体间达成了一个协议，即《多伦多共识》，这一点也使领导人自己感到惊讶。

而在《环球邮报》2010年6月29日刊登的报道《G20峰会计划的困境：以紧缩财政促增长》中对G20峰会的结果表达了怀疑态度：

同时，G20如何履行紧缩政策仍然是不清楚的……

这些评论使很多经济学家和投资者们对G20是否能解决所有问题产生怀疑。

尽管他们细心地制定出了宣言草案，但这个统一体正呈现下滑的趋势。

《环球邮报》2010年6月29日刊登的报道《愤怒爆发后，生活归于平静》（An outburst of rage, then life goes on）认为G20峰会期间采取的安保措施是可行的：

过去的一周，我们总结的一条经验是像多伦多这样的大城市是很脆弱的。另一条是这些大城市具有强大的恢复能力。

安保费用是巨大的，但是，经过一系列事件之后，还会有人仍然认为官方派出太多警务人员吗？还会有人仍然认为政府撤走街道上所有的垃圾箱以及公共汽车候车亭的行为是过于小心甚至有些偏执吗？这些令人心烦甚至是造成侵扰的安保措施现在看来仅仅只能称为谨慎。

6. 话语分析

(1) 标题拟定

新闻标题是以最精练的文字将新闻中最重要、最新鲜的内容提示给读者。在信息爆炸的时代，凝练但又吸引人的标题更显得至关重要。综观《环球邮报》对 G20 多伦多峰会的 119 篇报道，其所采用的标题大多言简意赅，采取"主语+谓语+宾语"的形式表达，很少甚至不用抽象的词，经常运用具体的词指出新闻事件的重点和关键。例如新闻标题《欧洲债务危机在 G20 引发分歧》(Europe debt crisis opens rifts in G20)、《政府加强警务力量》(Government expands police powers)、《G20 领导人夫人的首要职责：不要犯错》(Primary job for wives of G20 leaders: Do no harm)，仅一句话，没有多余的词语就表达了一个新闻主题，尤其是"rifts"、"expands"等词，分别具体指出了 G20 峰会上关于欧洲债务危机观点的分歧和加拿大政府警务人员的扩充事实。

(2) 用具体数据说话

由于 G20 峰会涉及很多经济议题，在解释这些问题时，《环球邮报》的报道擅长运用数据说话，直接具体，易于受众阅读。例如在 2010 年 6 月 30 日刊发的题为《鉴于日本的困境，G20 的目标对其毫无意义》(Given its woes, G20 targets meaningless for Japan) 中，用一系列的数据解释了日本为降低官方失业率定下的目标：

> 政府也希望将官方失业率从现阶段的 5.2% 的水平在 2011 年降低到 3%~4%。对于日本来说，失业率仍然很高。但是如果用加拿大的标准去衡量，这一数据将会翻倍。大约三分之一的工人是临时工。

(3) 运用细节描写展现时间全貌

《环球邮报》在报道中也常常使用细节描写，将事件或人物最直观的状态展现出来，使其报道具有现场感，吸引读者。例如，在《多伦多：从好梦中醒来抚慰伤口》(Toronto: the Good awakes to lick its wounds) 这篇报道中，记者用"至少八家商店"、"在商店前"、"融化"等细节词语描述了游行现场的混乱及其带来的危害：

> 至少八家商店在周六的破坏行动中遭受损失并已开始提交保险

索赔。

标志性的史蒂夫音乐厅的遮檐因为其门前遭受烈火灼烧的警车热量而融化。

(4) 语言风格

通过对《环球邮报》关于 G20 多伦多峰会的 119 篇报道进行高频词分析,发现在表达"说"这一意义时,其使用最多的是"say"这一英语单词,其中"said"出现 557 次,"says"出现 104 次,"say"出现 54 次。在英语中"say"和"claim"、"condemn"存在明显差别,"say"相比较更不带情绪,更显客观、公正。

如表 3 所示,在高频词前 100 名中,只出现了七个形容词,且这几个词都为中性词,均不存在价值判断、情感判断的意义。

由此可以看出,《环球邮报》在报道 G20 峰会时力求客观和公正。

表 3 《环球邮报》对 G20 多伦多峰会报道的高频词语分析(部分)

排名	词	出现次数
17	said	557
46	more	235
56	some	209
60	global	194
85	over	132
86	new	130
91	financial	123
98	many	118
130	says	104
240	say	54

(5) 多方消息来源以及不同观点的平衡

《环球邮报》在对 G20 多伦多峰会的 119 篇报道中用到了 370 多个消息来源,有各国政府机构和官员,有经济、社会活动等领域的专家学者,有各区域和国际组织的负责人,有其他媒体,以及加拿大普通民众和民间团体。消息来源不仅数量多,种类也丰富,使得其报道显得较为全面且权威性强。

在讲述一个事件时,《环球邮报》也善于运用来自不同立场的声音进行平衡报道,体现其报道的真实、公正和客观。例如在《G20 峰会计划的困境：以紧缩财政促增长》这篇报道中，记者就利用了多方观点表达了对 G20 峰会决定紧缩财政政策的看法：

  克鲁格曼先生称这一结果"非常令人沮丧"，认为紧缩政策会加剧大萧条，现在的政策制定者有可能将世界置于和现在相同的糟糕状态。

  加拿大国家银行首席经济学家斯蒂芬·玛丽恩指出，美国微不足道的国内生产总值已经高于大萧条时的状况，这表明紧缩政策并不是克鲁格曼先生所认为的威胁。

（三）加拿大广播公司报道分析

1. 报道类型

  在 2010 年 6 月 19 日至 7 月 4 日，加拿大广播公司关于 G20 多伦多峰会会议前后的报道共 66 篇，这些文章的内容涉及政治、经济、外交、社会、文化、科技等方面。从表 4 可以看出，其中新闻消息共 50 篇，占总新闻报道数量的 75.76%；商业新闻共 8 篇，占总新闻报道数量的 12.12%；专题报道或特稿共 6 篇，占总新闻报道数量的 9.09%；社论或评论共 2 篇，占总新闻报道数量的 3.03%。由此可见，加拿大广播公司在对 G20 多伦多峰会的新闻报道中采用以新闻消息的报道类型为主，以商业新闻、特稿和评论报道类型为辅的方式。

  新闻消息具有及时迅速的特点，用概括的叙述方式，比较简明扼要的文字，迅速及时地报道国内外新近发生的、有价值的、受众最关心的事实。专题报道或特稿多采用故事性的新闻叙述方式，更能吸引读者，从而能达到更好的传播效果。社论或评论能更加鲜明地展现事件的意义，分析事件背后的原因。特稿和评论报道延展了事件的意义层次，它们与新闻消息这种报道类型合理结合，会呈现出一个相对完整的事件全貌，形成张弛有度的事件叙述。

  加拿大广播公司采写了大量 G20 峰会的新闻消息，占总报道数量的 75.76%，新闻消息能够迅速及时地更新会议相关的内容，将会议的最新进展展现在受众面前。另外加拿大广播公司还有一些特稿和评论的报道类型，所占比重略少，两种报道类型共占总新闻数量的 12.12%，它们丰富了峰会报道的类型，并在一定程度上深化了对 G20 峰会的报道。

表4　加拿大广播公司对G20多伦多峰会的报道类型

时间类型	新闻消息（news）	商业新闻（business）	专题报道或特稿（features）	社论或评论（editorial）	总计	百分比（%）
会前	27	5	3	1	36	54.55
会中	7	1	0	0	8	12.12
会后	16	2	3	1	22	33.33
总计	50	8	6	2	66	100
百分比（%）	75.76	12.12	9.09	3.03	100	

2. 议题选择

在会前阶段（2010年6月19日至25日），如图6所示，加拿大广播公司对于此次峰会的报道中，经济议题占19%，社会民生议题占59%，政治外交议题占11%，文化科技议题占11%。

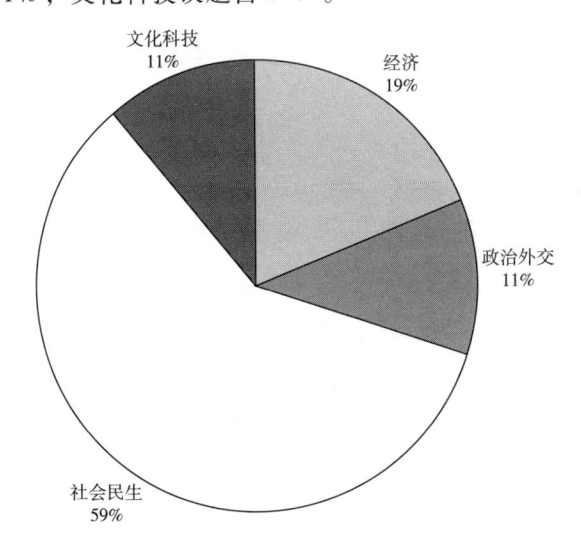

图6　加拿大广播公司G20多伦多峰会报道会前议题选择情况

在会中阶段（2010年6月26日至27日），如图7所示，加拿大广播公司对于此次峰会的报道中，经济议题占12%，社会民生议题占75%，政治外交议题占13%，文化科技议题几乎没有涉及。

在会后阶段（2010年6月28日至7月4日），如图8所示，加拿大广播公司对于此次峰会的报道中，经济议题占10%，社会民生议题占46%，政治外交议题占27%，文化科技议题占17%。

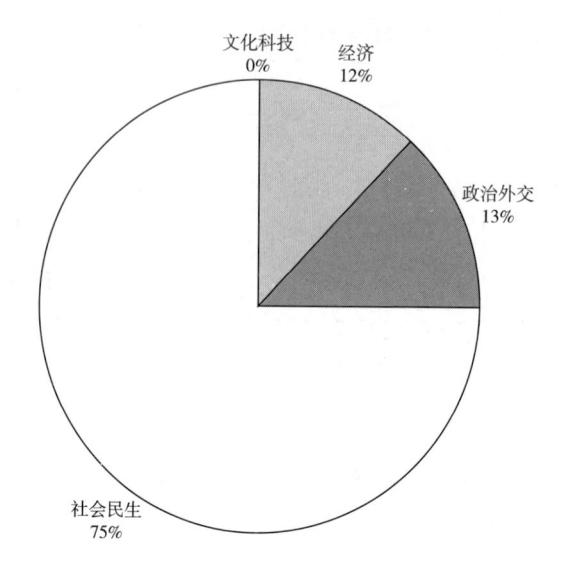

图7 加拿大广播公司G20多伦多峰会报道会中议题选择情况

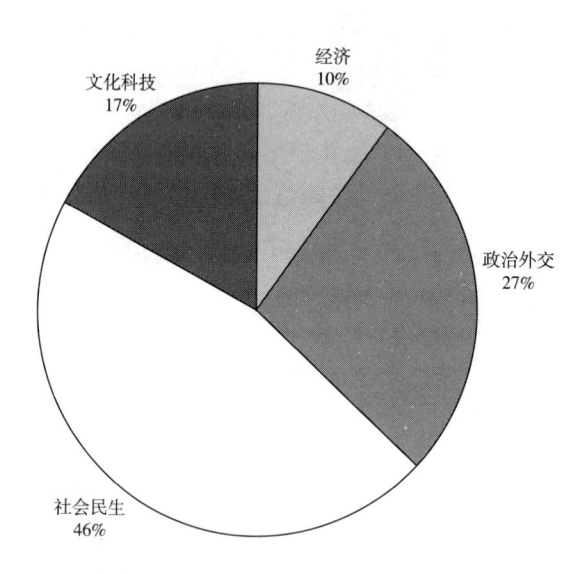

图8 加拿大广播公司G20多伦多峰会报道会后议题选择情况

总体来看，在加拿大广播公司对于此次峰会的报道中，经济议题占比14%，社会民生议题占55%，政治外交议题占19%，文化科技议题占12%。从图9可以看出，社会民生议题占比最大。另外，在此次G20峰会召开期间，多伦多爆发了民众示威游行，并发生了警察和民众的暴力冲突事件。加拿大广播公司对于这一事件及其后续延伸事件的报道共计26篇，占总报道数量的39.4%。抗议示威是近年来国际大型会议召开时常遇到的问题，稍有不慎，就会对会议的顺利召开造成影响。加拿大广播公司并没有避讳报道这一事件，这也说明该媒体注重反映普通民众的心声。

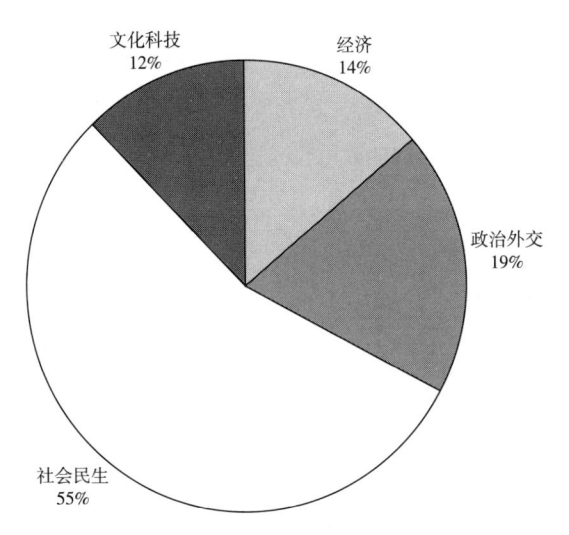

图 9　加拿大广播公司 G20 多伦多峰会报道议题选择总体情况

下面将举例分析加拿大广播公司对几个重要议题的报道。

（1）经济议题

"聚焦经济的发展"是 G20 峰会的重要主题，加拿大广播公司对 G20 峰会的报道中，共有 10 篇文章涉及了这一议题，占总报道量的 14%，这也显示出了这家媒体对经济议题的重视。

例1：

法国和德国领导人周二呼吁加拿大总理史蒂芬·哈珀将他们对银行税的改革提议纳入 G20 峰会的议事日程。该峰会将于 6 月 26 日在多伦多召开。

——《法德意欲 G20 峰会讨论银行税的改革》

例2：

周二在中国宣布允许更大范围的开展人民币兑换业务之后，人民币的币值与周一相比有所回落。周一，人民币币值达到了新高峰。

相较于周一人民币对美元汇率中间价报 6.7971 元，周二午后不久，现货市场人民币对美元汇率中间价达到了 6.82 元。

——《人民币币值较昨天有所回落》

在第一个新闻实例中，加拿大广播公司报道了西方国家对于 G20 峰会经济议题的关注点，以及它们对此次峰会的态度和希冀。在第二个新闻实例中，加拿大广播公司报道了中国人民币币值的变化情况，这说明加拿大广播公司对中国在 G20 峰会期间的货币动态、经济发展有着密切的关注。这两则新闻报道，都引用了较多的数字，以及多方的消息来源，包括官方、专家等的看法，报道立场都较为客观。

（2）社会民生议题

在此次 G20 峰会召开期间，多伦多爆发了民众示威游行，并发生了警察和民众的暴力冲突事件。加拿大广播公司对此事件也进行了多方报道。

例 1：

6 月 26 日晚上，总理和他的妻子劳伦在著名的皇家约克酒店接待了 G20 的各国领导人及他们的夫人，随后邀请他们参加工作晚宴。

就在离皇家约克酒店不远的几个街区外，这里是路障设置的安全区域。尽管政府投入了 10 亿美元资金保障峰会区域的安全，数千名警察也随时待命，但是抗议者前不久在这个安全区域焚烧了警车并打碎了商店前面的玻璃。

——《总理接待 G20 国家元首，游行示威人群在街上》

例 2：

多伦多市警察局局长今天表示，警察内部对于周末 G20 峰会的暴力游行事件进行反省，将会检验执法策略的合理性。

——《多伦多警察回顾 G20 峰会时期的执法策略》

对于示威游行事件，加拿大广播公司从不同的角度进行报道。在《总理接待 G20 国家元首，游行示威人群在街上》（PM greets G20 leaders amid protests）这篇报道中，加拿大广播公司主要展现了"峰会"和"游行"事件的对比。在《多伦多警察回顾 G20 峰会时期的执法策略》（Toronto police to review G20 tactics）一文中，加拿大广播公司主要报道了警察对游行事件执法行为的反思。

3. 消息来源

从表5可见，加拿大广播公司对G20多伦多峰会的66篇报道中，政府机构和官员作为消息来源，共出现67次（约占36.81%），专家学者作为消息来源，共出现41次（约占22.53%）。这两大消息来源共出现108次（约占59.34%），这说明加拿大广播公司的报道比较注重权威性和严肃性。在加拿大广播公司对G20多伦多峰会的报道中，社会民生方面的新闻议题占了不小比重，一般民众和民间团体作为消息来源共出现45次（约占24.73%），说明一般民众和民间团体也是重要的消息来源。

总体来看，加拿大广播公司将各种消息来源相结合，从而能够让报道更显全面、客观、均衡。

表5 加拿大广播公司G20多伦多峰会报道消息来源

消息来源	数量	百分比(%)
政府机构和官员	67	36.81
专家学者	41	22.53
区域和国际组织	19	10.44
媒体	10	5.49
一般民众和民间团体	45	24.73
总数	182	100

4. 报道视角

加拿大广播公司对G20多伦多峰会的报道同样采用了多种视角，下文主要从平民、专家和政府三个视角举例分析。

（1）平民视角

加拿大广播公司对游行事件主要是从平民的视角进行报道的。

例1：

一个多伦多的兽医说，周六早上警察闯进他家抓捕反G20的游行者，警察拿枪指着他并给他戴上了手铐。当警察意识到他并没有牵涉到游行事件中时，才释放了他。

——《家被强闯：警察搜捕游行示威者反应过度》

在《家被强闯：警察搜捕游行示威者反应过度》（Family hit by G20 raid

say police overreached）这一新闻中,加拿大广播公司以"被误抓的人"的角度来展现警察在搜捕游行示威者方面的反应欠妥。加拿大广播公司从平民的视角出发,以具体的人或事实来加以说明验证。

（2）专家视角

加拿大广播公司在很多评论、经济报道中采用了专家视角,多次引用专家消息来源。

例2：

国际商会向G20峰会强调伪造和偷窃知识产权会不利于国家经济的发展。

国际商会会长让·罗兹瓦多夫斯基（Jean Rozwadowski）在接受加拿大广播公司新闻采访时说："知识产权受侵和伪造,会造成就业机会流失,这样不利于形成一个全面的全球经济。"

——《商会提醒G20峰会：假的商品有害于经济》

加拿大广播公司在这篇新闻报道中主要引用了国际商会会长让·罗兹瓦多夫斯基这一消息来源,以经济专家的视角介绍了当前加拿大知识产权的保护现状以及知识产权被侵害所带来的社会影响。这样的专家视角有更大的说服力,利于增强新闻事件报道的专业度和影响力。

（3）政府视角

加拿大广播公司的新闻报道中也采用了政府的视角,特别是以高级官员为主要消息来源的方式来进行报道。政府视角多为政党媒体所使用,能够体现出权威性,缺点是不够亲民。

例3：

在多伦多峰会的最后阶段,总理史蒂芬·哈珀对G20领导人共同达成的协议表示赞赏。该协议以加拿大为主导,G20的这些工业国家计划在未来的3年内,使自己的财政赤字减半。

星期日,在G20发布了最后的峰会公报后,总理史蒂芬·哈珀接受采访说,他希望加拿大将自己的财政赤字减少一半,并在明年将债务带入稳定的轨道或者使债务逐渐减少。

——《总理赞赏G20峰会制定的减少财政赤字的目标》

5. 报道立场

加拿大广播公司在 G20 峰会会前、会中以及会后阶段的新闻报道中，也不可避免地呈现了该媒体的一些立场和观点。

（1）G20 峰会会前

加拿大广播公司在 G20 峰会召开之前关注了民众游行示威活动，在《第一轮 G20 游行活动和平进行》（First Nations' G20 protest peaceful）一文中，引用了活动组织者的话："我们国内仍有很多需要解决但未解决的问题，史蒂文·哈珀还谈什么应对海外的发展。"报道称这些游行示威者"强调"（highlight）一些民间诉求和待定案件。这里显示出加拿大广播公司在一定程度上倾向游行示威群众，并向政府反映民众诉求的立场。

（2）G20 峰会会中

加拿大广播公司在《总理接待 G20 国家元首，游行示威人群在街上》这篇新闻报道中称，"尽管政府投入了 10 亿美元的资金保障峰会区域的安全，数千名警察也随时待命，但是抗议者前不久在这个安全区域焚烧了警车并打碎了商店前面的玻璃"。加拿大广播公司使用了"尽管"（despite）这个词，一定程度上反映了该媒体对警察执法策略、政府安保资金运用欠妥的不满。

（3）G20 峰会会后

加拿大广播公司在《报告：警察殴打了一名报道 G20 的记者》（Police beat journalist covering G20：report）中引用了大量被殴打的记者的话，如"从这件事情上看，这并不是一个民主的夜晚"，并指出被殴打的记者并不是唯一的受害者，表现了这家媒体对受害者的同情，也从侧面流露出对警方做法的谴责。

6. 话语分析

（1）标题

好的标题可以迅速地吸引读者的注意力，加拿大广播公司的标题一般用形象生动的词，以精练的语言突出新闻事件中的某一重点或某一方面。以《游行示威群众让多伦多尝到了未来的滋味》（Protesters give Toronto taste of future）为例，该报道使用生动的词语，形象地描绘出了游行示威事件的社会影响、令人担忧的发展图景。

（2）运用数字

加拿大广播公司在经济类的新闻中最常使用数字，以凸显经济的具体发展情况及细节。如在《人民币币值较昨天有所回落》（Yuan retreats from Monday's high）这一新闻中，加拿大广播公司列举出了具体数字，表现人民币币值的详细回落情况。如："相较于周一人民币对美元汇率中间价报6.7971元，周二午后不久，现货市场人民币对美元汇率中间价达到了6.82元。"

（3）多运用直接引语

直接引语的大量使用在加拿大广播公司的报道中十分突出。直接引语的使用既可使行文错落有致，摆脱流水账式的讲述，使报道富有节奏感，同时也增加了新闻的现场感和真实感，为读者营造出一种与采访对象面对面的感觉。以《第一轮G20游行活动和平进行》一文为例，游行示威活动者的引语共有6处，其中4处是采用直接引语。

（4）语言风格

本文对加拿大广播公司文本进行高频词用语分析，主要分析了与"说"相关的词语的使用，参见表6。

表6 加拿大广播公司对G20多伦多峰会报道的高频词语分析（部分）

排名	词语	频次
8	said	382
146	says	31
221	saying	21
411	added	11
443	state	11
851	spoke	6
2192	note	2
2907	claim	1
2908	claims	1

由表6可知文中共出现466次和"说"有关的词语，其中"say"、"state"、"note"、"add"、"speak"等中性词占比99.57%，尤其是"say"（包含其他形式）占比达到93.13%。"say"是西方新闻写作中的常用词，它表现了媒体的客观中立的立场。"claim"（宣称）的意思是声称某件事情

的真实性,特别是在有反对意见的时候,暗指所说的话不一定对,所以该词有着明显的倾向性。"claim"在新闻文本中仅出现了2次。

(四)《多伦多星报》报道分析

1. 报道类型

在统计的时间段内,《多伦多星报》关于G20多伦多峰会会议前后的报道共计86篇,其中新闻消息共13篇,占总新闻报道数量的15.12%;商业新闻共19篇,占总新闻报道数量的22.09%;专题报道或特稿共23篇,占总新闻报道数量的26.74%;社论或评论共31篇,占总新闻报道数量的36.05%。由此可见,《多伦多星报》在对G20多伦多峰会的新闻报道中以评论类和特稿类报道为主。

表7 《多伦多星报》对G20多伦多峰会的报道类型

时间类型	新闻消息 (news)	商业新闻 (business)	专题报道或特稿 (features)	社论或评论 (editorial)	总计	百分比 (%)
会前	7	8	11	10	36	41.86
会中	2	8	6	9	25	29.07
会后	4	3	6	12	25	29.07
总计	13	19	23	31	86	100
百分比(%)	15.12	22.09	26.74	36.05	100	

2. 议题选择

在会前阶段(2010年6月19日至25日),如图10所示,在《多伦多星报》对此次峰会的报道中,经济议题占比30%,社会民生议题占比50%,政治外交议题占比14%,文化科技议题占比6%。

在会中阶段(2010年6月26日至27日),如图11所示,在《多伦多星报》对此次峰会的报道中,经济议题占比37%,社会民生议题占比51%,政治外交议题占比5%,文化科技议题占比7%。

在会后阶段(2010年6月28日至7月4日),如图12所示,在《多伦多星报》对此次峰会的报道中,经济议题占比30%,社会民生议题占比50%,政治外交议题占比14%,文化科技议题占比6%。

总体来看,在《多伦多星报》对于此次峰会的报道中,经济议题占比

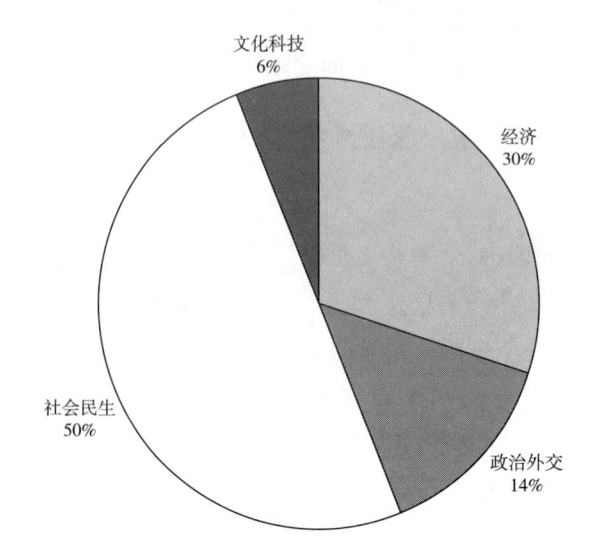

图10 《多伦多星报》G20多伦多峰会报道
会前议题选择情况

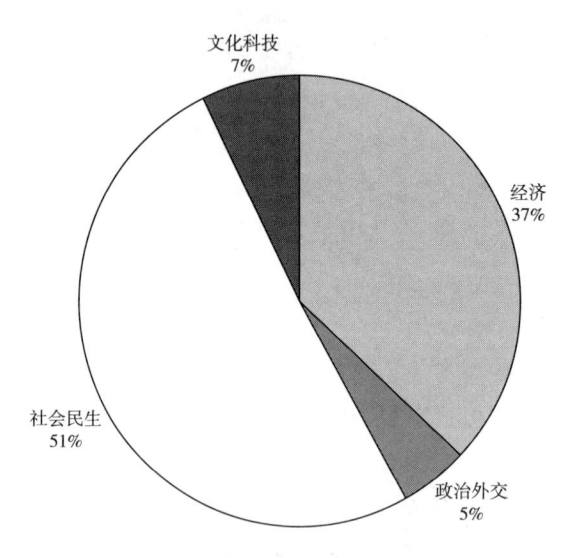

文化科技 6%
经济 30%
政治外交 14%
社会民生 50%

图11 《多伦多星报》G20多伦多峰会报道
会中议题选择情况

文化科技 7%
经济 37%
政治外交 5%
社会民生 51%

25%,社会民生议题占比50%,政治外交议题占比9%,文化科技议题占比16%(见图13),社会民生议题占比最大。《多伦多星报》对于示威游行及其后续延伸事件的报道共计52篇,占社会民生议题报道数量的60.5%。

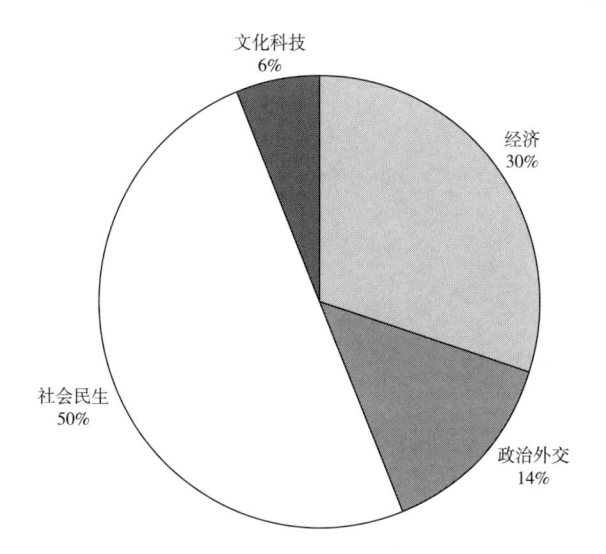

图12 《多伦多星报》G20多伦多峰会
报道会后议题选择情况

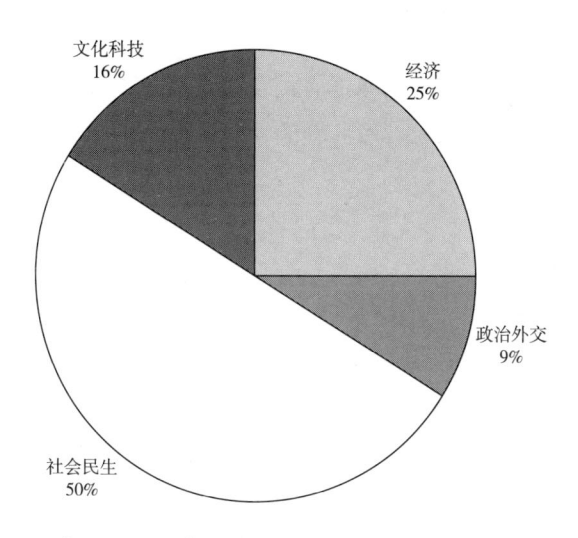

图13 《多伦多星报》G20多伦多峰会报道议题选择总体情况

下面本文将举例分析《多伦多星报》对几个重要议题的报道。

（1）经济议题

"聚焦经济的发展"是 G20 峰会的重要主题，《多伦多星报》对 G20 峰会的报道中，共有 22 篇文章涉及了这一议题，显示出该报对经济议题的重视。

例：

"银行关门，每个人都早早收工，生意不得不停下来。"詹森担心安全问题，估计不会有很多顾客，所以她打算从周四到周日都停止营业。这意味着她将损失15000美元或15%的月营业额。

——《G20峰会最大的输家》

在这个新闻实例中，《多伦多星报》报道了G20峰会对个体户（店家）的具体影响，从侧面反映了G20峰会带来的一些负面效果。

（2）社会民生议题

在此次G20峰会召开期间，多伦多爆发了民众示威游行，并发生了警察和民众的暴力冲突事件。《多伦多星报》对此事件也进行了报道。

例：

他们首先冲破了大门，占领了埃索石油公司，接着游行分散了。欢迎来到G20风格的游行示威活动。

周一下午，大约100人短暂占领了埃索石油公司的加油站以及邓达斯和贾维斯的便利店。这是针对G20峰会发起的第一次大型的游行示威活动。

——《第一次游行示威》

3. 消息来源

从表8中可以看出，《多伦多星报》对G20多伦多峰会的86篇报道中，一般民众和民间团体作为消息来源共出现115次（约占43.4%），政府机构和官员作为消息来源，共出现53次（约占20%）。上文提到社会民生方面的新闻议题占50%，这与一般民众和民间团体的消息来源的比重基本一致。

表8 《多伦多星报》G20多伦多峰会报道消息来源

消息来源	数量	百分比(%)
政府机构和官员	53	20
专家学者	38	14.34
区域和国际组织	36	13.58
媒体	23	8.68
一般民众和民间团体	115	43.4
总数	265	100

4. 报道视角

《多伦多星报》对 G20 多伦多峰会的报道同样采用了多种视角，下文主要从平民、专家和政府三个视角举例分析。

（1）平民视角

《多伦多星报》对游行事件主要是从平民视角进行报道。

> 例：
>
> 我仍然没有决定是否在这周带上自制的防毒面罩参加游行，我曾在魁北克中过毒气，我记得毒气刺痛我眼睛、灼烧我肺的感觉。但是带着战争武器去游行让我胆寒。我是一个游行示威者，而不是一个恐怖分子。
>
> ——《我是游行示威者，不是恐怖分子》

在《我是游行示威者，不是恐怖分子》（I am a protester, not a terrorist）这一新闻中，《多伦多星报》主要是从"示威者"的角度即平民视角出发，反映平民的心声。

（2）专家视角

《多伦多星报》在很多评论类报道和商业新闻中采用了专家视角，引用了很多专家或专业媒体机构作为消息来源。

> 例：
>
> 哈珀"已经成为建造人工湖的笑柄，人工湖里面有假的独木舟以及录制的潜鸟的叫声，因为 G20 峰会的媒体中心就坐落在一个真实湖泊——安大略湖的不远处"，享有国际盛誉的《经济学人》杂志这样报道。
>
> ——《PMO 坚持认为：G20 峰会平均每分钟花费百万美元是值得的》

（3）政府视角

《多伦多星报》的新闻报道中，也采用了政府的视角。

> 例：
>
> 在风能、电力公交和垃圾转换能源之中，渥太华希望 G8 和 G20 峰会留下绿色的遗产。

周五，政府表示会尽量减少即将到来的峰会对环境的有害影响。

——《渥太华致力于办成绿色 G8 和 G20 峰会》

5. 报道立场

《多伦多星报》在 G20 峰会会前、会中以及会后阶段的新闻报道中，也不可避免地体现了该报的立场和观点。

（1） G20 峰会会前

《多伦多星报》在 G20 峰会召开前关注了"政府筹备会议的资金"问题，在《十亿并不仅仅是个麻木的数字》（Billion not only a numbing number）一文中写道："十亿，最终不仅仅是个数字。当首相及其朋党都忘记像花自己辛苦挣来的钱一样花每一美元的公共资金的时候，这也是对后果的令人不安的精确衡量。"从中可以看出该报对政府资金使用合理性的质疑。

《游行者和警察进入，市区工人搬出》（As protesters and police move in, downtown workers move out）这篇报道称，一旦 G20 峰会召开，多伦多就会变成一座"鬼城"（ghost town），从这里的用词可以看出《多伦多星报》对于 G20 给多伦多这座城市带来的影响有着消极的看法。

（2） G20 峰会会中

《多伦多星报》在《慈善组织在峰会期间受到媒体冷遇》（Charities feeling cut off from media at summit）这篇稿件中提到，慈善组织不被允许召开大型的记者招待会，文中出现很多带有转折意味的连词，如"but"和"although"，一定程度上反映了《多伦多星报》对慈善组织的同情，对政府政策的不满。

（3） G20 峰会会后

《多伦多星报》在《保护新闻自由》（Protect freedom of the press）这篇社论文章中指出，虽然召开 G20 峰会需要保证非常安全，但是现在似乎已经"越线"（crossed a line），表达了对警方做法的谴责，表明自己坚持新闻自由的立场。

6. 话语分析

（1）标题

《多伦多星报》的标题匠心独运，常常言简意赅，抓人眼球。如《十亿并不仅仅是个麻木的数字》、《游行者和警察进入，市区工人搬出》、《从布满恐惧的眼睛看到的城市》（The city, through frightened eyes）等，这些标题使用生动的词语，形象地描绘了 G20 峰会的社会影响。

(2) 运用细节和数字

以《慈善组织在峰会期间受到媒体冷遇》这篇新闻为例，文章指出"慈善组织只有诱使主流媒体经过安全检查后才能接受采访，并且场地非常小，时间必须在 20 分钟以内"。这些细节表现出政府对慈善组织接受新闻采访的严格要求。

(3) 多运用直接引语

以《两个游行者的故事》（A tale of two protests）这篇报道为例，对于游行示威活动者的引语共有 18 处，其中 11 处是采用直接引语。

(4) 多方消息来源和不同观点是否平衡

新闻报道是否做到了多方消息来源和不同观点的平衡，是衡量一篇报道是否全面客观的重要标准之一。以《中国放弃与美元挂钩，力保人民币弹性》（China kills dollar peg, vows yuan flexibility）一文为例，文章指出中国货币政策的调整是对自己的一种保护政策，使自己免受全球金融危机的影响。《多伦多星报》在这篇文章中采用了多方消息来源，如中国政府、中国银行、美国总统、美国财政部长等，多方面的引语均出现在新闻报道中，从形式上基本保持着客观立场。

四 启示与建议

综合以上对三家加拿大媒体 G20 多伦多峰会报道的分析，我们得出以下启示，并提出建议。

第一，在报道大型会议时，应坚持"以受众为本"的新闻导向，多运用平民视角，使会议报道更贴近群众，同时结合政府视角和专家视角进行全方位报道。

第二，选取消息来源时，应注意类型的多元化，以丰富、平衡报道，力求客观公正。

第三，在报道大型会议时，可将关注焦点转向某个特定的事件或关键人物，以小见大，用讲故事的方法来说明抽象的议题，增加趣味性。

第四，如果在大型会议召开期间出现了抗议示威等突发事件，要掌握好报道此类事件的分寸，稍有不慎，就会对会议的顺利召开造成影响，但是也不应完全避讳报道，在反映游行示威人群等普通民众的心声的同时，也要注重维护国家形象。

A Study on Canadian Media's Coverage of G20 Toronto Summit

LIU Ying, BI Congcong and WANG Xiaoxuan

Abstract: This paper studies the coverage of three Canadian mainstream media outlets on the G20 Toronto Summit held in June 2010 in Canada. The selected media include *The Global and Mail*, *CBC* and *The Toronto Star*. Text analysis and content analysis are adopted in the paper. The main conclusions are: the reports of the three media outlets are concentrated on almost the same news events; the sources of news are similar; and each media has different reporting characteristics according to its own positioning. The paper also proposes some suggestions for how to better organize a large-scale coverage on a major event.

Keywords: G20 Toronto Summit; Canadian Media; Media's Coverage

G20 首尔峰会韩国媒体报道研究

苗春梅[*]

摘要： 2009年下半年，韩国经济迅速摆脱全球经济危机的阴影，逐步走向复苏。韩国经济形势的好转是全球经济复苏的体现。在此背景下，韩国作为东道国举办第五次G20峰会，并把此次峰会看作韩国推动国际经济合作、促进世界经济复苏的重要一步。本文重点考察了韩国媒体对此次G20首尔峰会的报道情况及关注点，文本资料主要选择峰会前一周、峰会期间以及峰会后一周的报道，进行报道框架分析，并对韩国媒体报道特点进行研究。总体而言，韩媒的报道论调积极、正面，注重从韩国的视角出发塑造国家形象，以传播韩国主体意识为重点，但有过度宣传之嫌。

关键词： G20首尔峰会　媒体研究　《首尔宣言》　全球经济复苏

前　言

2010年11月11～12日第五次G20峰会在韩国首尔召开，峰会主题为"跨越危机，携手成长"，四个主要议题是汇率、全球金融安全网、国际金融机构改革和发展问题。来自25个国家（G20成员和5个特邀国家）的元

---

[*] 苗春梅，博士，北京外国语大学韩语系教授。主要研究方向：韩国语言学、中韩比较语言学。

首以及 7 个国际机构的首脑出席了本次峰会。

第五次 G20 峰会是首次在亚洲举行，也是首次在"新兴市场国家"举行的峰会，这对 G20 的未来发展具有重要意义，意味着新兴市场国家在 G20 中发挥着越来越重要的作用。因此，东道主国家韩国的媒体对此次峰会给予了极大关注，进行了大量报道，以提升在国际传播中的话语权。

一 主要研究问题和目的

本文将重点考察东道主国家韩国的媒体对 G20 首尔峰会的报道情况及关注点，文本资料主要选择峰会前一周、峰会期间以及峰会后一周的报道，进行报道框架分析。虽然媒体众多，只选择部分媒体也许在代表性方面略有偏差，但总体上可以体现出这些媒体报道峰会的报道框架，为我国媒体提供国际重大事件的报道实践和理论支持，为提升中国的国际话语权，参与全球治理做出贡献。

（一）第五次 G20 峰会的背景

2008 年，由美国引发的全球金融危机使得金融体系成为全球关注的焦点。在金融危机不断加剧的背景下，以消除"金融危机"为核心出发点，G20 领导人在华盛顿举行首次峰会，取代之前的八国首脑会议或二十国集团财长会议。此后，G20 峰会逐步发展成为引导世界经济发展的最重要的国际舞台，也是全球讨论经济议题的最重要平台，二十国集团也从危机应对机制向长效经济治理机制转型。

从 2008 年至 2010 年，世界经济在复苏的道路上蹒跚前进。世界经济缓慢复苏、持续好转，但后劲不足，风险不少，各成员国经济复苏的脆弱性和不平衡性逐步显现，各主要经济体间的摩擦与博弈也日渐增多，世界经济面临着不确定性，下行风险仍旧存在。

2009 年下半年，韩国经济迅速摆脱全球经济危机的阴影，逐步走向复苏。韩国经济形势的好转是全球经济复苏的体现。在此背景下，韩国作为东道国举办第五次 G20 峰会，把此次峰会看作韩国推动国际经济合作、促进世界经济复苏的重要一步，并寄予厚望。这是首次在亚洲举行的 G20 领导人峰会，也是首次在"新兴市场国家"举行的（此前四次峰会都是在西方发达国家举办的）领导人峰会。

（二）G20 首尔峰会的研究媒体选择

本文重点选取了 G20 首尔峰会的东道主韩国的主要媒体作为研究对象，包括最具影响力的韩国联合通讯社（简称韩联社）（연합뉴스）、《朝鲜日报》（조선일보）、韩国国营广播电视台（KBS）和韩国在线网站。

二 G20 首尔峰会的传播分析

1. 议题选择

韩国媒体对于此次峰会的报道议题主要包括政治、经济、文化和民生四大类，其中以经济类为主。

会前议题主要交代了此次峰会的大背景，着重强调了此次峰会对于提高韩国在国际政治及经济层面战略地位的重要意义、会议的四个主要议题及韩国国民对此次峰会的反应。

会中报道则将焦点放在了会议内容和会议进程两方面，重点关注了有关汇率问题的讨论情况，并单独报道了韩中峰会。

会后报道则主要以此次峰会提出的《首尔宣言》为基础，表明峰会"成果丰硕"，参会的中、美、法等主要国家在会议期间实现了各自的目标。通过对比韩国媒体在会前、会中、会后三个阶段的议题选择，可以发现其关注点从会前着重报道民生和文化议题转为会中和会后以政治和经济议题为主。对民生和文化议题的报道主要是为了凸显韩国举办此次 G20 峰会对本国国民的重要意义和作用；对与中国的政治合作关系及与会国参会情况的关注则是为了展现此次峰会对于全球经济发展的助推作用。

2. 消息来源

在本文所选择的报道样本中，韩国主流媒体的消息来源呈多样化，包括本国或外国的政府官员、新闻发言人、业界专家、学者、他国媒体等。

出现最频繁的消息来源是韩国政府及有关部门，值得一提的是，时任韩国总统李明博在新闻发布会等场合关于此次峰会的讲话内容被韩国媒体反复提及，可见韩国政府对此次峰会的重视程度以及政府对于举办此次峰会充满信心。

此外，其他国家有关政府部门人员及业内人士对于此次峰会的分析与表态也是韩国媒体的重要消息来源之一，凸显了此次峰会作为重大国际性会议的重要作用，且具有较高的权威性和可信度。而对于美国及中国方面有关人士言论的着重报道，则进一步强调了此次峰会以中美"汇率之争"为最主要议题之一的特点。

除上述两种消息来源外，韩国媒体还部分引用了其他国家媒体对于此次峰会的报道、评价，从侧面反映出峰会的积极影响。

由此可见，韩国媒体在消息来源的选择上，最为注重本国政府的声音，兼有部分其他渠道的声音和观点，但都以积极正面内容为主，在会前及会后的报道中，这一特点尤为明显。但韩国媒体对于非官方渠道的发声并不重视。

3. 报道视角

受各媒体自身的政治立场不同之影响，韩联社、《朝鲜日报》、韩国国营广播电视台及韩国在线在报道此次峰会时的侧重点各有不同。

（1）韩联社

韩联社是韩国最大的官方通讯社，创建于1980年12月19日，全年365天24小时不间断地向网络和报纸、电视及其他媒体提供内容充实的新闻资讯服务，发挥连接韩国与世界的桥梁作用，通过"韩国的眼睛"将世界各地的现场消息迅速发回国内，同时还担负着宣传韩国的国家形象，将国内新闻播发给海外的窗口作用。

就G20峰会报道而言，韩联社依然延续着一贯严谨中立的立场，积极传达韩国政府的声音，为韩国政府树立良好形象。此外，韩联社在会中还积极报道包括英国在内等与会国家在会议期间的情况，体现了其"国际化"的重要特点。

（2）《朝鲜日报》

《朝鲜日报》于1920年创刊，是韩国影响力最大的新闻媒体，也是韩国历史最悠久、发行量最大的报纸，被称为韩国新闻业的评论者。

作为韩国三大报之一的《朝鲜日报》，历来表现出与政府立场一致的保守派观点，且是韩国保守倾向最严重的媒体之一。此前在中韩关系遇冷时，对华态度一向强硬。

在对此次峰会的报道中，其着重关注与韩国有密切合作关系的中国。此外，也着重关注美国在峰会中的表现。值得一提的是，《朝鲜日报》在会后评价称美国基本实现了其参会目的，日本却"空手而归"。如此这般与其他媒体的报道存在较大出入的说法，体现出其作为政府言路、立场保守的特点。

（3）韩国国营广播电视台以及韩国在线

韩国国营广播电视台，简称 KBS，建立于 1953 年，是韩国最大、最具代表性的广播电视台，也是韩国唯一的国际广播机构。KBS 通过新闻和专题节目，向全世界听众和网民介绍韩国政治、经济、社会、文化等各方面的信息，为拉近世界各国与韩国之间的距离，做出不懈的努力。

根据韩国首尔大学教授尹锡敏 2018 年 2 月所做的调查，作为韩国三大电视台之首的 KBS 的舆论影响力远远超过门户网站和报纸。而以韩国在线为代表的新媒体的蓬勃发展，则在"使用时间和专注程度"方面，超过了三大电视台。

根据韩国《媒体法》，报社不能兼营电视台。因此，传统的强势媒体——三大报正迅速被以 KBS 和韩国在线为代表的新兴媒体超越，其社会影响力急剧下降。

在此次峰会的报道中，作为新兴媒体的 KBS 和韩国在线着重关注民众在会前举行的反对此次峰会的示威行动。这一报道主题的选择凸显出其作为新兴媒体的重要特点。而在会前关于时任总统李明博对于此次峰会的介绍与预期的报道，则体现出其作为"国有媒体"的一面。

4. 话语分析

总体看来，韩国媒体对于 G20 首尔峰会的报道消息来源渠道有限，不够均衡，主要报道会议进程及所取得的成果，意在突出此次峰会的重要国际作用以及积极成果。

（1）通过直接引用时任韩国总统李明博的电视演说，突出此次峰会对于韩国未来发展的重要战略意义及对于国际未来政治经济大环境的积极影响，以此谋求更多民众的理解和支持。

> 据韩国 KBS 电视台 11 月 1 日消息，韩国总统李明博当日通过广播电台对国民发表演说时表示："G20 首尔峰会是我们获得的历史性机会，是留传给下一代的宝贵财产，希望全体国民给予积极支持与合作。"他说："韩国将因举行 G20 首尔峰会，进一步发展成为领导国际社会秩序的国家。"
>
> 李明博就首尔峰会的意义指出："赋予我们的重大任务就是设置影响今后世界经济的议题并引导各国达成协议。"他还表示："举办首尔峰会将使韩国更上升一个层次，成为主导国际社会秩序的国家。有智慧

的人和有智慧的国家绝不会错过机会。"

李明博说:"至今为止 G20 峰会都是在美国、英国和加拿大等七国集团(G7)成员国举行,而首尔峰会是第一次在非发达国家举行,也是首次在亚洲国家举行。"

(2)会中积极关注中国的表现,不同于其他国际媒体大幅报道美国在此次峰会期间如何与中国就"汇率之争"进行角力,韩媒更加关心韩中之间的互动与交流,并且通过反复使用具有积极意义的副词,来强调韩方对于与中方合作的高度重视,以此表达韩国谋求与中方积极合作的强烈诉求。

韩国媒体普遍认为,中韩、美韩两国首脑的双边会谈将是此次峰会韩国元首外交的重中之重,将会对 G20 峰会的最终结果产生重要影响。

韩联社报道,韩国总统李明博和中国国家主席胡锦涛 11 日在首尔会谈,李明博表示,相信中方将为推进二十国集团框架内的国际经济合作发挥重要引导作用;对中方为维护半岛和平稳定所做的努力表示赞赏。胡锦涛表示,首尔峰会是首次在亚洲国家和新兴市场国家召开的二十国集团领导人峰会,具有重要意义。中方愿同韩方一道,推动本次峰会取得积极成果;并就朝鲜半岛形势表示,中方一贯支持南北双方改善关系,愿意继续为此发挥建设性作用。

韩国《中央日报》、《朝鲜日报》等媒体均在 12 日头版刊登了胡锦涛主席与李明博总统举行会谈的照片,并对会谈内容进行了详细报道。两国元首就两国关系和开好二十国集团领导人首尔峰会交换了意见,达成重要共识。胡锦涛在首尔峰会上发言之后,韩国联合通讯社第一时间对发言内容进行了摘编翻译,并对胡锦涛提出的 4 点建议做了重点报道。

(3)虽然韩国媒体对于此次峰会的整体报道论调积极向上,对于会议成果予以肯定,但也有个别媒体对峰会最终结果《首尔宣言》的意义提出质疑,同时对"汇率之争"能否有最终结果也持有疑问。但值得注意的是,此类报道主要出现在会议期间,并且在表达上均使用了较为委婉的方式,未有尖锐质疑的声音。

韩联社 11 日消息，虽然 G20 成员国基本同意"庆州 G20 财长会议"的协商内容，但各国关于汇率问题仍未消除分歧，因此通过此次会议彻底解决汇率纠纷的计划也有可能落空。

据报道，G20 峰会筹委会表示，各方围绕汇率问题之所以难以缩小分歧，主要是因为 G20 主要成员国在 G20 财长会议上商定落实市场决定型汇率制度的情况下，美国启动第二轮量化宽松政策，中国则在人民币升值问题上犹豫不决，两国的做法与财长会议精神背道而驰。因此此次峰会前景不容乐观。而作为 G20 轮值主席国的韩国，正处于两难境地。

韩联社 11 日报道，此次 G20 峰会的核心焦点是汇率问题。G20 成员国围绕汇率问题的协商陷入胶着状态，预定 12 日发布的《首尔宣言》有可能受到影响。

韩联社报道称，汇率问题是这次峰会的一项主要议题，同时也是"针锋相对"的问题，目前还难以确定能否达成一致。各国若能就汇率问题达成一致，将是 G20 首尔峰会的一项收获。但若意见有分歧，《首尔宣言》也许将会是一个空有其名的宣言。

（4）韩国媒体在会中和会后对于此次峰会所取得的进展和成果报道论调积极。主要是通过直接引用韩国总统李明博的讲话和引述《首尔宣言》中的结论性内容向公众传递积极的信息，以营造此次 G20 首尔峰会成果丰硕、意义重大的良好印象。

韩联社 12 日报道，为期两天的 G20 峰会当天在首尔 COEX 会展中心闭幕，韩国总统李明博会后召开记者会，发表了《首尔宣言》。G20 在《首尔宣言》中表示，G20 峰会作为最高级别的经济论坛，认识到在发展问题上做出更多努力的必要性，并商定，在符合多伦多峰会宣言精神的前提下，G20 将为全球发展做出贡献。《首尔宣言》还附带 2 个附件，附件一包含发展方案，命名为《有关携手增长的首尔发展共识》，附件二则是共识内容的具体化方案，命名为《多年开发行动计划》。

G20 领导人就韩国提出的发展议题达成共识，并发表了帮助发展中国家实现可持续发展的多年开发行动计划。

G20 首尔峰会在可持续发展与平衡增长方面，就建立全球金融安全网络问题达成了共识，这是 G20 首尔峰会的一项大收获。

韩联社 12 日报道，峰会的另一个成果是，首次通过《G20 反腐败行动计划》。韩国总统李明博 12 日在首尔 COEX 会展中心举行的记者会上，就 G20 首尔峰会达成的成果表示，为打击腐败行为和建立公正而透明的企业环境，峰会批准了 9 个领域的反腐败具体行动计划。行动计划包括落实《反腐败公约》、加强反腐败国际合作等 9 项内容。

韩国总统李明博 12 日在首尔 COEX 会展中心举行的记者会上，说明了 G20 首尔峰会取得的一系列成果。他表示，该次峰会取得的最大成果，是将至今达成共识的内容转化成具体的行动计划。

他说："G20 首尔峰会为大韩民国进一步迈向发展提供了契机，全体国民也应该有新的觉悟，提高素质。"

李明博在 G20 新闻发布会上说："总的来说，现在世界远离了所谓的'货币战争'。"他还说道："具体的应对方针将在明年上半年制定出来，并将接受评估。"他表示，各国有望在明年的 G20 法国峰会上就这些协议达成共识。

(5) 韩国媒体对于峰会的安保情况及民众在会前及会中爆发的大型抗议活动均有所报道，肯定了政府在警力安保方面的安排，但并未对冲突进行过多的评论和分析，总体而言向公众传递了首尔治安稳定、会议安保情况良好积极的信息。

据韩国 KBS 电视台 11 月 8 日消息，为确保 G20 首尔峰会成功举办，韩国警方于本月 6 日对首尔地区发布最高级别的"甲号非常令"，进入全面警备状态。韩国警方计划在"甲号非常令"实施期间，将动员 5 万多名警力，在三成洞峰会会场附近进行全面警备。此外，韩国警察厅还表示，在 G20 首尔峰会期间，为防止国内发生恐怖袭击事件，正在严密监控 98 名外国人在韩国滞留的情况。

韩联社 11 日报道，由韩国 80 多个民间组织组成的"应对 G20 民众行动"，于 11 日下午在首尔市中心举行大规模"反 G20"集会和示威游行。据首尔地方警察署介绍，警方在集会地点周围紧急调配了 27 个中队，以应对突发态势。为防止过激冲突，韩国警方还准备了催泪瓦斯、水枪和防暴车等装备。示威民众与警察发生推搡等肢体冲突，但没有人员受伤。

韩国《亚洲经济》报道，G20 峰会引起大规模抗议示威浪潮，韩国警方戒备森严，在会场外竖起 2 米高的防护栏。为了保证此次 G20 峰会的顺利进行，韩国方面组织了庞大的安保行动，共投入 5 万余名警力维安。

5. 传播形式

以上分析的四家韩国媒体，均使用韩语作为报道语言，其中韩联社和韩国在线为网页版，可选择查看英文报道；《朝鲜日报》兼有纸质版及网页版，可选择英语及汉语查看相关报道。相较而言，韩联社同时关注对内和对外新闻的传播，而另外三者的主要受众为韩国民众。

三 G20 首尔峰会报道的经验、教训分析以及对峰会传播的建议

总体而言，韩国媒体对此次峰会报道比较客观、正面，由于各媒体的立场不同，对峰会的关注点和侧重点各有所异，报道角度的选择、话语态度和叙述方式、传播渠道等各有特色。通过对韩国媒体报道情况进行分析，可以借鉴其经验和教训。

韩国是此次峰会的主办国，因此韩媒对此次峰会的报道论调总体积极、正面，注重从韩国的视角出发塑造国家形象，以传播韩国主体意识为重点，注重引导社会舆论和激发民众自豪感。

韩媒注重宣传展示韩国传统和民族文化，G20 峰会不仅是政治、经济会议，也是向世界展示东道主国家民族传统文化的机会。作为东道主国，韩国举办的第 5 次 G20 峰会，可谓"韩味"十足，向世界和与会者展示了丰富的韩国民族传统文化。

韩国媒体一向具有十分鲜明的意识形态倾向，一般是在保守和进步之间二必选一，基本不保留中立地带。自韩国取得 G20 峰会举办权到正式开会

的一年多时间，韩国媒体对 G20 峰会的报道充满溢美之词，以至于有些表述不当，不免有言过其实的嫌疑；由于集中报道数量较多，曾引起多方指责媒体对峰会宣传过度。

比如，宣传报道中谈及"举办峰会给韩国带来的福利"、"提升国家品牌形象和国际地位"的积极影响时，使用的表述包括"有史以来最大的外交胜利"、"国运昌盛的标志"、"由发展中国家进入发达国家的分水岭"或"最后一道关卡"、"从国际秩序的追随者变成国际秩序的制定者"等。

针对这一问题，韩国 KBS 电视台内部新劳动组合（工会）在峰会前，指责电视台过度宣传 G20 峰会，甚至影响正常的节目播出。

另据针对美国匹兹堡 G20 峰会和加拿大多伦多 G20 峰会以及首尔 G20 峰会开幕前 3 个月当地主要报纸报道数量进行的调查，其数据显示，匹兹堡 PG 有 346 篇报道；《纽约时报》有 16 篇；《多伦多星报》有 160 篇。而调查的 9 份韩国报纸，其中 7 份均在 1000 篇以上，最少的 842 篇。其中最多的为 1466 篇，是匹兹堡 PG 的 4 倍多，是《多伦多星报》的 9 倍以上。可以看出，为了制造话题，韩国政府的宣传和媒体盲目地扩大报道，才造成如此大量的有关 G20 峰会的报道，这被外界认为是韩国政府热衷于搞此活动，绑架国家和国民的结果。

另外，韩媒还主要关注中国、美国的态度和表现以及与韩方首脑的互动情况。然而，韩媒对于外媒纷纷提及的中美"汇率之争"及中、德对美国量化宽松政策不满等内容鲜少提及，以免引起不必要的政治麻烦，影响自身。

综上所述，韩国媒体的报道论调主要是积极向上的，虽然也强调汇率问题的重要性，但并没有和其他国家的主流媒体一样，针对中美"汇率之争"及中、德对美国政策不满的内容进行集中报道。

通过考察 G20 首尔峰会主办国媒体对此次峰会的报道，了解这些媒体报道峰会的报道框架，并对其报道内容的特点进行比较分析，笔者认为，我国媒体对国际重大事件的报道实践可以在以下方面进行借鉴。

第一，加强对国家形象和品牌打造的重视度，这是对外报道宣传和文化传播的重要手段，也是吸引世界关注与讨论的重要渠道。但应注意避免过于程序化和洪水般的轰炸式媒体报道，话语选用要适宜。

第二，加强国家声音的透明度，积极争取国家利益。在此次峰会中，中国声音发挥了中方期待的作用，赢得了更多国家的认可和支持，得到了外媒的极大关注，争取和保护了国家利益。

第三，注重展示国家传统和民族文化。在此次峰会报道中，韩国媒体在展示韩国传统和民族文化方面非常用心，得到了他国媒体的赞扬。韩国媒体的报道从峰会开幕式和宴会的场地选址、会场布置和迎宾仪仗队、演出以及接待等各个环节切入，独具匠心地展现出韩国注重展示国家传统和民族文化的特点。比如开幕式和宴会会址别具一格地选在韩国国立中央博物馆，并精挑细选出 26 件具有韩国独创性的文化遗产藏品展出；午宴设在韩国家具博物馆内，用韩国传统菜肴招待来宾，让宾客感受和体验传统韩屋和韩国饮食文化等；主会场布置如同文化展厅，随处可见体现韩国文化的元素。场内摆放着译成日语、法语、汉语和英语的具有代表性的韩国文学作家的人气小说供人阅览，也有介绍韩国媒体、经济发展史的英文手册；同时还展出韩国民族服饰供宾客欣赏和试穿；等等。最大限度地展示了韩国传统与民族文化。

参考文献

张晓峰：《会议新闻报道的现状及对策分析》，《新闻传播》2013 年第 2 期。

金灿荣、戴维来：《"G 时代"的中国挑战——G20 首尔峰会解析及其前景展望》，《新华月报》2010 年第 23 期。

皇甫平丽：《G20 首尔峰会议题》，《瞭望》2010 年第 45 期。

张洪阁：《新闻报道的客观性》，《科技传播》2011 年第 17 期。

《此次 G20 峰会的核心焦点是汇率问题》，《朝鲜日报》，2010 年 10 月 12 日，http：//bbs1. agora. media. daum. net/gaia/do/debate/read？bbsId = D115&articleId = 1180713。

《韩国民众 88% 以上认为首尔 G20 峰会有望提升国家形象》，KTV，2010 年 10 月 20 日，http：//www. korea. kr/policy/economyView. do？newsId = 148700742。

《G20 财长会议可能成果：集体承诺不竞贬本币》，2010 年 10 月 23 日，http：//finance. huanqiu. com/roll/2010 - 10/1194192. html。

《韩总统呼吁全体国民支持 G20 首尔峰会》，YTN，2010 年 11 月 3 日，http：//ytn. co. kr/_ pn/0301_ 201011030949588716。

《韩国在 G20 峰会的诉求和作用》，新华网，2010 年 11 月 9 日，http：//news. 163. com/10/1109/19/6L2QIAK600014JB5. html。

《李明博称 G20 峰会谈判取得重大进展》，韩联社，2010 年 11 月 12 日，http：//www. yonhapnews. co. kr/g20seoul/2010/11/12/3701000000AKR20101112151300001. HTML。

《G20 成熟的集会文化》，《亚洲经济》，2010 年 11 月 12 日，http：//news. naver. com/main/read. nhn？mode = LSD&mid = sec&sid1 = 102&oid = 277&aid = 0002489619。

《对"G20"峰会执政党赞"自豪"，在野党说"失败"，截然不同的评价》，纽西斯通讯社，2010 年 11 月 12 日，http：//news. naver. com/main/read. nhn？mode = LSD&mid

= sec&sid1 = 100&oid = 003&aid = 0003534185。

《李总统:"G20,为世界做了件大事"》,《联合新闻》,2010 年 11 月 16 日, http://www.yonhapnews.co.kr/g20seoul/2010/11/16/3701000000AKR20101116239600001.HTML。

《联合国:"G20 首尔峰会非常成功"》,《联合新闻》,2010 年 11 月 17 日, http://www.yonhapnews.co.kr/g20seoul/2010/11/17/3701000000AKR20101117222900072.HTML。

《G20 峰会合规数据集:2008 - 2013》,2015 年 1 月 21 日, G20 Summit Compliance Data Set。

《首尔 G20 峰会》,维基百科,2010 年 11 月 12 日, https://ko.wikipedia.org/wiki/2010년_서울_G20_정상회의。

A Study on Korean Media's Coverage of G20 Seoul Summit

MIAO Chunmei

Abstract: In the second half of 2009, the Korean economy quickly got rid of the shadow of the global economic crisis and began to recover, which manifests the global economic recovery. In this context, Korea government hosted the fifth G20 summit and regarded the summit as an important step in promoting international economic cooperation and driving global economic recovery. This article focuses on the reports and concerns of the mainstream media in Korea and the rest of the world on the G20 Seoul Summit. The texts analysed in this article mainly selected from the week before the summit, during the summit and one week after the summit, in order to analyse the reporting framework, and the characteristics of different media in various countries. In general, the Korean media's report is in a positive tone, focusing on building a positive national image and spreading Korean ideology.

Keywords: G20 Seoul Summit; Media Analysis; Seoul Declaration; Global Economic Recovery

G20 戛纳峰会法国媒体报道研究

王昭文[*]

摘要： G20 峰会在全球经济合作领域扮演着至关重要的角色。对东道国报道峰会的形式进行研究，能够为我国主办的重大会议的传播提供实践借鉴和理论支持。本文以法国媒体对 G20 戛纳峰会的报道为研究内容，通过分析法新社、《世界报》、《费加罗报》、《回声报》及《论坛报》在峰会前后一个月的 87 篇相关报道，旨在从议程设置与叙事框架两个角度，呈现法国媒体的传播特点。

关键词： G20 峰会　戛纳　法国媒体　媒体报道

一　G20 峰会与 2011 年戛纳峰会召开背景

G20（Group of Twenty）是一个国际经济合作论坛，1999 年 12 月 16 日在德国柏林正式成立，属于布雷顿森林体系框架内的一种非正式对话机制，由七国集团、金砖五国、七个重要经济体以及欧盟组成。最初，八国集团（G8）的财政部长于 1999 年提出建立二十国集团，自 2008 年起召开领导人峰会。随着二十国集团的架构日渐成熟，同时为了体现新兴工业国家的重要性，二十国集团成员国的领导人于 2009 年宣布该组织将取代八国集团成为全球经济合作的主要论坛。[①]

---

[*] 王昭文，北京外国语大学学术型硕士研究生，研究方向：法语国家与地区研究。
[①] 二十国集团：https：//zh.wikipedia.org/wiki/%E4%BA%8C%E5%8D%81%E5%9C%8B%E9%9B%86%E5%9C%98。

自 2008 年金融危机以来，世界主要国家联手及美国政府实施的反危机政策，成功使美国金融市场恢复稳定，经济恢复增长，其他各主要国家的经济也恢复了良好增长势头。然而在 2010 年，希腊爆发主权债务危机，并迅速蔓延至西班牙、爱尔兰、葡萄牙、意大利等国，演变为一场席卷欧洲的债务危机。世界范围内，2010 年开始的"阿拉伯之春"引发的骚乱与内战仍在持续发酵。

2011 年 10 月 14 日至 15 日，法国作为二十国集团轮值主席国在巴黎举办第四次财长会议（G20 Finances），以筹划戛纳峰会议题，试图消除世界对欧元危机的疑虑，并建议各国采取有效措施促进各自的经济发展。本次财长会议是当年 G20 戛纳峰会的准备会议。2011 年 10 月 23 日，欧盟领导人峰会（Conseil européen）在比利时布鲁塞尔召开，经过漫长艰涩的马拉松式谈判，各方最终就银行业再融资、欧洲金融稳定基金（EFSF）扩容和希腊债务减记三大问题达成协议，这在一定程度上缓和了市场对欧债危机的紧张情绪。然而，当月 31 日，希腊总理帕潘德里欧（George Dapandreou）突然宣布，将就是否接受欧盟援助计划举行公投，此举犹如向世界扔了一枚"手榴弹"。正是在这样险象环生的背景下，2011 年 11 月 3 日至 4 日，第六次二十国集团领导人峰会在法国戛纳举行。

二　研究数据与法媒报道关键词

（一）研究数据

为全面、清晰、客观地呈现法国媒体对 G20 戛纳峰会的报道，在研究媒体选择方面，本文选取了在国际社会及法国本土最具影响力的三家新闻媒体——法新社（Agence France Presse）、《世界报》（Le Monde）及《费加罗报》（Le Figaro）的相关报道作为研究对象。同时，为契合 G20 峰会经济主题，本文将法国权威经济报刊《回声报》（Les Echos）与《论坛报》（La Tribune）的有关报道也纳入到研究样本之中。检索时，以戛纳峰会召开前后各一个月为时间界限（2011 年 10 月 4 日—12 月 4 日），在 LexisNexis 数据库中输入关键词"G20"，将与主题相关性较弱或重复出现的文章（上述四大报刊直接转载自法新社的文章）筛除后，共得到 87 篇文章。之后，按照会前、会中、会后的划分标准，对文章进行归类。媒体类型选取的具体标准与文章数量见表1和图1。

表1 媒体类型选取标准与文章数量分布

名称	媒体类型	文章数量 会前	会中	会后	选取原因
法新社	通讯社	27	18	5	西方四大世界性通讯社之一
《世界报》	综合性日报	5	8	1	法国第二大全国性日报；法国海外销量最大的日报；政治倾向中左
《费加罗报》	综合性日报	7	9	3	法国国内发行量最大的报纸；政治上主要反映右派及右翼保守派的观点
《回声报》	经济类日报	1	2	0	法国最具权威性的经济类日报
《论坛报》	经济类日报	1	0	0	法国第二大经济类报纸
总数		41	37	9	

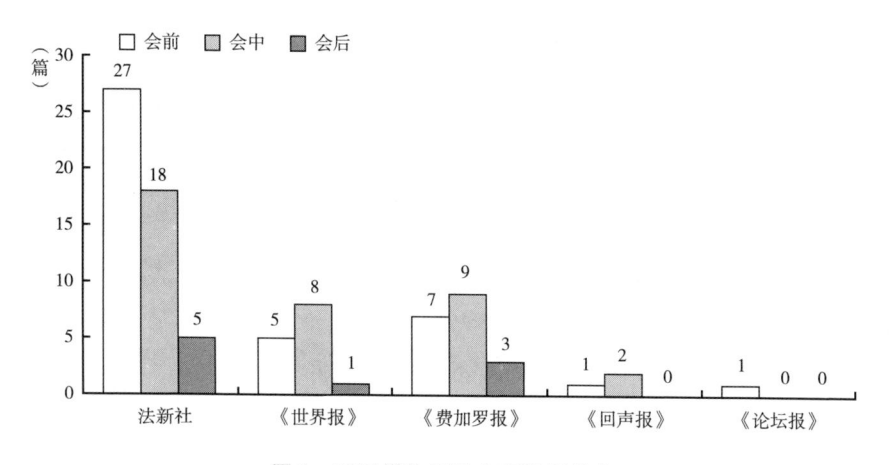

图1 不同媒体报道文章数量分布

（二）媒体报道关键词

经人工检索，2011年G20戛纳峰会的四大关键词分别为：金融交易税（Taxe sur les transactions financières）、欧债危机（La crise de la zone euro）、希腊问题（La crise et le référendum grecs）、避税天堂（Paradis Fiscanx），提及以上关键词的具体文章数量见图2。

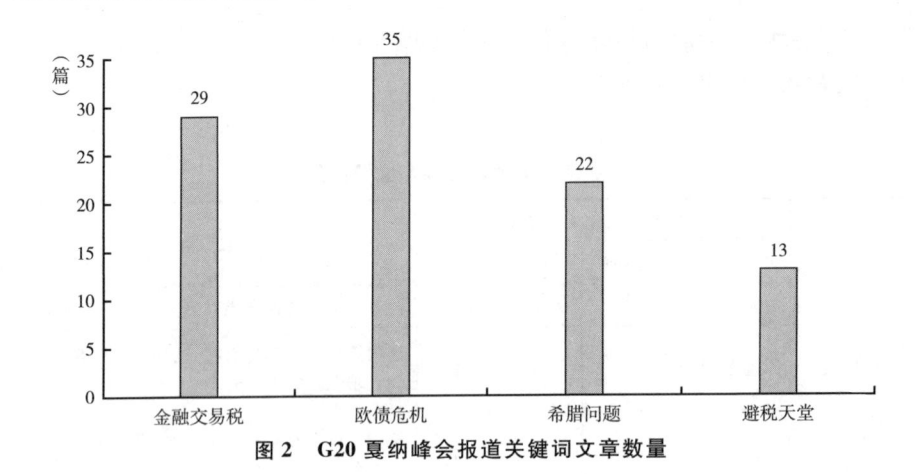

图 2　G20 戛纳峰会报道关键词文章数量

三　报道议程设置与叙事框架

本文在具体分析时，重点关注法国媒体报道的议程设置与叙事框架。

（一）峰会召开前（10月4日~11月2日）

作为2011年G20峰会的主办国，法国的媒体在会议召开前一个月就已开始对峰会相关内容进行报道，其关注点主要集中在以下两方面：一是会议筹办的进程与拟议议题，二是利益各方的诉求与看法。

1. 会议筹办的进程与拟议议题

针对第一点，表2列出了相应主题下的文章数量分布与来源，主题分布情况见图3。

表 2　会议筹办的进程与议题

	文章内容	文章数量	文章来源
会议筹办进程	萨科齐拟访中美，为峰会对话的开展注入筹码	1	法新社
	奥巴马将于峰会间隙分别会见法、德总统	2	法新社/《世界报》
	会议原议程受到希腊公投扰乱	2	法新社
	欧元区领导人将就希腊公投问题召开特别会议	3	法新社/《费加罗报》/《论坛报》
	萨科齐邀非政府组织代表，共商峰会议题	1	法新社
	萨科齐邀工会代表，就峰会议程中的社会问题交换意见	2	法新社
	戛纳峰会安保措施介绍	1	《费加罗报》
会议拟议议题	萨科齐欲借峰会发展融资创新	2	法新社
	峰会拟讨论内容概述	1	法新社

会议拟议议题
20%

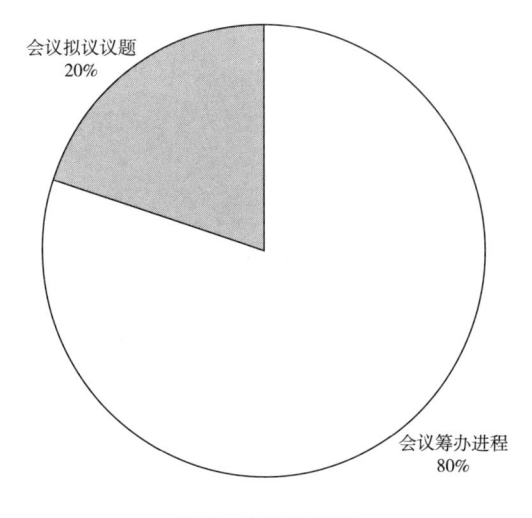

会议筹办进程
80%

图 3　主题分布比

在议程设置上，戛纳峰会召开前一个月，法国媒体着重关注与 G20 峰会筹办进程相关的事件，并将相关议题纳入筹办进程的范围内进行报道；较少对峰会将要讨论的议题进行单独报道。例如，在《奥巴马将于峰会间隙分别会见法、德总统》一文中，在对与会人、会见时间进行详细介绍的同时，也对峰会要讨论的议题进行了报道：

> 峰会期间，针对欧盟出台的应对欧债危机的措施，美国将询问具体细节①。

整体说来，媒体较关注萨科齐作为东道主在筹备峰会方面所做的努力，如为加大金融交易税提案通过的可能性，为更广泛地听取民间团体与民众的呼声，萨科齐拟定访问中美两大国，就相关方案进行协商并切实召开会议，邀请非政府组织代表与工会代表至爱丽舍宫共商国是。当希腊总理帕潘德里欧于 10 月 31 日宣布就欧盟援助计划举行全民公投时，媒体将部分注意力转移至希腊公投对戛纳峰会进程的影响方面，重点陈述公投给欧元区及峰会顺利举办带来的不稳定因素，以及欧盟领导人（尤其是法、德两国）为应对该

---

① 《奥巴马将于峰会间隙分别会见法、德总统》（Obama verra Sarkozy et Merkel en marge du G20），《世界报》2011 年 10 月 31 日。

危机所采取的一系列措施，如在峰会召开前一天及当天早上分别召开由不同成员参加的紧急会议（Réunion extraordinaire），以期解决希腊公投问题。除此之外，法国媒体还对峰会期间的高密度的安保措施进行了介绍，并以相当的篇幅列举了未来峰会的主要议题。

在叙事框架方面，法国媒体对 G20 峰会的报道以客观陈述为主，但较具批判精神，部分文章倾向于报道事件进程中的不和谐因素，如在萨科齐邀请工会代表共商社会问题的主题下，媒体对法国总工会（Confédération Générale du Travail）主席拒绝萨科齐邀请一事进行了长篇报道。在报道萨科齐欲借峰会发展融资创新时，着重陈述了推动金融交易税所面临的重重困难。

2. 利益各方的诉求与看法

关于第二点，表 3 列出了相应的文章数量与来源，利益主体分布情况见图 4。

表 3　利益各方的诉求与看法

利益主体	文章内容	文章数量	文章来源
经济合作与发展组织	经济合作与发展组织（Organisation de coopération et de développement économiques, OCDE）呼吁峰会领导人采取有力措施	2	法新社
非政府组织	天主教反饥饿促发展委员会（Le Comité catholique contre la faim et pour le développement, CCFD-Terre）呼吁打击"避税天堂"	2	法新社
	反饥饿行动组织（Action contre la faim, ACF）呼吁关注全球饥饿问题	1	法新社
	废除酷刑基督徒行动组织（L´Action des Chrétiens pour l´abolition de la torture, ACAT）呼吁关注叙利亚人权问题	1	法新社
	非政府组织团体呼吁 G20 峰会达成切实有效的协议	1	法新社
	世界观组织（Vision du monde）呼吁关注全球饥饿问题	1	法新社
G20 衍生会议	青年企业家峰会（Young Entrepreneurs Summits, G20 YES）呼吁重视青年及中小企业家	1	法新社
	商业峰会（Business 20, B20）向萨科齐递交诉求报告	1	《回声报》
另类全球化运动（Altermondialisme）	呼吁关注发展问题	3	法新社/《世界报》

续表

利益主体	文章内容	文章数量	文章来源
重要人物	欧洲理事会与欧盟委员会主席提交G20峰会召开建议	1	《费加罗报》
	中国国家主席胡锦涛呼吁峰会与会国团结一致，并重申中方的利益与诉求	1	《费加罗报》
	韩国总统呼吁抵制贸易保护主义	1	《费加罗报》
	教皇本笃十四世（Benoît XVI）呼吁重视发展问题	1	法新社
	比尔·盖茨呼吁救助穷人	1	法新社
	萨科齐党人认为，中国若投资欧洲金融稳定基金（Le Fonds européen de stabilité financière, FESF）将带来重大利好	1	《世界报》
民众	法国民众对G20峰会打击"避税天堂"的能力持怀疑态度	1	法新社
	非洲农民声讨独裁者	1	法新社

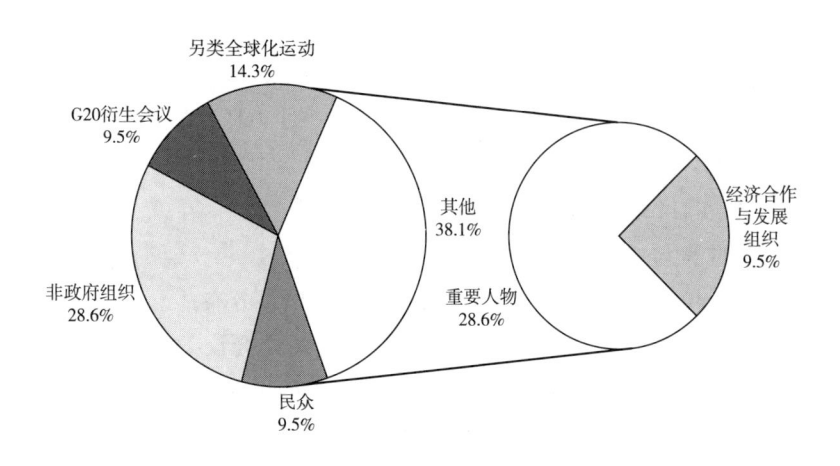

图 4 利益主体分布情况

在议程设置方面，法国媒体在选择报道主体时，兼顾国际组织、非政府组织、国际运动、因峰会而诞生的特殊团体所组织的会议、具有话语权的人物、民众等各个不同的利益主体（Groupes d'intérêt），所选主体类型的覆盖面较广，能够较为全面地体现他们的不同诉求。媒体多反映与统治阶级相对应的公民社会（La société civile）成员的诉求，如饥饿问题、"避税天堂"问题与人权问题等。同时，《世界报》刊登《公民社会如何理解 G20?》[①] 一文，总结了公民社会对 G20 的理解与诉求。

在叙事框架方面，媒体侧重反映各利益主体对现状的不满，以及其提出的应对措施，或报道利益主体直接呼吁峰会领导人达成切实有效的协议。例如，非政府组织对当今世界"避税天堂"屡禁不绝、金融投机、世界饥饿问题严峻等均表达出强烈的抗议与失望之情，认为过去所采取的诸多措施收效甚微，无法落实或不能从根本上解决问题，要求采取切实方案（如征收金融交易税等），来解决上述难题。在报道民众的意见时，同样倾向于选取负面事件，如通过数据调查统计，指出法国民众对 G20 峰会打击"避税天堂"的能力持怀疑态度，或报道非洲农民对统治阶级掠取大量钱财的抗议及对峰会解决该难题的希冀。

除了对会议筹办的进程与拟议议题和利益各方的诉求与看法进行报道外，在峰会召开前，法新社在一篇报道中对 G20 峰会的历史与现状进行了梳理。除此之外，《费加罗报》特别刊文，对法国总统萨科齐本人在峰会召开前期的处境与要面对的挑战进行了详尽的分析。

（二）峰会召开期间（11 月 3~4 日）

二十国集团领导人第六次峰会于 2011 年 11 月 3 日至 4 日在戛纳电影宫会议中心召开。会议召开期间，法国媒体的报道集中在会议进程与成果，以及利益各方申诉与评价两方面。

1. 会议进程与成果

关于第一点，具体文章数量及分布见表 4，项目分布情况见图 5。

在议程设置方面，与 G20 峰会举办前重点关注会议筹办进程相比，戛纳峰会举办期间，法国媒体更加关注峰会所讨论的议题，常围绕热点话题进行报道，并将会议进程纳入议题报道的框架内。例如，在《比尔·盖茨：加大对贫困国家的援助》的报道中，在对倡议内容进行分析的同时，也提及了相关的会议进程：

[①] 《公民社会如何理解 G20?》（Quelle "appropriation" du G20 par la société civile?），《世界报》2011 年 10 月 11 日。

表 4　会议进程与成果

	文章内容	文章数量	文章来源
会议进程	为应对希腊公投问题召开特别会议	3	法新社/《世界报》
	G20 峰会在欧债危机背景下召开	1	法新社
会议内容	峰会拟扩大国际货币基金组织的资金规模	1	法新社
	比尔·盖茨作为特邀来宾强调关注穷人问题	1	法新社
	峰会与会各方就中东问题产生分歧	1	法新社
	峰会拟加大对意大利的财政监管	1	《费加罗报》
	中国拟投资 1000 亿元救助欧洲	1	《世界报》
	峰会就经济问题拟定各方责任	1	《费加罗报》
	峰会最终宣言及主要议题概述	5	法新社/《世界报》
	峰会加强国际货币基金组织职权——扩大其资金规模（无明确数字）并对意大利进行财政监督	1	法新社
	峰会决定为 11 个基础设施建设项目提供支持	1	法新社

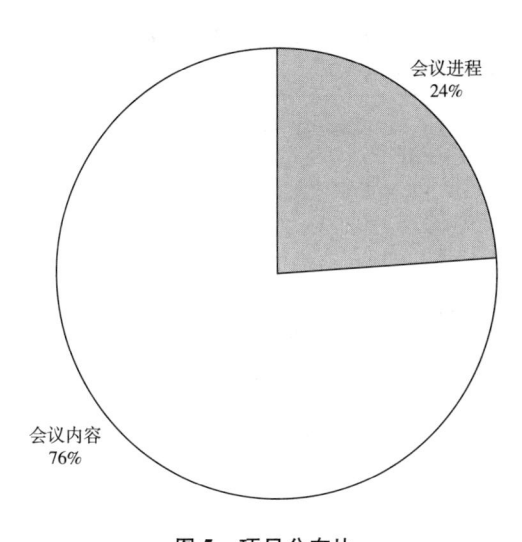

图 5　项目分布比

会议进程 24%
会议内容 76%

　　比尔·盖茨原定于晨间与法国总统萨科齐会面，但这一会面因应对希腊公投紧急会议的召开而被推迟。①

---

① 《比尔·盖茨：加大对贫困国家的援助》（Bill Gates: amplifier l'aide aux pays pauvres），《20 分钟报》2011 年 11 月 3 日。

在欧债危机及全球经济增长疲软的大背景下,报道的会议议题多与走出危机、复苏经济相关,如为国际货币基金组织增资、设立金融交易税等。其中也不乏对国际局势与发展问题的报道。相关议题下的文章数量及分布情况在一定程度上反映了戛纳峰会的讨论重点。

在叙事框架方面,积极正面的报道数量依旧较少,媒体侧重刻画重重危机笼罩下的G20峰会,并对会议进程中的阻碍因素进行了特别的报道,如会议各方就中东问题与金融交易税问题产生的分歧等。

2. 利益各方申诉与评价

关于利益各方的申诉与评价,表5列出了相应的文章内容。

表5 利益各方的申诉与评价

利益主体	文章内容	文章数量	文章来源
左派政党评价	左翼阵线(Front de Gauche)总统候选人认为戛纳G20峰会是一场无耻的盛会,未达成任何承诺	1	法新社
	社会党(PS)成员认为萨科齐将峰会视作表演场面而非解决问题的平台	1	法新社
	社会党(PS)奥朗德竞选团队成员评价戛纳G20峰会是一场彻底的失败	1	法新社
	欧洲生态-绿党(EELV)总统候选人认为萨科齐无力推动金融交易税通过	1	法新社
右派政党评价	人民运动联盟(UMP)成员认为戛纳G20峰会取得巨大成功,欧债问题的解决步入正轨	1	法新社
	萨科齐认为戛纳G20峰会取得突破性进展	1	法新社
非政府组织	防治艾滋病协会(Sidaction:Association de lutte contre le sida)刊文呼吁设立金融交易税	1	《世界报》
	非政府组织团体刊文呼吁关注全球饥饿问题	1	《世界报》
	非政府组织团体指责G20峰会边缘化穷人问题	2	法新社
G20衍生会议	B20、劳动者峰会(Labour 20,L20)联合呼吁关注社会问题	1	法新社/《费加罗报》
另类全球化运动	认为戛纳峰会未取得任何实质进展	1	法新社
学者	巴黎八大教授认为对G20戛纳峰会的召开应持乐观态度	1	《费加罗报》

续表

利益主体	文章内容	文章数量	文章来源
其他	国际工会联合会(ITUC)与非政府组织世界自然基金会(WWF)联合刊文呼吁G20峰会应创新措施,走出危机	1	《世界报》
	Crystal咨询公司(Crystal Consulting)认为G20峰会应从长计议,寻求危机解决措施	1	《世界报》
	《费加罗报》称中国是救助欧洲的"白马王子"	1	《费加罗报》
	《费加罗报》分析美国在G20峰会中扮演二流角色	1	《费加罗报》
	《回声报》评G20峰会取得的成果大打折扣	1	《回声报》

在议程设置方面,与峰会举办前诉求类文章数量呈压倒性态势相比,在峰会举办期间,法国媒体侧重报道各利益团体对峰会阶段性及最终成果的评价(见图6)。G20峰会举办于法国2012年总统大选前夕,萨科齐作为右派候选人,欲争取总统连任机会。在评价主体的选择方面,媒体在延续峰会前主体类型的同时,另大量引入了左派、右派候选人及各政党的评价,可谓紧扣大选主题。

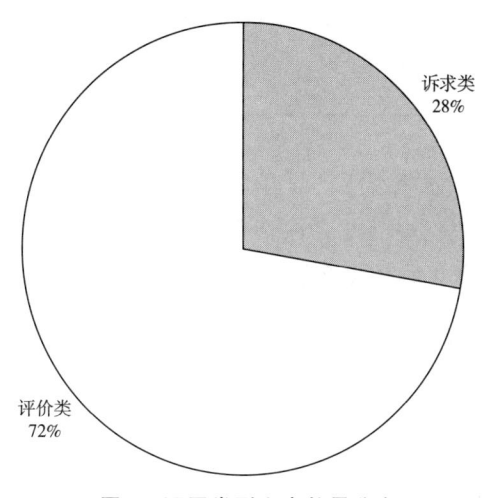

图6 不同类型文章数量分布

在叙事框架方面,基于评价主体的选择等原因,针对峰会的负面评价较多,如非政府组织、左派、另类全球化运动等多持否定态度,右派等持肯定态度。除评论峰会本身的成效之外,《费加罗报》还特别刊文,对美国这一超级大国所扮演的角色进行了分析。

(三) 峰会召开后 (11月5日~12月4日)

在峰会召开后的一个月内,与 G20 相关的文章数量大量减少,且其中大多为评论总结类文章(见表6)。

表6 G20 戛纳峰会召开后一个月内法国媒体新闻报道

类型	利益主体	文章内容	文章数量	文章来源
评价类	课征金融交易税以协助公民组织(Attac:Association pour la Taxation des Transactions financières et pour l'Action Citoyenne)	认为戛纳峰会成果大幅度缩水	1	法新社
	国际货币基金组织	G20 实现经济平衡的诺言"半路夭折"	1	法新社
	乌拉圭外交部长	萨科齐主持的 G20 峰会是一场彻底的失败	1	法新社
	法国政府部门	G20 峰会期间安保措施行之有效	1	法新社
	其他	媒体解读 G20 戛纳峰会成果	3	《世界报》/《费加罗报》
其他类型	巴拿马"拒领""避税天堂"身份		1	法新社
	法国将下届峰会举办权传至墨西哥		1	法新社

峰会后报道以各方评论性文章占主导,且多为负面报道。此外,还引入了对峰会善后工作如将峰会举办权传至墨西哥的报道,全面追踪了 G20 戛纳峰会从筹备至举办再到权力交接的全过程。

结 语

由上述分析可知,法国媒体在报道本国举办的峰会时,在议程设置上,多选取与会议进程、内容、呼吁、评价相关的报道。在叙事框架方面,法国媒体承袭一贯的批判思维,针砭时弊,较少对峰会给予积极评价。

在民间层面,所选利益主体覆盖面广泛,一定程度上能够反映各阶层的诉求。在官方层面,不考虑因希腊危机与公投而导致与希腊相关的报道数量骤增的因素,对中、美两大国的针对性报道较多(见图7),这也在一定程度上反映了两国在当今国际社会中所扮演的举足轻重的角色。评论中、美两国时，法国媒体对中国的评价毁誉相伴，既承认中国是拯救欧洲的"白马王子"，又不甘心向这个"亚洲的共产主义国家"低头，并希望中国能调整人民币汇率、扩大内需；对美国则多为负面评价，认为奥巴马只在此次峰会中扮演"二流角色"，且美国的不配合使多项措施难以推行。

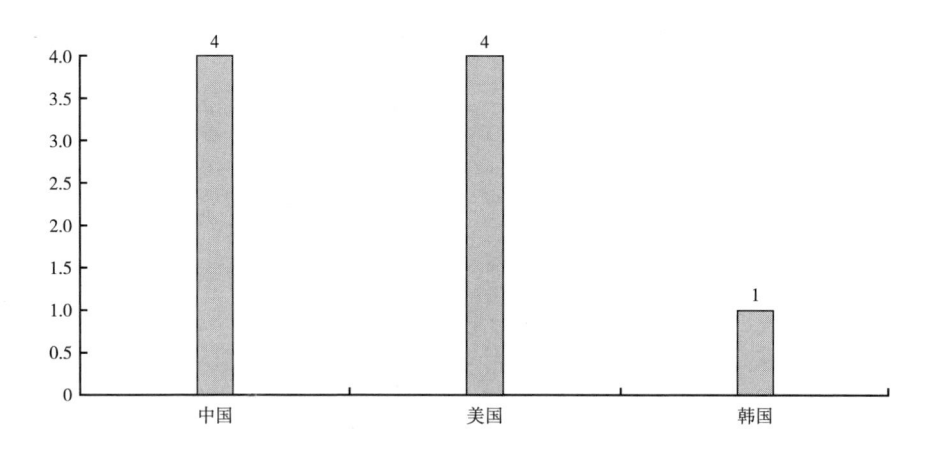

图7　G20戛纳峰会国别报道文章数量

参考文献

麦库姆斯：《议程设置：大众媒介与舆论》，郭镇之、徐培喜译，北京大学出版社，2008。

彭增军：《媒介内容分析法》，中国人民大学出版社，2012。

Bardin Laurence, *L'analyse du contenu*, Paris：PUF, 1977.

De Bonville Jean, *L'analyse de contenu des médias*, Paris：De Boeck Université, 2006.

Grawitz Madeleine, *Méthodes des sciences sociales*, Paris：Dalloz, 1996.

Sourioux Jean-Louis, Lerat Pierre, *L'analyse de texte*, Paris：Dalloz, 2004.

A Study on French Media's Coverage of G20 Cannes Summit

WANG Zhaowen

Abstract：The G20 Summit plays a prominent role in global economic cooperation. Analysis of how a host country covers the Summit held on its territory serves as a reference to the Chinese media when major conferences are held in our country. As a result, our research focuses on the coverage of the G20 summit in Cannes in the French media. By analyzing the 87 related articles in the Agence France Presse, *Le Monde*, *Le Figaro*, *Les Echos* and *La Tribune* from 4 October to 4 December 2011, we aim to highlight the ways in which the French press covers this subject both in terms of the agenda-setting and in terms of the narrative framework.

Keywords: G20 Summit; Cannes; French Media; Media's Coverage

G20 洛斯卡沃斯峰会
墨西哥媒体报道研究

徐四海[*]

摘要： 本文通过对墨西哥《至上报》、《改革报》与《宇宙报》三家主流媒体相关报道的数量、主题和话语进行分析，探索第七次 G20 峰会承办国媒体对峰会报道的特点及得失。墨西哥媒体虽然在峰会成果的跟踪报道方面略显不足，但相当重视宣传主办国领导力、议题设置、配套活动、组织细节等，总体取得了较好的效果。作为首次举办这一活动的发展中国家，墨西哥对洛斯卡沃斯峰会的媒体报道经验对于我国更好地开展主场外交和对外宣传有着独特的意义。

关键词： G20 洛斯卡沃斯峰会　媒体报道　话语分析

2012 年 6 月 18 日至 19 日，第七次二十国集团（G20）领导人峰会在墨西哥洛斯卡沃斯举行，这也是二十国集团首次在发展中国家举办首脑峰会，对于这一同时包含主要发达国家与发展中国家的国际经济合作论坛具有重要意义。洛斯卡沃斯是位于墨西哥南下加利福尼亚州的一座海滨小城，历史上是"海上丝绸之路"的必经之地，来自中国的商船在这里中转，驶向拉美国家。[①] 时任美国总统奥巴马、中国国家主席胡锦涛等政要出席了该次峰

---

[*] 徐四海，北京外国语大学西葡语系讲师，中国社会科学院研究生院拉美政治专业博士研究生，主要从事西班牙语教学与拉丁美洲研究。

[①] 邵一平、朱贤勇：《洛斯卡沃斯：因 G20 开始惊艳世界》，新蓝网，2016 年 7 月 29 日，http://i.cztv.com/view/12157640.html。

会。峰会五大议程包括：以增长和就业为基础的经济稳定和结构重组；加强金融体系和促进金融包容性以推动经济增长；完善相互联系的国际金融体系；加强食品安全和应对商品价格波动；促进可持续发展、绿色增长和应对气候变化。总体而言，峰会进展顺利，最终成功通过了《洛斯卡沃斯行动计划》。

一 研究方法

本文旨在通过对东道主国墨西哥主流媒体相关报道的分析，探索第七次G20峰会承办国媒体在对峰会报道时所呈现的特点，进而总结经验得失。

分析的时段分为会前、会中和会后。根据报道实际分布状况，本文将会前设定为2011年12月1日至2012年6月17日，会中设定为2012年6月18日至19日，会后设定为2012年6月20日至2013年1月30日。根据墨西哥主流媒体的特点，本文主要聚焦《至上报》(*Excelsior*)、《改革报》(*Reforma*)、《宇宙报》(*El Universal*)这三家媒体的报道。一方面，墨西哥主流电视台Televisa和TV Azteca对峰会的报道基本是纯资讯播报，深入报道和分析较少，且多年后视频资料已很难获取；另一方面，墨西哥领先的平面媒体已经发展为综合性传媒集团，涵盖以报纸、电视、广播为代表的传统媒体和以App与社交网络为代表的新媒体，实现了多渠道全覆盖，影响力很大。为了确保代表性和客观性，本文选取的《至上报》和《宇宙报》均为墨西哥历史最悠久的报纸，年发行量分别为20万份和18万份，而《改革报》则是1993年创立的新兴报纸，发展势头很迅猛，也已跻身主流报纸，年发行量为16万份。[①]

本文将聚焦这三家墨西哥媒体对第七次G20峰会在三个时间段的报道，针对报道数量、报道主题和报道内容开展多方位的分析。

二 报道数量和主题分布

从报道数量按阶段分布情况看，墨西哥媒体对G20洛斯卡沃斯峰会的报道呈现会议前广泛持续报道、会议中密集集中报道、会议后零散少量报道

[①] 陈力丹、王辰瑶：《外国新闻传播史》，中国人民大学出版社，2014，第113~114页。

的特点。根据三家媒体的官方网站文件库搜索结果,《至上报》在会议前涉及峰会的报道数量为 22 篇,会议中为 3 篇,会议后为 10 篇,共计 35 篇;《改革报》会议前报道数量为 500 篇,会议中为 79 篇,会议后为 162 篇,共计 741 篇;《宇宙报》会议前报道数量为 189 篇,会议中为 26 篇,会议后为 86 篇,共计 301 篇。其中,值得一提的是,《至上报》报道数量相对于另外两家媒体少是由于其文件库仅包含了纸质印刷版的报道,而《改革报》和《宇宙报》文件库还涵盖了网站、客户端等其他渠道的报道。总览墨西哥三家主流媒体,会议前涉及峰会报道总量为 711 篇,会议中 108 篇,会议后 258 篇,三个阶段报道分布情况如图 1 所示。显然,由于本文设置的会议前和会议后这两个时间段均为 6 个月左右,所以我们可以看出会议前的报道密度几乎是会议后的三倍,而会议中虽然总占比不高,但时间仅为 2 天,因此是报道密度最高的时间段,远高于会议前后。

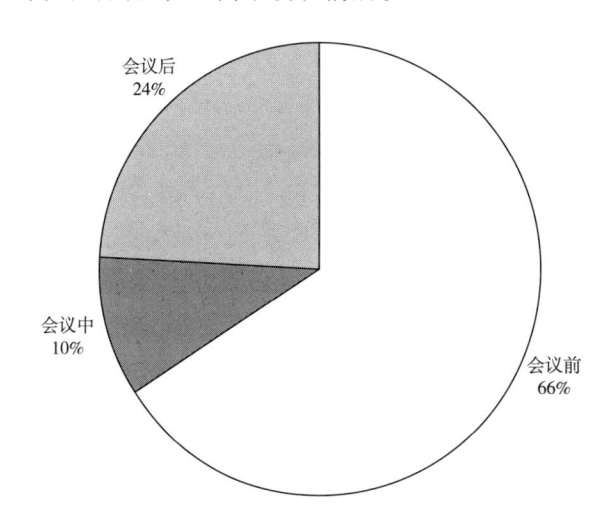

图 1 墨西哥三家主流媒体峰会报道按阶段分布情况

从报道的主题分布情况看,本文将报道主题分为议题、组织、峰会、配套会议四大类。议题类报道指的是有关经济复苏、金融体系、绿色环保、食品供给等峰会核心议程所涉及行业的背景、动态和议题的报道;组织类报道是指有关峰会场馆、市政建设、安保措施等内容的报道;峰会类报道是指关于 6 月 18~19 日峰会日程框架下多边会议、双边会谈、新闻发布会、招待宴会等正式活动情况的报道;配套会议类报道是指关于峰会前后的部长级会议、工商业 B20 峰会、青年 Y20 会议等相关周边会议的报道。《至上报》所有峰会报道中，议题类 20 篇、组织类 3 篇、峰会类 4 篇、配套会议类 8 篇；《改革报》报道中议题类 391 篇、组织类 80 篇、峰会类 97 篇、配套会议类 173 篇；《宇宙报》报道中议题类 172 篇、组织类 26 篇、峰会类 39 篇、配套会议类 64 篇。三家主流媒体报道主题总体分布情况如图 2 所示。我们不难发现占主导地位的是议题类相关报道，但配套会议类报道也占相当比重，说明墨西哥媒体关注的焦点并不局限于高层会晤，还很重视执行层面的磋商和围绕 G20 峰会经济社会各行业专题会议的动态。

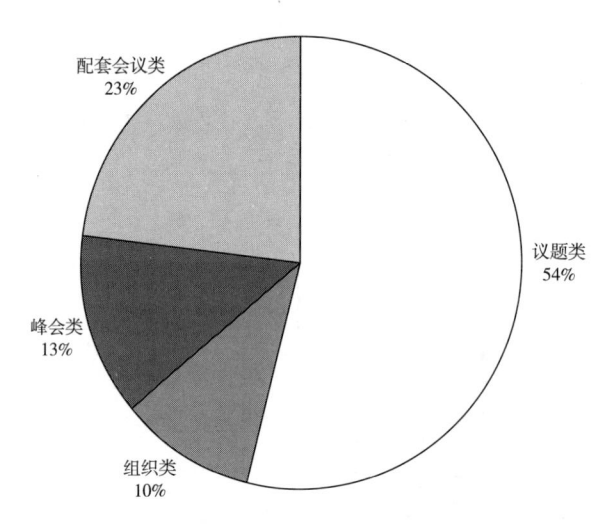

图 2 墨西哥三家主流媒体峰会报道按主题分布情况

通过对墨西哥主流媒体峰会报道时间和内容分布的分析，我们可以看出东道主国对该次峰会的传播有值得借鉴之处，也存在有待提高的地方。从时间分布看，会前报道充足是非常必要的，有利于社会各界提前熟悉并逐步了解各项议题，也有利于各界就相关议程充分发表意见，方便社会公众参与峰会。墨西哥作为东道主国，这方面做得比较理想，峰会举行前的半年媒体就开始对议程设置、议程相关领域的动态进行宣传报道，值得借鉴。然而，会议之后的报道相对欠缺，数量较少且内容以峰会后的一些活动和会晤报道为主，少见对峰会成果执行情况的跟踪报道，不利于向公众宣传峰会成果落实进度，也不利于拉近峰会和社会公众的距离，容易引起部分群众对峰会"形式主义"的质疑。从内容分布看，墨西哥关于峰会的各类报道分布比较合理，尤其值得借鉴的是对配套会议的大量报道，有助于宣传传统峰会之外民间社会代表、工商业代表、青年代表等各界关于 G20 峰会的观点和建议。

三 话语分析

1. 东道主国领导力与模范形象的宣传

墨西哥作为第七次 G20 峰会的东道主国，主流媒体在报道中十分重视其领导力和模范作用的宣传。提升国际形象，扩大影响力本身就是倾注人力物力举办 G20 峰会这样的大型国际会议的重要目标之一，东道主国媒体充分配合宣传也很重要。例如：

"国际货币基金组织（FMI）总裁克里斯蒂娜·拉加德表示国际货币基金组织将推荐墨西哥在全球经济危机的背景下引领全球二十个最重要经济体的发展。这位法国籍经济学家称十分赞赏墨西哥对宏观经济政策的管理，并认为墨西哥的做法将为正遭遇经济困难的其他国家提供有益的经验。"（《墨西哥获国际货币基金组织赞赏》，《至上报》2011 年 12 月 1 日）

"G20 峰会对于墨西哥意义非常，不仅因为墨西哥是东道主国，更因为墨西哥应当成为 G20 的领头羊。我国承办 G20 峰会，是拉美地区首次，也是继韩国之后首次由新兴经济体举办如此重要的全球论坛，这对于墨西哥而言，是展现领导力的难得机会。墨西哥没有机会参与其他重要的新兴经济体组织，比如金砖国家（BRICS）一直没有把代表我们的 M 字母加入其缩写。因此，举办此次 G20 峰会给了墨西哥政府一个机会来展现我们的领导能力，牵头组织有关讨论，并引导更多和墨西哥与拉美地区利益息息相关的议程。"（《G20，墨西哥展现领导力的舞台》，《宇宙报》2012 年 6 月 12 日）

"G20 峰会昨天在洛斯卡沃斯圆满落幕，作为首个承办这一会议的拉丁美洲国家，成为东道主国对墨西哥而言有何意义？蒙特雷理工大学 EGADE 商学院院长胡安·谢韦尔认为具有重要意义。第一，墨西哥重拾了国际外交舞台上的领导力；第二，墨西哥有机会代表那些不在 G20 内的发展中国家发声，将粮食问题、发展问题等议题纳入官方议程；第三，国际社会广泛赞同墨西哥在应对全球经济危机方面的做法，使得墨西哥有能力成为表率，毕竟欧洲12国都面临衰退，欧盟整体增长也微不足道；第四，举办此次峰会也是墨西哥向世界展示我们是一个可靠的投资目的地的绝好机会。"（《墨西哥，G20的东道主》，《改革报》2012年6月19日）

"G20各国农业政策代表们一致承诺将加强农产品供给安全的相关措施，并对各国所制定方案的成效进行了分析，最终选定墨西哥传统农业可持续现代化方案（MasAgro）作为应对全球食品长期需求的样板。根据在墨西哥南下加利福尼亚洛斯卡沃斯举行的G20峰会农业副部长会议精神，各国将继续采取措施，增强农产品供给能力和生产力。"（《G20选定墨西哥农业发展方案为示范计划》，《宇宙报》2012年6月20日）

2. 东道主国关于议题准备和意见征询的报道

在第七次G20峰会会议前报道中，墨西哥主流媒体十分关注社会各界和世界各国对议题的看法和建议，同时也广泛报道了墨西哥政府作为东道主，通过各种途径听取意见的开放积极的态度，为东道主国的形象加了分，也使得峰会更容易得到社会各界的认可。例如：

"墨西哥G20特别代表罗伯特·马里诺今天向欧盟（UE）阐述了墨西哥在二十国集团轮值主席国期间提出的重点议题，主要包括绿色增长、青年就业、完善金融监管等。马里诺在电话采访中向西班牙埃菲社（EFE）表示，墨西哥认为G20可以为促进欧洲稳定、提振市场信心做出贡献，但同时欧盟对于G20也至关重要，因为G20是包含了世界上最重要的新兴经济体和发达经济体的整体。"（《墨西哥向欧盟介绍G20重点议题》，《宇宙报》2012年1月31日）

"墨西哥今天向拉丁美洲国家征求其对于6月即将在墨西哥举行的G20峰会议题的建议，这一姿态得到了拉丁美洲体量较小国家的积极响应，但阿根廷和巴西这两个G20成员国反应平淡。墨西哥财政部长何塞·安东尼奥·梅阿德在美洲开发银行（IDB）年会上向拉美各国发出倡议，征求意见。年会在蒙得维的亚举行，议题关注金融监管、吸引外资、贸易开放。年会东道主国巴拉圭经济部长狄奥尼西奥·波尔达高度评价了墨西哥征求G20峰会议题的倡议，并指出这一倡议对非G20成员国很有价值。同时，联合国拉美经委会（CEPAL）秘书长阿丽西亚·巴尔塞纳也表示支持墨西哥的倡议，因为 G20 不应当只关注成员国的诉求，也应当重视小体量中等收入经济体所面临的问题，比如加勒比国家。"（《墨西哥已准备好接收有关 G20 峰会议题的提议》，《宇宙报》2012 年 3 月 17 日）

"G20 成员国企业家向墨西哥总统费利佩·卡尔德隆提出在 G20 多边框架下推动增加劳动市场的灵活度，进而降低全球失业率的建议。在全球经济论坛拉美分论坛上，Manpower 总裁杰弗瑞·霍勒斯代表 G20 各国企业界向峰会东道主总统卡尔德隆提出建议，希望能看到峰会达成更多便利企业雇用劳动力的公共政策和市场改革。"（《G20 推动就业市场灵活化》，《改革报》2012 年 4 月 19 日）

"墨西哥总统费利佩·卡尔德隆在总统府与各国前政要共进早餐，并就 6 月即将在墨西哥举行的 G20 峰会议题设置交换了意见。出席的各国前首脑包括西班牙前政府首相费利佩·冈萨雷斯和巴西前总统费尔南多·恩里克·卡尔多索。"（《卡尔德隆与前总统们共进早餐，探讨 G20 峰会议题》，《宇宙报》2012 年 5 月 6 日）

3. 多边背景下东道主国双边活动的报道

G20 峰会作为国际性多边外交活动，其重要性不言而喻，但这种高层多边会晤给公众的感觉常常是"高高在上"和"空洞无物"。第七次 G20 峰会东道主国墨西哥在报道峰会时采取了多边和双边相结合的做法，广泛报道了与峰会相关的墨西哥双边外交活动和成果，让峰会报道更加贴近墨西哥的实际情况和公众关切。例如：

"中国国家副主席习近平在人民大会堂会见了墨西哥外交部长帕德利西亚·埃斯皮诺萨，强调了中墨两国在多领域进行合作的重要性。埃斯皮诺萨率领的访华代表团由投资、商贸、旅游、科技等领域的专家构成，与中方开展了广泛对话，包括两国在 G20 洛斯卡沃斯峰会上的协调工作。此外，埃斯皮诺萨外长还宣布中国商务部部长将出席 4 月中旬在墨西哥举行的二十国集团商务部长会议，其同时将率中国企业家代表团访墨。"（《墨西哥和中国开展一揽子合作》，《宇宙报》2012 年 4 月 7 日）

"墨西哥总统费利佩·卡尔德隆和俄罗斯总统弗拉基米尔·普京重申了两国将加强双边关系的承诺。在双方沟通中,墨西哥总统祝愿俄罗斯总统普京在新的任期中取得更辉煌的成绩并邀请其参加将于6月18日至19日在洛斯卡沃斯举行的G20峰会。"(《卡尔德隆和普京重申加强双边关系》,《宇宙报》2012年5月8日)

"墨西哥总统费利佩·卡尔德隆代表墨西哥和墨西哥人民感谢美国总统的勇气,通过行政命令的方式有条件地暂停了对一部分移民的遣返。尽管之前卡尔德隆总统已经通过讲话和推特表达过谢意,但在G20峰会前美墨两国元首双边会晤之后,卡尔德隆再次亲自向奥巴马表达了感谢。"(《卡尔德隆为美国停止遣返移民感谢奥巴马的勇气》,《宇宙报》2012年6月18日)

"继今年6月G20洛斯卡沃斯峰会上跨太平洋伙伴关系协定(TPP)成员国向墨西哥发出邀请后,墨西哥已于10月9日正式加入TPP谈判。在墨西哥宣布加入TPP谈判后,澳大利亚总理朱莉娅·吉拉德表示墨西哥是重要的合作伙伴,与墨西哥进行合作对亚太地区新型全面贸易协议至关重要。"(《澳大利亚和墨西哥:跨太平洋合作伙伴》,《至上报》2012年10月23日)

4. 东道主国对 G20 峰会配套会议的宣传

随着G20峰会的发展,这一国际经济合作论坛已经成为民间社会、青年团体、智库专家等多方充分参与的交流平台。据报道,2012年G20洛斯卡沃斯峰会给当地带来了12000多名访客,可见峰会涉及的人群之广泛。传统上媒体最关注的显然是各国首脑参加的首脑峰会,但作为东道主国媒体,墨西哥媒体广泛报道了G20旅游会议、智库会议、青年会议等多种配套会议,对于公众全面了解G20起到了积极的推动作用,也让G20峰会更加亲民,更多反映民意,方便民众参与峰会。例如:

"墨西哥向全球最知名的智库敞开大门,邀请其参与与G20峰会相关的对话。G20智库会议最近在墨西哥城举行,与会智库专家为峰会贡献了有益的经验和思考。墨西哥外交部副部长罗德斯·阿兰达表示社会各界对G20峰会做出了非常重要的贡献。在本周一和周二举行的G20智库会议上,阿兰达副外长指出当前是全球经济的关键时刻,在这一时刻达成一致很重要，所以我们必须倾听各界人士的意见。阿兰达还强调要发挥墨西哥民间社会和国际组织的智慧，让 G20 墨西哥峰会变得更加开放、包容和透明。"（《墨西哥邀请智库为 G20 峰会献计献策》，《宇宙报》2012 年 2 月 29 日）

"G20 是全球各大经济体共商世界经济和发展的重要论坛，若要确保长期发展目标的实现，世界领袖已经认识到对于 G20，青年的参与是不可或缺的。在前几次 G20 峰会中，加拿大和墨西哥青年已经通过 G20 青年会议（Y20）为首脑峰会涉及美洲地区的问题贡献了自己的思考。作为加拿大青年组织的代表，我想感谢卡尔德隆总统邀请我们参与 G20 墨西哥峰会，我们也期望在 Y20 峰会上加强和墨西哥青年的交流，并向墨西哥青年学习。"（《青年人与 G20》，《至上报》2012 年 5 月 8 日）

"墨西哥旅游部宣布 G20 旅游部长会议（T20）将于 5 月 15 日至 16 日在尤卡坦的梅里达市举行，二十国集团成员国的旅游部长将出席会议，就旅游推动就业这一话题展开讨论。T20 会议是将于 6 月 18 日至 19 日在洛斯卡沃斯举行的 G20 峰会的重要组成部分。墨西哥旅游部认为 T20 会议在墨西哥举行将有利于提升墨西哥的国际形象，向全球展示其丰富的旅游资源，如玛雅遗迹、美食和海滩等。"（《墨西哥成为 T20 会议和世界旅游组织拉美论坛的东道主》，《至上报》2012 年 5 月 13 日）

"由 G20 成员国最重要的企业家代表组成的 G20 工商业会议（B20）在墨西哥举行，在 B20 会议中各国企业家向参与 G20 峰会的成员国国家领导人提出了一系列建议，其中最重要的是希望进一步加强反对贸易保护主义的斗争。"（《B20 强调反对贸易保护主义》，《改革报》2012 年 6 月 15 日）

5. 东道主国对峰会组织细节的报道

一般而言，像 G20 峰会这样的大型会议或赛事报道中难免掺杂不少负面消息，如场馆建设延迟、公共投资过大、安保措施不到位、组织安排混乱或有大规模游行示威等。然而，墨西哥主流媒体在报道 G20 洛斯卡沃斯峰会时对于组织工作的细节介绍全面，尤其注重正面宣传，如打消人们对墨西哥安全形势的疑虑、介绍墨西哥特色美食等，有利于提升国家形象并吸引更多游客和投资。例如：

"G20首脑峰会还有几天就要召开了，由墨西哥联邦和各州力量组成的公共安全跨部门协调小组已启动峰会安保行动，并配备了高科技设备，包括部署能够检测武器和金属的安检门、高性能X光机、协调工作接入墨西哥平台系统等。南下加利福尼亚州政府秘书长阿尔曼多·马丁内斯表示已经在G20峰会安保措施部署和实施方面取得了很大进展。"（《南下加利福尼亚州G20峰会前夕安保加强》，《宇宙报》2012年6月10日）

"距离G20洛斯卡沃斯峰会开幕还有四天，南下加利福尼亚州政府表示已经为出席会议的各国国家元首和政府首脑做好了安全保障。州旅游部长鲁本·雷阿奇表示对于如此重要的会议一定会采取特殊的安保措施，但同时也指出南下加利福尼亚州本就是一个相对安静、安全的地区，且其地理位置也使得安保工作更容易开展。"（《南下加利福尼亚州保障出席G20峰会政要安全》，《宇宙报》2012年6月14日）

"南下加利福尼亚州政府表示G20峰会所使用的全新会议中心是该州的重要投资，因为整个墨西哥至今尚未有如此规格的国际会议场地。中心的投入使用将使洛斯卡沃斯旅游不再局限于旺季，在传统旅游淡季也能吸引会议访客。墨西哥旅游部长格洛丽亚·格瓦拉·曼索还指出，会议中心本年度就已经接到很多活动的确认订单，未来将全年和洛杉矶、拉斯维加斯甚至和夏威夷进行竞争。"（《洛斯卡沃斯会议中心已为G20峰会就位》，《至上报》2012年6月15日）

"参加G20峰会的各国首脑齐聚墨西哥西北部南下加利福尼亚州的旅游胜地洛斯卡沃斯，并于昨晚享用了具有墨西哥特色和热带风味的官方晚宴。组织方透露晚宴菜品包括墨西哥特色海鲜、牛油果和本地葡萄酒。"（《品尝阿兹特克美食》，《宇宙报》2012年6月19日）

结　论

墨西哥作为第七次G20峰会的东道主，其主流媒体在相关报道中注重对会议组织细节的正面宣传，很好地处理了多边平台中东道主国开展双边外交活动的报道，在积极宣传 G20 峰会的周边配套会议、关注东道主国以开放和包容的姿态广泛征求峰会议题等方面，成功地为东道主国提升了国际形象，很好地宣传了墨西哥的全球领导力和模范带头作用。然而，在取得如此多成绩的同时，墨西哥主流媒体尚需在会议后的跟踪报道方面做更多努力，让民众更好地监督峰会的实效。

参考文献

陈力丹、王辰瑶：《外国新闻传播史》，中国人民大学出版社，2014。
谌园庭：《列国志·墨西哥》，社会科学文献出版社，2010。
朱伟婧：《BBC 和 CNN 对 G20 杭州峰会报道分析》，《对外传播》2016 年第 10 期。
翁晓华、娄华艳：《G20 杭州峰会报道的议题设置与谋篇布局》，《视听纵横》2016 年第 5 期。
徐四海、张海波：《墨西哥媒体"一带一路"报道特征研究》，《国际传播》2018 年第 2 期。

A Study on Mexican Media's Coverage of G20 Los Cabos Summit

XU Sihai

Abstract：This paper analyzes the number, themes and discourses of the related reports from the country's three mainstream media *Excelsior*, *Reforma* and *El Universal*, and explores the characteristics, gains and losses of the media coverage of the 7th G20 Summit. Although the Mexican media was slightly insufficient in terms of the follow-up reports of the results of the Summit, it paid considerable attention to the promotion of the host country's leadership, agenda-setting, supporting activities, organizational details, etc., and achieved overall good results. As the first developing country to hold this event, Mexican media's coverage of the Los Cabos Summit has a unique significance for China's home diplomacy and publicity.

Keywords：G20 Los Cabos Summit；Media Reports；Discourse Analysis

G20 圣彼得堡峰会
俄罗斯媒体报道研究

陈蔚青　王笛青　李　暖[*]

摘要： "第一频道"是俄罗斯规模最大的电视频道，它以传承性、创新性为特色，形成了一套完善而多元的新闻语言；塔斯社作为俄罗斯中央新闻通讯社，发布的新闻具有客观性、可靠性和权威性等特点，与"第一频道"在议程设置和叙述框架上有所不同。本文通过研究"第一频道"与塔斯社对2013年G20圣彼得堡峰会的报道，透视两大媒体各自的报道特点和叙述策略，探索其议程设置以及这些报道所反映的对外传播理念。

关键词： 第一频道　塔斯社　圣彼得堡　G20峰会

2013年9月5日，二十国集团（G20）领导人第八次峰会在俄罗斯圣彼得堡拉开序幕。G20领导人齐聚于此，共同为世界经济走向把脉。G20的定位是"国际经济合作主要论坛"，旨在推动发达国家和新兴市场之间就实质性问题进行有建设性的讨论和研究，以寻求合作并促进国际金融稳定和经济持续增长。此次G20峰会的主题是"世界经济增长和创造高质量工作岗位"。

G20成员国、6个受邀非会员国领导人，以及联合国和国际货币基金组

---

[*] 陈蔚青，北京外国语大学俄语学院硕士研究生，俄语语言文学专业；王笛青，北京外国语大学俄语学院本科生，俄语语言文学专业；李暖，北京外国语大学俄语学院博士研究生，俄语语言文学专业。

织（IMF）等7个国际机构的领导人出席了此次会议。峰会讨论的重点议题包括世界经济、金融形势、投资、贸易、发展、国际货币金融体系改革等。

早在2011年4月14日，金砖五国在中国举行的友好会谈正式闭幕并签署联合声明，确定由俄罗斯举办2013年的G20峰会。俄罗斯作为峰会主办国，对这一重大事件的宣传相当重视，在会前做了充分的准备。另外，俄罗斯采取了一系列实际行动：为推进经济一体化进程，2013年9月4日，俄罗斯总统普京曾代表俄方支持亚美尼亚加入关税同盟，这为峰会的召开做了铺垫，也推动两国的经济关系向更高、更好的水平发展。

一　文献综述与研究问题

本文研究的对象是俄罗斯主流媒体"第一频道"（Первый канал）与"塔斯社"（ТАСС）对2013年G20圣彼得堡峰会的报道。

"第一频道"是俄罗斯规模最大的电视频道，前身为苏联中央电视台（Останкино），1951年开播，1995年更名为"俄罗斯公共电视台"（Общественное Российское Телевидение），2002年更名为"第一频道"。半个多世纪的发展使"第一频道"在俄罗斯及俄语国家中享有极高的声誉。在新闻报道方面，它以传承性、创新性为特色，面向受众，形成了一套完善而多元的新闻语言。①

塔斯社是俄罗斯中央新闻通讯社，正式成立于1925年，迄今塔斯社已发展为一个世界性通讯社，在国际上发挥着重要作用。塔斯社总部坐落在莫斯科，在俄罗斯境内有70个地方分社，在华盛顿、伦敦、北京等63个国际城市有63个国际分社。塔斯社作为中央新闻通讯社，其用户还包括总统办公厅、俄联邦政府，因此发布的新闻具有客观性、可靠性和权威性等特点②，与"第一频道"在议程设置和叙述框架上有所不同。

本文旨在通过研究"第一频道"与塔斯社对2013年G20圣彼得堡峰会的报道，透视两大媒体各自的报道特点和叙述策略。研究思路参照马克斯维尔·麦库姆斯的议程设置理论，并主要参照俄罗斯学者契亚科娃（Дьякова）、卡扎科夫（Казаков А. А.）、库茨（Куц Г.）等对"议程设置"概念与俄

---

① Первый канал: https://www.1tv.ru/about/channel.
② Михайлов С. ТАСС – Агентство, которому доверяют [J]. Родина. 2014, 9: 23-28.

罗斯语境关系的阐释。① 库茨在谈论议程设置研究对俄罗斯社会现实的重要性时指出,"议程体系涵盖了所有值得公众注意的议题,囊括成百上千的社会问题,因此本质上是一种'社会议程',要求权力机构和权力话语的时刻关注"②。契亚科娃认为,议程设置反映出媒体所属国家和群体最亟待解决的问题,与国家形象的塑造和国家对外传播理念有着密切联系③。由此,本文的研究问题还包括:"第一频道"与塔斯社对 2013 年 G20 圣彼得堡峰会的报道体现了怎样的议程设置,反映了哪些与俄罗斯息息相关的议题?体现了怎样的对外传播理念和机制?

二 G20 圣彼得堡峰会"第一频道"报道分析

本文选取来自俄罗斯电视频道"第一频道"的研究样本 37 篇,对 2013 年第八次 G20 峰会在会前、会中和会后的相关报道进行了分析。其中,会前报道 16 篇,会中报道 14 篇,会后报道 7 篇。

(一)会前

1. 消息来源

在会前的 16 篇报道中,俄罗斯"第一频道"选择本国或外国的政府官员、新闻发言人作为消息来源的报道共 13 篇,占到总数的 81.25%;消息来源不明或无法判断的有 3 篇,占总数的 18.75%。可见,消息来源以政府为主。

2. 报道题材

新闻题材,一般是指写入新闻作品的人物、事件或事实,更广义的是指新闻作品所描写的社会生活面,通常包括政治、经济、文化和军事战争等。此项可考察第一频道题材选择的特点。

---

① Казаков А. А. Теоретико-методологический потенциал категории «медийная повестка дня». Вестник Волгоградского государственного университета. Серия 4: История. Регионоведение. Международные отношения [J]. 2012, 1: 138–143.

② Куц, Г. «Установление повестки дня» и политический режим: проблема корреляции [C]. Изменение России: политические повестки и стратегии: тез. докл. Междунар. науч. конф. М.: РАПН, 2010: 121.

③ Дьякова, Е. Массовая коммуникация и проблема конструирования реальности: анализ основных теоретических подходов [M]. Екатеринбург: УРО РАН, 1999: 121.

在会前的 16 篇报道中，政治类题材的报道占大多数，共有 10 篇，占 62.5%；其次是经济类题材，共有 3 篇报道，占 18.75%；文化类题材有 2 篇报道，占 12.5%；战争、军事类题材有 1 篇报道，占 6.25%。这充分说明第一频道在 G20 峰会会前阶段，对政治类题材新闻高度重视。

（1）政治类题材包括国内政治（包括俄罗斯国内政治会议、国家领导人的国内活动、政府活动等）、国外政治（不涉及俄罗斯的国际政治事件）、俄罗斯与其他国家的纠纷以及俄罗斯与其他国家的合作。

政治类题材大部分是有关俄罗斯与其他国家的合作的报道，有 6 篇，占会前政治类题材报道的 60%。俄罗斯与其他国家的纠纷 1 篇，占 10%；国外政治 2 篇，占会前报道的 20%；国内政治 1 篇，占 10%。可见，作为此次 G20 峰会东道主的媒体，会前阶段俄罗斯第一频道主要关注俄罗斯与其他国家的合作。

（2）经济类题材包括国内经济（企业、经济形势、金融、财政、收入、消费状况等）、双边或多边贸易及国外经济。

经济类题材的报道主要集中在俄罗斯的双边或多边贸易领域。

3. 报道区域及国际新闻涉及的国家或地区

（1）报道区域

根据其对外传播特性，以本国为参照，把该类目分为国内（报道事件完全发生在国内）、国外（报道事件完全发生在国外）、双边或多边（报道涉及俄外双方或多方）。

在 16 篇报道中，多边报道有 8 篇，占总数的 50%；国内报道有 5 篇，占 31.25%；双边报道有 3 篇，占 18.75%；无专门对国外的报道。通过以上数据可以看出，俄罗斯第一频道在会前的报道区域方面，视角完全投向国内，其中单纯介绍国内事务的报道占 31.25%，涉及俄罗斯和他国双边或多边事务的占 68.75%。

（2）国际新闻报道涉及的国家或地区

第一频道的报道包括除俄罗斯外的其他 G20 成员国，如美国、意大利、中国等。通过此项可以考察第一频道倾向于报道来自哪些国家和地区的新闻。

在抽样的 16 篇报道中，国际新闻（双边、多边、国外）共有 11 篇。其中有 8 篇是将除俄罗斯之外的其他 G20 成员国作为一个整体进行报道，占 72.73%；涉及美国的有 3 篇，占 27.27%。这显示出第一频道对俄美关系的关注。受"斯诺登"事件影响，2013年8月初，奥巴马取消了原计划在莫斯科举行的美俄双边峰会。俄罗斯是在斯诺登本人承诺不继续损害美国利益的前提下，根据国际法及俄罗斯法律为斯诺登提供政治庇护，从这一点来看，美国无法找到俄罗斯做法的瑕疵。然而，受国内压力影响，美国政府单方面注销了斯诺登的护照，使美俄关系的发展遭受重大挫折。

4. 传播内容

（1）报道基调

结合语义色彩分析，笔者将此项分为正面、中性和负面三类。判断标准为：文章标题和正文中是否使用有明确褒贬含义的词语。

正面报道集中反映G20峰会"活动的积极部分或光明一面，它的基调是提倡和鼓励，倡导某种现象或观念，以保持一定的活动道德水平和活动秩序，强调平衡、和睦和稳定"。此类报道多含有"完全准备好"（полностью готов）、"赞同"（одобрить）之类的褒义词语。

负面报道集中揭露与现行社会秩序和道德标准相冲突的行为，以及像恐怖袭击、犯罪、事故等类似的反常及突发事件，目的在于暴露社会灰暗面。此类报道常含有"威胁"（угрожать）、"消极"（негативно）等贬义词语。

在笔者抽取的会前阶段研究样本中，中性报道有14篇，占到会前所有16篇报道的87.5%；正面报道有2篇，占12.5%；负面报道0篇。这证明了第一频道在对外传播的事实信息选择上，充分考虑到报道色彩的均衡性，以客观报道为主。而另2篇正面报道均是描述圣彼得堡市为峰会做的准备，体现出第一频道和俄罗斯举国上下对成功举办峰会的期待与信心。

（2）引语运用（直接引语和间接引语）

包括无引语、少于3句引语和多于3句引语三种情况。通过此项可考察第一频道语言选择的特征。

在会前16篇报道中，没有使用引语的新闻有4篇，占25%；引语少于3句的有2篇，占12.5%；引语多于3句的有10篇，占62.5%。

（3）新闻选择

对第八次G20峰会的宣传开始于2013年8月上旬。8月5日，普京与土耳其总理和澳大利亚总理通了电话，提及与G20峰会相关的工作已经展开。

A. 2013年8月7日，俄媒体关注点集中在"斯诺登事件"的影响和奥巴马能否出席 9 月 G20 圣彼得堡峰会。据俄罗斯第一频道报道，会前，白宫散布消息说奥巴马将出席本次峰会。而 8 月 7 日，克里姆林宫得知美国总统奥巴马将取消赴莫斯科的访问。第一频道对奥巴马短期内态度的变化做出猜测，并强调这一消息在世界媒体中引发轩然大波。

B. 8 月 26 日，G20 峰会组织委员会主席谢尔盖·伊万诺夫（Сергей Иванов）告知记者，G20 圣彼得堡峰会的准备工作已经就绪。在筹办这次国际会议的过程中，谢尔盖·伊万诺夫特别注意如下两点：第一，节省资金；第二，尽可能减少给当地居民带来的不便。为此，峰会所有官方活动一律在市外举行。

C. 8 月 28 日，G20 峰会主题确定为增长与就业。俄罗斯作为东道主国，在 70 项峰会职责中，已经履行的已有半数。随后，报道交代了数据分析的出处，主要有世界银行、联合国、国际货币基金组织和世贸组织。最后表明了分析工作的重要性：为提升 G20 峰会在决议上的有效性，分析结果展示了哪些措施实施起来效果更佳。

D. 9 月 3 日，圣彼得堡在 G20 峰会前夜，举办了"今日俄罗斯摄影展"。作品来自 G20 成员国知名摄影师，他们拍摄了俄罗斯最有趣的地方，这些作品于峰会举办期间在冬宫广场上展出。

E. 9 月 4 日，媒体关注的是普京接受了来自俄罗斯第一频道和美联社的专访。专访记录了普京谈论的重点（包括美俄关系、经济和司法体系），以及针对一些热点问题（叙利亚局势）普京所做出的回应。

5. 叙述框架和话语分析

以普京专访为例。媒体对普京的专访主要在以下三个方面做出报道：（1）俄方记者用了将近一半的篇幅报道了普京针对美联社记者有关叙利亚问题的回答。（2）俄方记者针对俄罗斯内政问题（9 月 8 日选举是否真实）向普京的询问。（3）普京与记者之间关于政治观方面的交谈。

在普京接受来自俄罗斯第一频道和美联社专访的过程中，当涉及叙利亚局势的时候，美联社记者不断追问普京总统的立场，询问如果叙利亚拥有化学武器俄罗斯是否会对叙利亚采取军事行动，以及如果美国对叙利亚动武俄罗斯将会采取何种态度等问题。仔细观察美联社记者这两处的提问，从"俄罗斯会赞同采取军事行动吗？"到"俄方会站在叙利亚立场，还是会中断与叙利亚的联系？您会怎样做？"可以感觉到，美记者把提问的主体由"俄罗斯"（Россия）转向具体人称"您"（вы），可见美方迫切地想知道普京总统对叙利亚问题的态度。

在有关叙利亚问题的专访报道中，俄方记者曾表达自己的主观看法：普京不觉得奥巴马取消赴莫斯科会见有什么严重后果。可见俄媒体对奥巴马取消会晤一事持轻描淡写的态度。

当涉及俄罗斯选举真实性话题的时候，普京表示："民众对自身意愿的表达有利于形成有效且能够有所作为的政府机构。这一点我们非常关注，而且相当重视。"前后两处方式状语"非常"（в высшей степени）和"相当"（в крайней степени）都表达了普京关注或重视相关问题的程度。

（二）会中

比起俄罗斯第一频道在会前对峰会的报道，会中阶段对峰会内容的报道则丰富许多。新闻的关注点主要在于叙利亚问题的解决，看似与经济并无明显关联，实际上却关联着俄罗斯政治与经济的共同发展。

1. 消息来源

在会中阶段，俄罗斯第一频道选择本国或外国的政府官员、新闻发言人作为消息来源的报道共14篇，占到总数的100%。这说明第一频道在消息来源的选择上，偏重官方来源，而对民间的声音反映不足，即便有来自其他渠道的声音或观点，也是以符合与支持官方观点的形式出现的，官方态度与民间态度失衡。

2. 报道题材

在会中的14篇报道中，政治类题材的报道占大多数，共有11篇，占78.57%；经济类题材的报道有2篇，占14.29%；战争、军事类题材有1篇，占7.14%；政治和经济类题材所占比例为92.86%，这充分说明会中阶段第一频道对政治经济等话题的关注。

（1）政治类题材的报道内容全部是俄罗斯与其他国家的合作，共11篇，占会中政治类题材报道的100%。

（2）经济类题材中立足于世界经济宏观格局的报道有1篇，占会中经济类题材的50%；有关双边或多边经济合作与贸易的报道有1篇，占50%；无对国内经济情况的报道。

3. 报道区域及国际新闻涉及的国家或地区

（1）报道区域

在14篇报道中，多边报道有11篇，占78.57%；双边报道有3篇，占

21.43%；无对国内和国外的单独报道。作为本次 G20 峰会的东道主，俄罗斯总统普京与各国领导人开展了一系列双边和多边会晤，因此第一频道的着眼点也集中在多边和双边报道。

（2）国际新闻报道涉及的国家或地区

在 14 篇报道中，国际新闻（双边、多边、国外）共有 14 篇。其中有 11 篇是将除俄罗斯之外的 G20 其他成员国作为一个整体，占 78.57%（但在这 11 篇文章中有小段落单独提及中国、日本、法国和澳大利亚）。提及意大利、美国和白俄罗斯的报道各 1 篇。由此可见，第一频道多从宏观角度切入分析问题，但较少关注亚洲地区的声音。

4. 传播内容

（1）报道基调

在笔者抽取的研究样本中，会中阶段所有 14 篇报道均为中性。这表明在会中阶段，第一频道坚持新闻选择的整体客观性，多使用对客观事实的一般性陈述，用事实说话，一方面避免由于过多宣扬成绩而导致媒体权威性的丧失，另一方面避免因单纯地揭露问题和不足而渲染悲观的国家形象。

（2）引语运用（直接引语和间接引语）

在 14 篇报道中，没有使用引语的有 2 篇，占 14.29%；引语少于 3 句的有 5 篇，占 35.71%；引语多于 3 句的有 7 篇，占 50%。

（3）新闻选择（主要关注点、数据和表述方式）

A. 2013 年 9 月 5 日，俄罗斯第一频道对峰会的报道大体上属于普遍性传播。第一频道的八份独立报道，普遍围绕"峰会成功召开"的话题进行。但其中有一份题为《G20 峰会领导人不仅讨论了全球经济，还讨论了叙利亚危机》的报道，专门讲述了峰会领导人对叙利亚问题的讨论。就俄方而言，叙利亚问题不仅成为峰会的首要关注问题，同时也是美俄之间的核心议题。2008~2012 年国际金融危机之后，发达国家与新兴市场国家的处境与经济状况发生了根本性逆转。俄罗斯作为峰会主办国，总统普京与美国总统奥巴马角力的焦点正是叙利亚问题，美俄两大国之间政治关系的发展直接影响世界政治走向，从而影响世界大国之间的交流与关系的发展。通过分析新闻报道的表述方式，可以得知第一频道对传达普京态度的重视，因为普京的态度直接决定美国能否获得联合国安理会授权。第一频道对叙利亚问题频频报道，在以经济为主线讲述 G20 峰会所关注问题的同时，也强调了地缘政治发展的走向。这一点显示了国际政治与世界经济相互关联,相关问题的解决不应独立进行,而需要两者兼顾。对叙利亚问题的相关报道表明了俄方对世界经济及其与国际政治之间内在发展关系的关注程度。

B. 2013 年 9 月 6 日,俄方媒体报道的内容,最普遍的还是宣传峰会圆满结束、发表联合声明的主题。其中有两份报道具体探讨投资环境和新工作岗位的设立;一份报道提及美俄总统单独会面;还有一份涉及叙利亚问题。

5. 叙述框架和话语分析

以题为《G20 圣彼得堡峰会结束》的报道为例,报道主要引用普京在 G20 峰会上的发言及答记者问内容,绝大部分以问答形式出现,体现了新闻传播的直接性和快捷性。

2013 年 9 月 5 日,在题为《G20 峰会晚间峰会在彼得宫召开》的报道中,针对 G20 第八次峰会的报道仅有只言片语,在表达记者会跟踪报道"看样子工作持续到很晚"之前,针对峰会进展情况只提及叙利亚问题,具体措辞为:"与会者将讨论叙利亚周围所发生的一切——早在白天讨论全球经济问题的时候,他们自己就表达过类似的想法。"(Участникам предстоит разговор о происходящем вокруг Сирии – такое желание высказали они сами ещё днём во время обсуждения глобальных экономических проблем.)

话语中,"сами"(意为"自己")作为"они"(意为"他们")的同位语成分出现,从与会领导人角度表达对叙问题的重视程度以及讨论相关问题的迫切程度;"ещё"(意为"早在")修饰时间状语"днём"(意为"在白天"),传递出谈论问题之早、之迫切。

除了叙利亚问题之外,普京关注的第二个主要问题便是失业率的不断攀升。以标题为《G20 圣彼得堡峰会结束》的报道为例,峰会期间,他曾说道:"受新经济危机爆发所累,为自己购买保险显得非常必要。但是,我们只有通过发展才能保证全球经济的持续与稳定。"在这一段演讲中,普京表明了对失业问题的担心。普京时刻强调的是全球经济发展的稳定。普京指出全球经济的持续与稳定所依靠的唯一方法就是发展,而且在"发展"(развитие)之前选用了语气词"只有"(только),更传递出发展是解决问题的唯一选择。还有如下话语:"因此,G20 峰会国家,乃至整个世界都需要新的经济增长源。虽然采取了相关措施,但 G20 峰会国家内部的失业率比经济危机前仍有所增长。虽然我们的国情有些不同,但有一系列非常尖锐的问题,涉及 G20 绝大多数国家。"这段话在用词上强调了问题尖锐的程度。

就数据引用而言,在谈到部分欧洲国家领导人与民众意见相左的时候,普京的发言曾采取数据引用的方式,以反映所述事实的真实性和客观性。如"……这些国家60%~70%的居民都反对军事行动"。此处,普京对欧洲国家反对军事行动的居民做出统计,并援引了"60%~70%"的数据,对这一客观数据的引用证明了反对军事行动的人数之多,反映出国家话语与人民意愿不符的事实。

国际舆论方面,根据对俄罗斯相关报道关注点和表述方式的分析,总体说来,俄罗斯媒体对G20第八次峰会的报道关注的主要是国际政治(尤其是叙利亚问题)。从中国新浪财经对此次峰会专题报道一览表来看,大多可见如"中美俄等国领导人齐聚G20为世界经济开药方"、"金砖国家设立应急储备安排具里程碑意义"等议题,可见,中国对此次会议报道的出发点主要集中在全球经济复苏和稳定发展上,与俄罗斯媒体的关注点有所不同。

(三)会后

1. 消息来源

在会后阶段的7篇报道样本中,俄罗斯第一频道选择本国或外国的政府官员、新闻发言人作为消息来源的报道共5篇,占到总数的71.43%;选择各自领域的专家、教授、学者、分析员作为消息源的为0篇;消息来源不明或无法判断的有2篇,占到总数的28.57%。这说明第一频道注重官方来源,相对轻视民间声音。

2. 报道题材

在7篇报道中,政治类题材的报道占大多数,共有4篇,占57.14%;经济类题材、文化类题材、军事战争类题材各一篇。与会前和会中阶段对政治类题材的集中报道相比,第一频道在会后阶段增添了适当比例的文化类和经济类、军事战争类题材的文章。反映出其新闻关注面广,切入点多,具有把控全局的能力。

(1)政治类题材的报道全部是俄罗斯与其他国家的合作,共4篇,占会后政治类题材报道的100%。

会中和会后政治类题材的报道分布显示出第一频道在报道俄罗斯的对外关系时,重视俄罗斯与其他国家的合作,意在传达和谐向上的正能量。

(2)经济类题材的报道仅有一篇,报道的是世界经济形势。

在会前、会中、会后三个阶段,第一频道对峰会经济类题材报道的数据分布显示出第一频道的视角相对宏观，着眼于世界整体经济形势，这恰好切合了 G20 峰会是以世界经济形势、加强国际金融体系和就业、发展、贸易为主题。

3. 报道区域及国际新闻涉及的国家或地区

（1）报道区域

在 7 篇报道中，多边报道有 3 篇，双边报道有 1 篇，国内报道有 2 篇，国外报道有 1 篇。

（2）国际新闻报道涉及的国家或地区

在 7 篇报道中，国际新闻（双边、多边、国外）共有 5 篇。其中有 3 篇是将除俄罗斯之外的 G20 其他成员国作为一个整体，占 60%；其他 2 篇涉及美国，占 40%。

4. 传播内容

（1）报道基调

在笔者抽取的研究样本中，中性报道有 6 篇，占到会后所有 7 篇报道的 85.71%；正面报道有 1 篇，占 14.29%；负面报道 0 篇。这体现出第一频道自始至终都保持用客观冷静的态度记录事实的报道风格。

（2）引语运用（直接引语和间接引语）

没有使用引语的报道有 2 篇，占 28.57%；引语少于 3 句的有 1 篇，占 14.29%；引语多于 3 句的有 4 篇，占 57.14%。

在会前、会中和会后的样本报道中，第一频道没有使用引语的新闻报道只有 8 篇，而且这 8 篇只是简单的介绍性文章。每个阶段都有超过 50% 的报道采用了多于 3 句的引语，这说明第一频道善于借"口"说话，尽量让人物自己现身说法而不是由记者、编辑来发表议论，使其新闻报道显得真实、客观。

（3）新闻选择

A. 2013 年 9 月 7 日，俄罗斯第一频道延续报道并不断强调论坛促进世界经济增长和创造高质量工作岗位的主题。

B. 9 月 8 日，对叙利亚问题的持续关注体现在题为《雷声隆隆——G20 圣彼得堡峰会政治干预经济发展》的报道中。

C. 9 月 8 日，《如何与贪污腐败现象做斗争》成为俄方媒体又一关注点。普京在接受俄罗斯第一频道和美联社采访的时候，回答的基本是关于叙利亚和治理俄罗斯贪污腐败现象的问题。

5. 叙述框架和话语分析

第一频道对此次峰会报道的叙述框架首先表现为对峰会主题的高度重视。会后第一天（9月7日），第一频道在报道中反复强调此次峰会的主题——"世界经济增长和创造高质量工作岗位"，如在题为《G20峰会成员通过了经济共同发展规划》和《圣彼得堡峰会各方发布总结性声明》的报道中，反复出现"一致通过规划"（единодушно одобрен план）的字样。一般情况下，新闻报道应遵从简洁性原则，在同一天的两份相关主题的报道中出现雷同的字样，不难看出，媒体非常重视对此次峰会主题的进一步宣传和传播。

媒体除了重视峰会主题的传播，另外，对叙利亚相关问题的报道也没有随着峰会的结束而终止。在9月8日题为《雷声隆隆——G20圣彼得堡峰会政治干预经济发展》的报道中，标题开头便选用"雷声隆隆"（Раскаты грома）这种别致的表达方式，让人眼前一亮，自然对后续报道内容产生兴趣。另外，标题选用了动词"干预"（вмешиваться）而非"影响"（оказать влияние на что），媒体报道在选词上可谓丝毫也不含蓄，把美对叙采取武力所带来的负面影响表现得淋漓尽致。

就这一主题报道的篇幅而言，有1500词以上，跟其他新闻相比，该报道可被看成是当日媒体所报道事件的重中之重。

该报道第一段表述为："叙利亚如何走出绝境这一主题曾在G20圣彼得堡见面会上就讨论过，这次见面会并非在议事日程安排之列，而是提前就商定好的，会议涉及如何避免发生经济危机。工作晚餐期间，领导人对相关问题的争论愈演愈烈。"

从标题"雷声隆隆"到"争论愈演愈烈"（споры разгорелись）的表述反映出领导人对叙利亚问题的争论持续升温，通过"并非在议事日程安排之列"和"工作晚餐期间"的表述体现出各国领导人对相关问题的讨论具有随时性和迫切性。

（四）总结

俄罗斯"第一频道"对G20圣彼得堡峰会的报道具有以下几个特点。

1. 时新性

从时新性角度来看，第一频道对圣彼得堡峰会前后发生的各项事件都报道得十分及时准确，对会议议题、领导人动向、各类谈判的进展都做到了当天报道。会议各项决议和总结宣言的主要内容也在当天晚上或者次日凌晨得到了报道。从会前报道可看出，第一频道在峰会开始前的两个月，就已经对会议进展进行了密切追踪，从7月G20各国财政部长和中央银行领导在莫斯科的会晤，到圣彼得堡作为主办城市认真的准备，再到报道巴西总统迪尔马·罗塞夫是第一个到达圣彼得堡的领导人。第一频道的报道兼顾宏观大局和细枝末节，在事件发生后的最短时间里为大众呈上最新鲜的报道。在会中阶段，第一频道在会议第一天就报道了首日全体会议的参加者有近千人，而美国代表团就占了六百人。第一频道还实时报道新闻中心的盛况——会议召开期间，三千名来自世界各国权威媒体的代表共聚一堂，密切关注峰会的各项进展。而会后对峰会的成功总结和各方对峰会的评价和态度的报道也体现出第一频道紧跟热点的特性，同时也反映了俄罗斯作为本次G20峰会东道主国家的自豪感和俄罗斯人民的热情好客。

2. 时宜性

时宜性是根据舆论导向和社会环境大势在合适的时间捕捉适宜的内容，在迎合广大受众关注的同时，用报道来影响舆论走向。

在会前阶段，第一频道就报道了奥巴马总统对"斯诺登事件"的消极性评价，但他表示并不会取消参加G20峰会，并指出"美国和俄罗斯在有效合作方面并没有任何阻碍"。然而在这篇新闻发出的第二天，第一频道就连发两篇报道，指出奥巴马总统取消了原本确定好的对莫斯科的访问。在这两篇报道里，第一频道记者引用了俄罗斯总统助理尤里·乌沙科夫的言论："奥巴马总统此次取消行程的举动令人失望，这也证明了美国依旧没有准备好和俄罗斯开展平等的合作。俄罗斯并不是斯诺登问题的引发者，俄罗斯只是依法办事。"从对奥巴马总统访俄的期待，到奥巴马临时取消行程，第一频道的报道中自始至终未出现记者自身的任何评价性词语，采取了适当的规避态度，但通过引用乌沙科夫的话表明了第一频道对美方消极回应的立场，体现出了第一频道和俄罗斯本国对美国政府的极大关注。

3. 重要性

重要性是新闻报道价值判断的关键因素，主要指报道内容的重要程度，是否涉及政治上的利害关系、对实际工作是否具有针对性，以及反映受众的利益和愿望的程度等。G20峰会作为国际范围的会议，其相关事件的重要性一般排序为：(1)经济动态，(2)政治事件和国际关系，(3)文化，(4)军事战争。

　　由于政治问题直接显示出国际关系的动态和国际秩序的变化趋向,因此第一频道对政治议题的关注极高,会前、会中、会后对政治类题材的报道分别高达 62.5%、78.57% 和 57.14%,尤其是在叙利亚问题上各国不断扩大的分歧使得政治议题的热度居高不下。在会前第一频道对普京总统的专访里,普京就重点谈及了叙利亚危机事件。根据第一频道的报道,普京总统强调"现阶段没有证据证明叙利亚政府动用化武,同时任何对叙军事行动必须获得联合国安全理事会授权"。而在会议的第一天,第一频道的报道就指出尽管 G20 峰会侧重经济领域,但叙利亚危机是各国无论如何无法回避的话题。当日稍晚时候第一频道还报道了普京总统在首日全体大会上致辞后说,有不少国家领导人向他询问是否会在峰会上讨论叙利亚问题。普京指出不排除会在当天的晚宴上触及这个话题。在峰会的第二天,第一频道在报道中多次提起首日各国讨论了叙利亚问题,但并未提及讨论结果。第一频道在报道中还指出,叙利亚危机是峰会首日晚上普京和英国首相卡梅伦讨论的重要议题之一。除此之外,第一频道引用了俄罗斯总统发言人德米特里·别斯科夫的发言。别斯科夫强调,不管是俄罗斯议会还是美国国会,还是任意一国的立法机构,都不能在没有经过联合国安理会的允许下擅自行动。晚宴上联合国秘书长潘基文的讲话也被第一频道在报道中引用。潘基文呼吁各国用和平方式解决叙利亚争端,避免发生武力冲突。到了会议第二天,第一频道对普京总统在新闻发布会上的讲话也做了报道。普京指出美国、土耳其、加拿大、法国等国与俄罗斯、中国等国持相反立场,支持军事干涉。普京警告说,如果在联合国安理会框架之外决定与动武有关的问题,那么任何国家都可能成为动武的对象。他说,依据国际法,只有安理会有权批准对一个主权国家动用武力,其他任何对一个主权国家动用武力辩护的借口和手段都不会得到认可,其动武行为只能被解读为"侵略"。

　　第一频道指出,从叙利亚内战、伊朗新总统,到导弹防御系统和削减核武器,在美俄讨论的几乎每一个重要议题上,两国的立场都相距甚远。奥巴马极力争取西方国家支持其对叙利亚实施军事打击。奥巴马要求国会批准对叙利亚动武,让俄罗斯大为惊讶。俄罗斯多次在联合国安理会行使否决权,阻止对叙利亚行动。G20 峰会期间,这场冲突不可避免地在会场内外被讨论。第一频道用客观冷静的语调报道了俄美双方和各自的支持者在叙利亚危机上的分歧，反映出了 G20 会场上政治问题"喧宾夺主"的现象。此外，在政治领域的报道中，第一频道对美国、欧洲和俄罗斯的近邻（白俄罗斯）的立场尤为关注，缺乏对亚洲国家见解的独立详细的相关报道。

在 2008 年底开始的全球金融危机背景下，经济议题显得尤其重要。然而，本次峰会遭遇多种政治因素和分歧的干扰，尤其是叙利亚危机的激化，在会前、会中、会后三个阶段，经济议题始终是第一频道报道的第二大板块。

峰会开始前的两个月，第一频道就报道了二十国集团财长和央行行长会议在莫斯科举行。会议主要就全球经济形势、国际税收合作等问题进行了讨论。会议认为，全球经济增长依然低迷，金融形势仍不乐观。G20 成员国应继续采取有力措施推动税收体系的改革，促进经济发展。会中，第一频道报道了普京总统在首日全体大会上的发言。他在发言中指出："加快世界经济增长的节奏和改善失业是俄罗斯作为 G20 轮值主席国提出的两大任务。"经济增速放缓既困扰着陷入持久经济衰退的欧洲以及与低就业率苦苦斗争的美国，也让 GDP 增速明显放缓的发展中国家感到不安。第一频道也就促进投资和增加就业岗位问题进行单独报道，阐述了失业率特别是年轻人失业率仍处于不可接受的高位问题。峰会对当前全球经济形势的整体判断是"复苏仍然过于疲弱，风险仍偏下行"。鉴于危机后全球经济面临的新情况和新问题，G20 领导人将考虑部署有关经济发展的长期战略，从以往会议中强调的"协调货币与财政政策"策略，转向强调"基础设施支出和就业培训"等促进经济增长的策略。

除关注宏观的国际经济发展趋势之外，第一频道在会中阶段还报道了普京与中华人民共和国主席习近平有关经济领域合作的探讨和对俄中贸易的看法。报道指出俄中双边贸易额已超过 870 亿美元，将来有望突破 1000 亿美元甚至 2000 亿美元大关。俄中在能源领域合作紧密，在此次峰会上，两国还签署了能源供应的新协定并商讨了在高科技领域的合作事宜。9 月 5 日下午中俄举行双边会晤，习近平主席是普京在此次 G20 峰会期间会见的第一个外国领导人，两国领导人不仅就双边关系及重大国际问题交换了意见，还务实地推动了两国重大项目合作。第一频道对此进行报道，不仅体现了俄方对多边和双边贸易关系的重视，也体现了经济领域的合作有利于巩固俄中双方友好互信的关系。

除了紧紧围绕如何刺激经济增长这一国际社会面临的主要任务，俄罗斯还关注全球许多国家领导人无法回避的问题，特别是继续改革全球金融结构和加强金融监管问题。第一频道主要关注作为轮值主席国的俄罗斯的观点，同时报道其他国家官员的意见。这些重要观点在第一频道的报道中均有体现。

此外，第一频道还增加了文化方面的报道，如在圣彼得堡举行的G20国家优秀摄影作品展吸引人眼球等，营造了一种和谐轻松的会议氛围。

值得指出的是，第一频道对圣彼得堡峰会新闻价值重要性的判断与中国新华社等主流媒体的关注点具有一定差异。我国新华社、新浪网等媒体的报道焦点主要聚集在峰会本身，如世界经济形势、习近平主席和央行行长周小川的讲话、峰会花絮等。对峰会期间国际关系特别是俄美对峙和俄罗斯国内的社会局势关注较少。除有关峰会详情的新闻报道外，我国更为关注专家学者对国际经济发展趋势的预测。

4. 显著性

第一频道关于圣彼得堡峰会的报道具有显著性和权威性，这从消息来源就可看出。此次峰会的消息来源绝大部分来自官方，即各国政府官员和新闻发言人。报道中多次引用了官方发言，除俄罗斯总统普京、美国总统奥巴马、联合国秘书长潘基文，还引用了中华人民共和国主席习近平、日本首相安倍晋三、俄罗斯财政部长安东·西卢阿诺夫、前财政部长阿列克谢·库德林，以及来自联合国、国际货币基金组织、世界银行等国家和国际组织代表的发言。会前，第一频道着重报道了圣彼得堡市长格奥尔基·波尔塔夫琴科、俄罗斯财政部副部长谢尔盖·斯托尔查克和总统办公厅主任谢尔盖·伊万诺夫在会前介绍会议筹备情况以及对峰会圆满召开的期待与信心。峰会前夕，普京总统也接受了第一频道的专访，主要就中美关系、经济发展、司法系统改革和叙利亚危机等问题发表了自己的见解。会中，第一频道两次引用了美国国务卿克里对叙利亚危机的回应。在峰会结束后，普京总统再次接受了第一频道的专访，就叙利亚危机和俄罗斯国防安全问题、俄罗斯司法系统的独立性等做出了明确的回答。

第一频道会中、会后阶段的报道还有一部分来自《二十国集团圣彼得堡峰会领导人宣言》。宣言指出，G20在改善金融市场形势、支持世界经济复苏方面采取了一系列重要措施，消除全球经济发展不平衡的工作还未结束。宣言认为，尽管G20采取了一系列行动，但世界经济复苏势头还相当脆弱，世界各地区经济增速还存在较大差距，风险仍在加剧。宣言说，刺激经济增长和创造就业岗位是 G20 的优先任务，各成员应采取果断措施改善就业状况，推动经济强劲、可持续和平衡增长。G20 领导人认为，确保对基础设施和中小企业进行长期投资对加速经济增长和创造就业岗位具有重要意义。宣言还说，G20 应在 2014 年 1 月底前完成国际货币基金组织第 15 次份额总检查。宣言强调，G20 成员应加强在能源领域的合作。

报道来源的权威性和区域的多样性使国际性事件的报道拥有了较为宽广的国际化视野，便于俄语观众在错综复杂的国际关系中客观分析形势，准确定位。

值得一提的是，俄罗斯第一频道对官方来源的报道十分重视，但并没有刻意炒作知名人士的行为，第一频道的会前、会中和会后报道的基调均以中性为主，都占总量的一半以上，构成报道的主体。也就是说，有一半以上的报道没有明显的倾向性，证明第一频道在对外传播的信息选择上，充分考虑到报道色彩的均衡性，避免片面性，以客观报道为主。此外兼有正面和负面报道，也表明了第一频道有自己的价值取向和评判标准，报道不失自身特色。

对新闻显著性的过度重视直接导致第一频道对民间声音关注不足。在第一频道的会前、会中和会后报道中，选择本国或外国的政府官员、新闻发言人作为消息来源的报道都超过 70%。说明第一频道在消息来源的选择上，偏重官方信息源，而对民间的声音反映不足。即便有民间声音或观点，也是以符合与支持官方观点的形式出现的，官方态度与民间态度严重失衡。

5. 接近性和趣味性

第一频道对圣彼得堡峰会的报道以严肃的政治新闻为主，然而在力图全面传达峰会内容的同时，还考虑到了报道信息与广大普通受众的接近程度。比如会前在报道有关名为"今日俄罗斯"的摄影展开幕时，就引用了一位南非摄影师的话。这位摄影师讲述了自己在欧洲旅行时总是被俄罗斯女人独特的美丽打动，便决定造访有着"未婚妻之城"之称的"伊万诺沃"进行创作。这些轻松有趣的小故事给观众营造了亲切愉悦的氛围。在会中阶段，第一频道还报道了罗马教皇给普京总统致信的新闻，让连续关注经济和政治等宏观领域事件的观众耳目一新，避免了观众产生"审美疲劳"。第一频道除了紧扣重大议题，还在政治领域的报道里穿插一些娱乐性的片段。如在介绍峰会首日晚宴各国对叙利亚危机的讨论后，描写了当晚东道主特意安排的文娱活动——《鲁斯兰和柳德米拉》芭蕾舞片段、激光秀和焰火表演。在被经济衰退、叙利亚危机等负面信息充斥的紧张背景下，有关各国携手共进、相互理解、达成一致的报道在一定程度上缓和了气氛，使观众产生认同感。

三　G20圣彼得堡峰会塔斯社报道分析

本文选取的来自俄罗斯主流媒体塔斯社的研究样本共56篇。其中，会前报道30篇，会中报道19篇，会后报道7篇。

（一）消息来源

在会前的30篇报道中，以俄罗斯国内外政府官员作为消息来源的报道有24篇，占所有会前报道的80%；消息来源为各领域的专家、教授、学者、分析员的报道共6篇，占20%。会中报道的消息来源为政府官员的有12篇，占总数的63.16%，消息来源为专家的有6篇，不明来源的有1篇。会后报道的消息来源依旧以政府官员为主，共4篇，占会后报道总数的57.14%。

由此可知，塔斯社在会前、会中、会后三个阶段新闻报道的主要消息来源都为政府官员，并且所占比例较大。

（二）报道题材

会前报道共30篇，分为经济类题材（10篇）、政治类题材（13篇）、社会类题材（7篇）三类，分别占会前总报道数的33.33%、43.33%、23.33%。会中共有19篇报道，为经济类题材（10篇）、政治类题材（7篇）、社会类题材（2篇）三类，分别约占会中报道数的52.63%、36.84%、10.53%。会后报道共7篇，政治类题材共5篇，占会后报道总数的71.43%；社会类题材为2篇，占28.57%。

1. 政治类题材

根据前文对政治类题材的细分，会前13篇政治类题材报道、会中7篇政治类题材报道可全部归为国际政治问题。会后政治类题材报道中，有关他国（英国、意大利、哈萨克斯坦、日本）对峰会主办方俄罗斯的评价占 4 篇。

2. 经济类题材

会前经济类报道共有 10 篇，会中经济类报道共 10 篇，而会后没有出现专门的经济类报道。这些报道主要涉及国际经贸关系、各国在经济领域进行的合作、国际经济组织（如国际货币基金组织）的活动、各国领导人对当今经济状况的分析与对未来经济形势的展望，可以发现塔斯社对国际经济给予了高度关注。

3. 社会类题材

社会类题材则分为劳动就业、能源环境、犯罪与暴力、难民及其他等类别。其中会前社会类题材报道共 7 篇，其中一篇关于"青年 G20"，其他均是报道圣彼得堡在峰会开始前的会议筹备工作，包括基础设施建设、硬件准备等。会中有 2 篇社会类题材的报道，会后有 2 篇。

（三）报道区域与报道涉及的国家或地区

1. 报道区域

在会前的 30 篇报道中，多边报道（19 篇）、国内报道（5 篇）、双边报道（6 篇），分别占总数的 63.33%、16.67%、20%。会中共 19 篇报道，分别为国内报道（5 篇）、多边报道（14 篇），分别约占 26.32%、73.68%。会后报道一共 7 篇，其中国外报道与多边报道篇数分别为 5 篇和 2 篇，各占总数的 71.43% 和 28.57%。

在会前与会中报道中，塔斯社在 G20 峰会问题上，更加关注多边关系，其次才是国内。会后，塔斯社根据峰会内容转变了部分报道区域，多边报道依旧是重点，并且更加关注国外报道，例如叙利亚问题，南非、德国、法国等国领导人的动态等。

2. 国际新闻报道涉及的国家或地区

在会前的 30 篇报道中，国际报道共有 25 篇。涉及欧盟国家（其中德国 1 篇、法国 2 篇）与美国的报道各 3 篇；涉及叙利亚的有 2 篇；涉及中国、印度的报道各 1 篇。会中 19 篇报道中，国际报道共有 14 篇。会后的 7 篇报道均为国际报道，其中 2 篇涉及欧盟国家（意大利、英国），1 篇涉及哈萨克斯坦，1 篇涉及日本。

总体来看，国际新闻报道中关于欧美国家的报道最多，其次是对叙利亚问题的有关报道。前者与经济依存度和政治矛盾有关，属于长期重点关注对象；对于叙利亚的关注，因为反恐与战争问题属于当下热门事实，具有暂时性。

（四）报道基调

在塔斯社的 56 篇报道中，正面报道为 19 篇，中性报道为 37 篇。会前 30 篇报道中，正面报道 7 篇，中性报道 23 篇；会中报道中，正面报道 6 篇，中性报道 13 篇；会后 7 篇报道中，正面报道 6 篇，中性报道 1 篇。负面报道均为 0。

有关 G20 峰会的报道中无负面报道，反映出"G20 峰会活动的积极部分或光明一面，它的基调是提倡和鼓励，它倡导某种现象或观念，以保持一定的活动道德水平和活动秩序，它强调平衡、和睦和稳定"。同时这说明塔斯社目的在于成为一个俄罗斯人民了解时事政治的国内权威媒体和国际社会了解俄罗斯的重要媒体。

塔斯社中性报道的篇数较多，这说明塔斯社新闻报道拥有高度的客观性与可信度。

（五）引语使用

在会前 30 篇报道中，以引语为主的报道有 28 篇，占全部报道的 93%。会中的 19 篇报道中，以引语为主的报道有 8 篇，其引语数全部在 5 句以上。会后报道共 7 篇，3 篇以介绍性语言为主，4 篇所用引语多于 5 句。

由此可知，塔斯社报道以引用为主，介绍性语言较少。对于大型会议的描述以介绍性语言为主，以概括新闻主要内容为目的，在表达会议主要观点时则多用引语，以提高报道的真实性和客观性。

（六）价值判断

1. 重要性

在会议的不同阶段，塔斯社对会议报道的侧重点有所不同，很好地反映了当时的热点问题。

（1）会前

2013 年 G20 峰会于 9 月 5 日在俄罗斯圣彼得堡召开。当时世界经济发展速度放缓，失业率较高，国际政治局势较为动荡。因而塔斯社在本次会议召开前期，对政治性议题的报道占43.33%。其中包括，针对性地报道了各国对叙利亚危机的不同立场，尤其是针对当局是否使用化学武器进行争论，代表西方立场的德国、法国等欧洲国家与俄罗斯的立场形成对比，最终各方都表示希望借助G20峰会这一契机进行多边谈判，有效解决叙利亚问题，保持国际政治局势稳定。此外，在美国总统是否出席此次峰会、此次峰会是否仍在俄罗斯举行这一问题上，塔斯社对白宫的立场进行了多次报道。反映"棱镜门"事件后，美俄关系发生的微妙变化。

关于经济发展问题的报道，其中包括关于国际货币基金组织的决议、改革全球经济体系、淘汰货币制度、开展多边经济合作等诸多议题。另外，塔斯社对国际货币基金组织就G20峰会议程表示支持和为解决全球经济问题所制定的措施进行了详细的跟踪报道。其中包括，全面落实政治决定以结束政治不确定性，旨在使各国能够在世界经济的逐步发展中恢复自信；对国际金融进行彻底改革；侧重于发展实体经济、保持经济增长，创造更多的就业岗位；等等。同时，塔斯社还聚焦普京总统针对峰会议题的发言。如，普京总统概述峰会议程，包括刺激投资、为整体经济复苏和世界经济长期发展创造条件；普京提议建立能源协调委员会；等等。

需要留意的是，作为本次峰会的东道主，俄罗斯密切关注其他与会国家、组织领导人出席峰会情况。除美国总统、联合国秘书长、欧盟等国家领导人外，值得一提的是，南非总统在接受邀请的同时也表达了对双方发展战略伙伴互利关系的美好展望，希望与俄罗斯在发展双边关系的同时，在解决地区、多边问题上开展积极合作。中国方面则表示将在G20峰会上讨论全球经济改革相关问题。

至于社会类题材，塔斯社报道的数量较少，篇幅相对也较短。主要涉及圣彼得堡所做的会议筹备工作、基础设施的建设情况，两次提到了自机场到会场的道路修建和开放情况。此外，会前的两篇报道中还提到了青年G20、商业G20一系列议题。

（2）会中

关于与会国讨论叙利亚问题的报道数量显著增加。这反映出即便是以经济合作为主的G20峰会也对该问题高度关切。各国对此都十分重视，主要争论的焦点在于叙利亚当局是否使用化学武器，英国给出的当局使用化学武器的证据是否确凿，谈判进展等。但是，叙利亚方面并未出席本次谈判，塔斯社对其回应没有做出具体的报道。

塔斯社对会议日程进行了跟踪报道，报道了普京在峰会上与各方会晤情况，以及会议讨论结果等。其中日本秘书长向媒体表达了日本首相安倍与习近平主席会面的重大意义，并对中日关系的现状和未来发表观点，但中方并未对此做出回应。

会议第二天，塔斯社便对会议发布的长达 35 页、包括序言的《领导人宣言》进行了详细的分析总结。宣言称，各国领导人将为世界经济复苏创造条件，努力保持经济增长、刺激投资、创造就业岗位，强调了经济增长应当侧重于制定经济发展的长期目标。宣言的正文部分为框架协议，包括实现稳定、平衡、可靠的经济增长的目标，通过国际合作、一致行动完成稳定世界经济秩序、调控金融体系的任务。

（3）会后

会后的报道集中体现在各方对会议成果的评价。

意大利总理高度赞扬俄罗斯在举办峰会期间所取得的成果，称双边－多边关系达到了新高度，期待与俄罗斯在 G8 会议中进一步合作，也希望以意大利为代表的欧盟能与俄罗斯摒弃前嫌，积极开展合作。日本方面也表达了希望在来年的 G8 会议上与俄罗斯进行建设性对话，肯定了 2013 年俄日在联合反恐、调节区域冲突上的合作，称 G20 圣彼得堡峰会为强化俄日双边对话提供了可能。

然而，对本次峰会在政治方面取得的成果，各方褒贬不一。其中的重点仍是叙利亚问题。不论是会议前还是会议期间，塔斯社都对叙利亚问题做了大量报道。英国首相卡梅伦认为，本次峰会未能使与会者在叙利亚问题上达成一致，对于支持叙利亚当局还是反对派仍存在分歧。哈萨克斯坦外交部长则认为，圣彼得堡峰会为解决叙利亚问题奠定了基础。

此外，在教皇的号召下，为祈求叙利亚和平的世界性规模的祷告和斋戒活动在梵蒂冈圣彼得广场上举行。塔斯社将这一事件作为 G20 峰会的后续报道。

总的来说，会后针对俄罗斯方面的报道较少，多为关于别国对会议的评价性报道。

2. 时效性

（1）会前

在 G20 峰会开始之前，塔斯社对会议筹备工作做了较为详细的报道，主要关注出席会议的相关方的立场态度、会议期间基础设施、媒体运行等工作。在峰会召开前期，塔斯社对叙利亚问题也进行了多次报道。对法国总统、德国总理、土耳其副总理等国官员的立场进行了具体报道。对西方国家和俄罗斯的立场进行了对比，表示各方对此事都极为关切，并将解决叙利亚问题纳入会议日程。各方都期望借助峰会举行谈判，尽快稳定叙利亚局势，形成稳定的国际政治环境。

此外，与会国的最新经济动态也在第一时间得到报道。比如南非与俄罗斯双边合作的现状与未来发展趋势，墨西哥总统对世界经济恢复持续增长的期望，国际货币基金组织的决议，联合国对各国、各地区合作关系发展的期待。

（2）会中

塔斯社针对9月5日、6日两天中的主要事件分别做了特别报道。主题广泛，涉及G20峰会、叙利亚危机、政府、远东洪灾、欧元区经济形势、独联体波罗的海沿岸国家、文化和宗教等。同时，塔斯社密切跟踪会议日程，对峰会每一阶段都进行了密切的跟踪报道。

（3）会后

塔斯社及时对《领导人宣言》进行了全面解读，并将各国领导人的态度传达给大众。这有助于读者及时把握国家高层的政策与态度。

3. 接近性和趣味性

（1）会前

在报道中，在青年群体的发声逐渐受到关注与重视、社交媒体得到广泛应用的背景下，塔斯社敏锐地捕捉到这一新动态，对青年G20会议进行了详细的报道。报道包括诸多方面的内容，如青年G20参与国家以及参与人群、举办方式、主要议题等，并对活动发起者进行了采访。对于多数情况下只关注主流大众传媒对峰会报道的读者来说，这类消息是极为有益的补充。这一趋势有利于更多的普通民众，特别是青年群体，参与到国际事务中，培养本国青年的国际视野。同时也有利于国家对下层发声给予关注。此外，塔斯社还针对商业G20进行了一定报道。

（2）会中

会中报道多为领导人会晤内容和峰会召开期间出现的重大事件，很少出现针对普通民众的采访。

在会议召开期间，塔斯社对于本国的会议筹备工作花费、峰会成果进行了报道。会议召开期间，与会者对食宿条件均表示非常满意，对主办方的工作表示肯定。俄罗斯总统新闻局长、普京发言人别斯科夫表示本次会议费用合理。在报道选材方面，塔斯社重点关注的仍是 G20 国家领导人和与会组织，对新兴经济体和发展中国家的关注度明显不足。此外，塔斯社在报道中还多次提到了次年（2014 年）将在俄罗斯举行的 G8 峰会。

4. 客观性

塔斯社的绝大多数报道基调为中性。即便对于言辞较为强硬、激烈，带有鲜明感情色彩的发言者，塔斯社也没有做出主观评价。比如英国首相卡梅伦对 G20 峰会在叙利亚问题上达成的成果持否定态度，德国总理在会前表示借助峰会解决叙利亚问题希望不大，塔斯社仅直接引用其话语，不做任何评价。

A Study of Russian Media's Coverage of G20 St. Petersburg Summit

CHEN Weiqing, WANG Diqing, LI Nuan

Abstract: Channel One is the largest TV channel in Russia. Its coverage is targeted at the needs of the audience and is characterized by inheritance and innovation. TASS is the Russian central news agency, possessing the characteristics of authority of objectivity, and reliability of information. This article attempts to study the Channel One and TASS reporting on G20 Summit in St. Petersburg in 2013, and to explore the agenda-setting and the external communication concept of the coverage, in which the respective characteristics and perspective narrative strategy are also reflected.

Keywords: Channel One Russia; TASS; St. Petersburg; G20 Summit

G20布里斯班峰会
澳大利亚媒体报道研究

江　璐[*]

摘要：本文选取了澳大利亚三家主流媒体和社交媒体推特，对其在2014年G20布里斯班峰会前后的会议报道进行话语分析，考察澳大利亚媒体在报道国际会议时的特点与经验。研究发现：澳大利亚传统媒体和新媒体对于重大国际会议的报道主要集中在会前的宣传造势。新媒体平台主要用于播报即时信息，为受众提供丰富多元的信息；而传统媒体能进行更有深度、广度的报道。在报道内容上，传统媒体倾向于客观报道会议的方方面面，而新媒体平台则可以更直接地发表对会议的主观感受。澳媒体善于替民众发声，因此，除了会议宣传的官方声音之外，更多的报道体现了民众对此次峰会"劳民伤财"的不满。

关键词：澳大利亚　国际会议报道　新媒体　话语分析　G20布里斯班峰会

一　研究背景

举办国际会议对主办城市的经济、社会带动效应不言而喻。如一位美国市长感叹："如果在我这个城市开一个国际会议，就好比有一架飞机在我们

---

[*]　江璐，北京外国语大学高级翻译学院讲师、国际新闻与传播学院博士生。

头顶上撒美元。"① 主办城市从基础设施到服务保障,都将在全球参会者的检视中得到洗礼。当然,除了"利",国际会议带来的更多的是"名":是城市打响国际知名度、提高国际话语权、打造城市软实力,从而提升资源聚集能力、把握发展机遇的重要一步。然而这一步是否能够成功迈出,则取决于会议新闻报道的特点以及对城市形象塑造的作用。所谓会议新闻报道,是指及时获悉具有新闻价值的有关会议活动的信息,主要包括会议议题、讨论情况、达成的协议。② 因国际会议的内容具有全球价值,往往能引起人们普遍关注,因此国际会议报道是新闻报道的重要组成部分。

二十国集团(G20)首脑峰会是促进工业化国家和新兴市场国家就国际经济、货币政策和金融体系等重要问题开展富有建设性和开放性的对话的重要非正式合作机制,近年来已成为牵动世界目光的国际会议。G20 峰会的主办城市在其成员国内选出,虽有华盛顿、伦敦这样的国际政治、经济中心,但更多的是在风景优美的非首都国家举行,比如墨西哥洛斯卡沃斯这样名不见经传的小城镇。利用好举办 G20 首脑峰会的契机,成功的会议新闻报道往往能让这些主办城市大放异彩、惊艳世界。借鉴这些国家在国际会议报道上的成功经验,将助力我国对在国内举办的国际会议进行有效国际传播,提升城市形象和国家形象。

2014 年 11 月 15 日至 16 日,澳大利亚第三大城市布里斯班举办第 11 次 G20 首脑峰会。在两年筹备期中,澳大利亚政府共拨款 3.6 亿澳元③。为保证会议顺利进行,其间市民放假、封路限行多措并举。本次峰会共吸引 3000 余名与会代表和 4000 多家媒体,当然还有西方社会必不可少的抗议人群。曾经孕育了传媒大亨的澳大利亚媒体如何报道这项斥资巨大、万象纷呈的世界级会议,对中国举办国际会议能提供怎样的经验,是笔者关注的焦点。

二 文献回顾和研究设计

国内对国际会议报道的研究主要是从新闻实务的角度入手。大量学者和

---

① 佚名:《展会经济与世界贸易》,《上海经济》2011 年第 4 期,第 31 页。
② 靖鸣:《会议新闻学》,中国传媒大学出版社,2007,第 69 页。
③ 李景卫等:《布里斯班喜迎 G20 峰会》,2014 年 11 月 14 日,人民网,参见 http://world.people.com.cn/n/2014/1114/c1002-26019699.html。

实践者都指出会议新闻报道中存在写作模式僵化、文风呆板、可读性差等问题，并且就现有问题的解决进行过有益探索。吴世文①对比中西方会议报道的特点，指出双方在报道观念、报道思维与报道风格上的差异，提出"新闻本位"与"会议本位"、"主办者视角"与"受众视角"、"严肃性"与"可读性"这几对矛盾。在媒介生态发生变化、媒体融合大势所趋的背景下，近两年关于国际会议报道的研究对象已从简单的纸媒报道拓展到了各类新媒体、新平台上的多媒体报道。②

通过文献回顾可以发现，现有文献中缺少对国际会议新闻报道典型案例的梳理，多是仅从学理、业务视角出发，颇有些纸上谈兵的意味，对实践的指导和借鉴意义不大。为此，本文将对 G20 布里斯班峰会举办前后澳大利亚主要通讯社、纸媒、广播新闻媒体及新媒体平台的相关报道做全景式扫描，通过对个案的深入解读，为中国媒体报道国际会议提供实践和理论支持，从而提升中国媒体的国际话语权，帮助中国更好地参与全球治理。为研究传统媒体，笔者在 Lexis Nexis 数据库中选取了 2014 年 11 月 1～30 日澳大利亚联合通讯社（"澳联社"）、《澳大利亚人报》和澳大利亚广播公司（"ABC"）对布里斯班峰会的全部报道。通过内容分析和话语分析，考察会前、会中、会后的报道内容、报道形式及传播效果。对于新媒体平台，笔者选取了@G20Australia、@Trade & Invest QLD G20 以及@G20S C 三个推特账号所有关于 G20 布里斯班峰会的报道进行研究。

具体来说，本文通过对 G20 布里斯班峰会传统媒体和新媒体报道的分析解读，回答以下几个问题：

1. 会议前后报道趋势如何？

2. 会议前后的议程设置有何特点？是通过何种传播形式实现对议程的设置的？

3. 澳大利亚主流媒体对 G20 布里斯班峰会报道的倾向性如何？

---

① 吴世文：《比较视野下的中西媒体会议新闻报道》，《新闻传播》2009 年第 10 期。
② 崔丽娜：《浅谈会议新闻报道的现状及对策》，《新闻传播》2012 年第 9 期；薛晓薇：《变中求新：国家会议新闻的融合报道分析》，《新闻知识》2015 年第 11 期；张晓峰：《会议新闻报道的现状及对策分析》，《新闻传播》2013 年第 2 期；张洁：《新媒体环境下会议新闻报道革新——以〈人民日报〉纸质版及其微信平台上 2015 年"两会"报道为例》，华中师范大学硕士学位论文，2015。

三 发现与讨论

(一) 传统媒体平台

1. 报道数量和趋势

剔除重复和无效数据，澳联社、《澳大利亚人报》和 ABC 在 2014 年 11 月涉及 G20 峰会的报道分别为 351 篇、135 篇、188 篇。其中以峰会作为主题的报道分别为 208 篇、86 篇、95 篇（见表 1）。从日均报道量来看，峰会举办期间的报道最为密集，其次是会前造势阶段，会后的报道量明显减少。

表 1　G20 布里斯班峰会澳大利亚媒体报道数量及时段分布

单位：篇

	会前(11 月 1 日~14 日)	会中(11 月 15 日~16 日)	会后(11 月 17 日~30 日)	总计
澳联社	124	74	10	208
《澳大利亚人报》	54	22	10	86
ABC	54	14	27	95
总计	232	110	47	389

为进一步观察报道趋势，笔者考察了三家媒体每两天内的 G20 峰会报道情况并进行了统计，本研究日期正好可以分为 15 个单位（见图 1）。虽然由于报道体裁不同，报道数量存在一定差异，但是不难看出从峰会举办前两周开始三者就纷纷开始对此次会议进行报道，从峰会举办前一周开始报道量同时出现大幅度增长，直到峰会召开的两天达到峰值，随后在一周内减少为零。

从新闻体裁上看，澳联社和 ABC 以新闻通稿为主，多在 200~500 词，篇幅短小精悍、语言平实简洁；《澳大利亚人报》以特写、评论居多，字数多在 1000 词左右。根据澳联社和《澳大利亚人报》自带的"新闻栏目"分类，可以发现对于 G20 峰会的报道主要被归为澳大利亚"国内新闻"和"商业新闻"。

2. 信息源

本文中，凡是以 G20 布里斯班峰会为主题的报道中的关于峰会的观点或看法被直接或间接引用的人/机构均记为信息源。信息源的数量和种类越

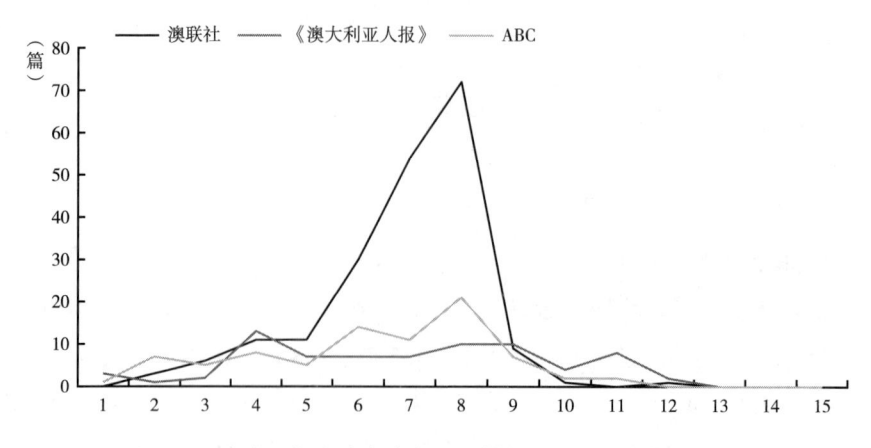

图 1　G20 布里斯班峰会澳大利亚媒体每两天报道数量分布

多，报道反映的观点就越平衡，也就越可能实现报道的客观性。本文将主要信息源分为学者、商界人士、政府部门（细分为澳大利亚政府和他国政府）、国际组织、媒体机构、声明/官方文件、布里斯班市民、示威游行者等。澳联社、《澳大利亚人报》、ABC 的信息源数分别为 263 个、109 个、160 个，平均信息源数为 1.4 个。从图 2 可以看出，各类信息源数量排序在三家媒体中存在很高的一致性。出现最频繁的信息源类别是澳大利亚政府，可见澳政府对此次会议的重视程度。同时，澳政府作为信息源也从客观上对活动筹备、组织、进展、成果等提供准确信息和高曝光率。总量排名第二的信息源类别是国际组织，作为重要国际会议的报道，这一点也不难理解：国际组织信息源对此次会议的评价更具有权威性和全球话语权。排名第三的是商界人士，这一点与二十国集团作为经济合作论坛的性质不谋而合，也与报道所在栏目主要集中于"商业新闻"相吻合。此外，引用其他国家政府对峰会的报道、评价，从侧面反映出此次峰会的国际影响力，也是澳大利亚媒体"借人之口"进行峰会报道的策略之一。其他的信息源还包括《布里斯班行动计划》等峰会正式成果文件和声明、《中国日报》等其他媒体、布里斯班市民和西方国家举办大型国际会议基本不会缺席的示威游行人员，可以说囊括了各个社会阶层、部门。比如说，澳联社在会后有两篇报道与 G20 的经济效应有关，分别报道了举办峰会对提振布里斯班旅游业的积极作用与峰会安保和戒严措施对当地商业的负面影响，采访对象包括峰会志愿者、当地旅游局官员等。这两篇报道的视角既相互补充又构成冲突，不仅提高了报道的可读性，也充分说明了其客观性和可信度。

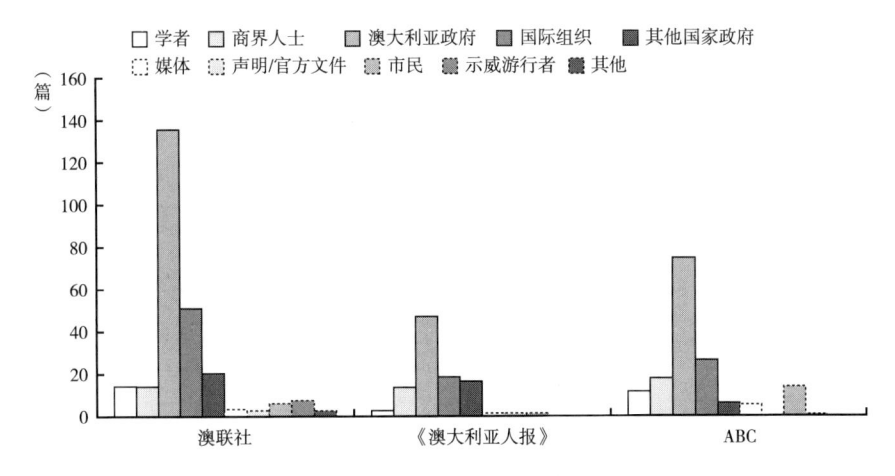

图 2　G20 布里斯班峰会澳大利亚媒体报道信息源分布

3. 议程设置

为更好地理解澳大利亚主流媒体此次峰会报道的内容特点，笔者对会议（包括会前、会中、会后）有效报道的内容进行了分类，主要包括：第一，会议筹备、后勤、安保；第二，会议议题设置、内容、进程、焦点（主要分为三块：各国领导参会情况/会前各方诉求/会议讨论的内容）；第三，会议成果、影响、作用（主要分为两块：会议达成的成果、会议对布里斯班未来的作用和影响）；第四，会议相关其他信息（主要包括抗议活动、布里斯班气温）（见图 3a、图 3b、图 3c）。

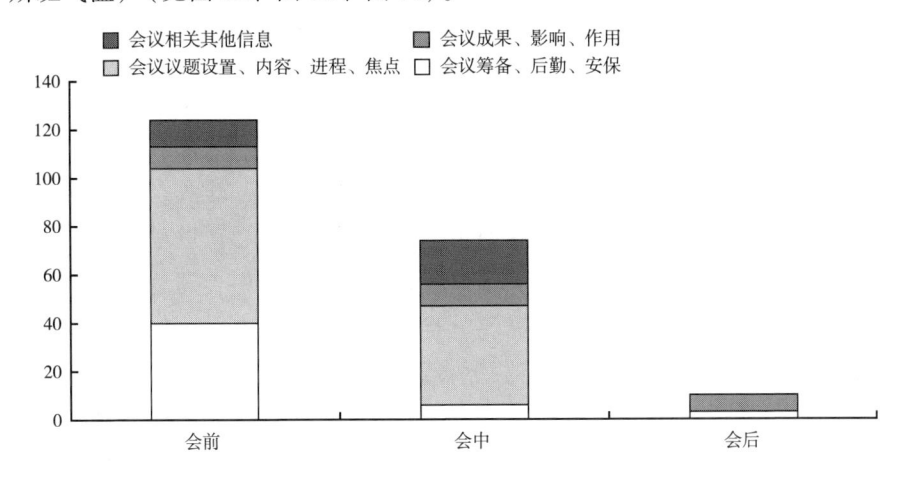

图 3a　澳联社 G20 峰会报道类别数量

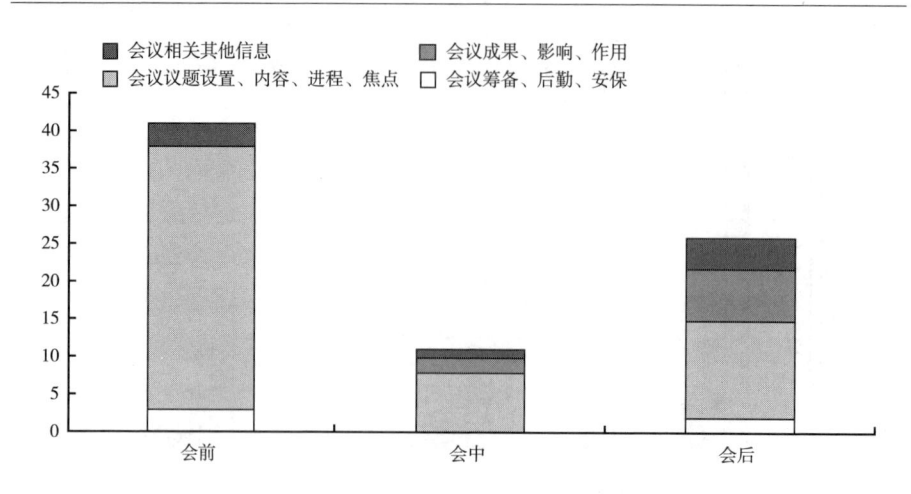

图 3b 《澳大利亚人报》G20 峰会报道类别数量

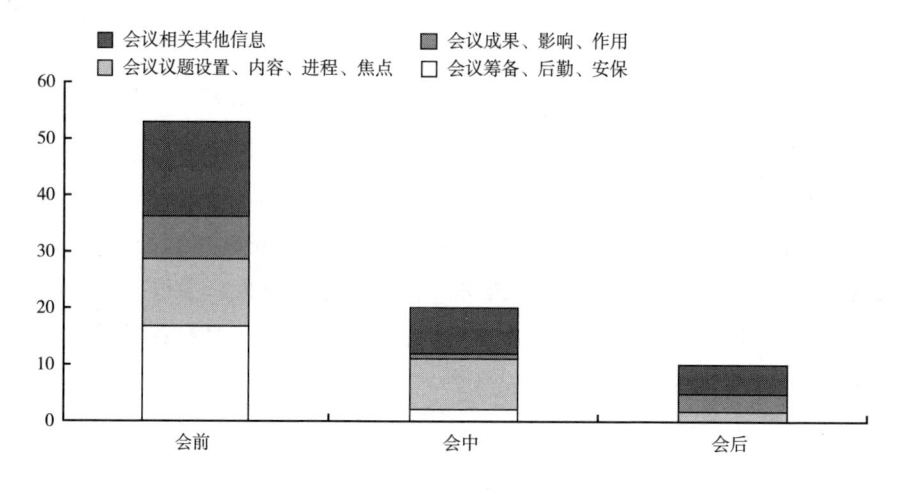

图 3c ABC 的 G20 峰会报道类别数量

与大多数国际会议报道相似，会议内容、议题设置、进程是 G20 峰会会前和会后报道的最主要部分。在这两个时间段内，关于会议进程的报道内容均包含出席会议的各国领导人和会议议程设置情况。其中美国总统奥巴马的"名人效应"和传播号召力最为显著。而因"乌克兰危机"而充满"争议"的俄罗斯总统普京同样引起诸多话题。领导人与会细节也成为报道的一个关注点，例如德国总理默克尔在会上耳机出现故障亦引起媒体关注并报道。

不过虽然同样报道会议内容，两个时间段报道的侧重点又有所不同。比如会前澳联社报道了商业团体、工会组织、NGO 等利益攸关方对峰会的期待和立场，并介绍了东道国政府对议题设置的构想，充分反映了各方诉求。而会中则重点报道实际讨论的议题，其中又以经济贸易为报道的重点。对比会前和会中关于议题设置的报道，不难发现存在差别和冲突。比如一则报道标题为《阿博特：气候变化将不会出现在 G20 议题中》，而另一篇标题为《昆士兰四万人签署请愿书》的新闻则报道了市民组织要求 G20 领导人在峰会上推进气候变化应对行动的请愿。同样，《澳大利亚人报》会前一则标题为《没有时间进行气候讨论》的报道提到此次 G20 峰会不会将气候变化问题提上议程，而在会后又报道了 6 篇奥巴马关于气候变化演讲的新闻。就澳联社而言，会中关于气候变化议题的专题报道更是占了 41 篇中的 6 篇，比如《在气候变化问题上，澳大利亚败下阵来》、《气候变化溜进了 G20 议程》等。这一方面反映了气候变化在澳大利亚已成为两党斗争的主要阵地，也反映出本次峰会在应对国际问题上的作用。会议期间的内容报道还有一个明显的特点：短讯居多。比如在 11 月 15 日和 16 日两个会议日，澳联社曾在 14：30 和 17：30 刊登若干次《G20 峰会新闻汇编》，以短讯形式报道 G20 峰会的热点话题、成果等信息。此外还有其他集锦类新闻，如《G20 峰会将会怎样改变你的生活》这篇报道从气候、税收、女性赋权、经济增长等介绍了会议的重要性；《G20 峰会上他们都说了些什么》则引用了澳大利亚总理、美国总统、加拿大总理等领导人的发言对峰会进程进行了报道；而《G20 峰会上的那些人》则列出了出席会议的大佬名录，成为会议宣传的一大亮点。

  会前关于会议筹备情况的报道，其中以介绍安保情况的报道偏多。从中可以看出，为保障会议的顺利举行，布里斯班政府不仅采取了城区戒严、交通管制、黑名单制度等行政措施，甚至动用了特殊立法，为警察执法提供法律保障。《澳大利亚人报》的一篇标题为《安保工作对商业造成冲击》，还从另一角度出发，介绍澳政府为了会议进行安保布置，小商店因此关门停业，对生意造成影响。此外，媒体中心的启用、机场设立自拍区让游客可以与领导人集体照合影等也有报道。

  澳联社会后报道主要集中在会议成果、影响方面，比如澳中签订《气候变化谅解备忘录》、G20 峰会导致布里斯班商业不景气、有关 G20 峰会的推文促进布里斯班旅游业发展等，既关注峰会在会议议题上取得的进展，也评价对布里斯班城市发展的影响，此外还有关注峰会安保等后勤工作的报道。《澳大利亚人报》会后报道也重点对会议成果和影响进行说明，比如 G20 峰会制定的全球经济增长的目标、G20 峰会提升世界对布里斯班的关注度等。但是从报道数量来看，会议的议程和内容在《澳大利亚人报》的会后报道中依然是最重要的组成部分，报道的角度既有事件本身的呈现，如奥巴马无视美国驻澳大使的劝阻在 G20 峰会发表气候变化演讲、会议中各国与会领导人的活动、普京提前离开布里斯班，也有对事件本身的评论，如评论阿博特政府在会前、会中的表现并不令人满意，评价反自由贸易抗议者的抗议是不理智的，等等。

与澳联社和《澳大利亚人报》不同，在总量上，ABC 关于会议其他信息的报道是其 G20 峰会报道最主要的部分，其中人情味浓的软性报道最多。例如在会中阶段，ABC 有 9 篇关于会议的议题设置、内容、进程、焦点等的报道，而相对轻松的软性新闻仍有 8 篇之多。其中，各国领导人的"会外"生活成为 ABC 一大关注点。两篇标题分别为《各国领导人在峰会旅行中参观考拉》、《各国领导人配偶在禁猎区参观野生动物》的报道都聚焦于参会领导人及其家人与澳大利亚旅游招牌——野生动物的亲密接触。而一篇标题为《各国领导人在推特分享峰会经历》，则盘点了各国领导人在会议期间的网络社交表现，多数为轻松的合影及趣闻。ABC 的软性报道另一关注点在于参会领导人与普通人民的接触。会前阶段一篇标题为《飞机观察爱好者期待各国领导人到来》的报道、会中阶段一篇标题为《布里斯班居民出门围观世界领导》的报道，以及会后阶段一篇标题为《布里斯班厨师的愉快经历：奥巴马说还会再来吃》的报道，都展现了 G20 峰会期间普通民众与世界各国领导人充满人情味的故事。

4. 报道倾向

笔者发现，澳大利亚媒体对 G20 布里斯班峰会的报道信息来源呈现多元化特点，充分反映各方诉求和观点。虽有轻松有趣的软新闻，但似乎对澳大利亚举办 G20 峰会的负面报道占上风。

认为布里斯班举办 G20 峰会颇为"劳民伤财"，甚至一度让布市变成"鬼城"。这些报道的时间（会前或会后）、叙述的角度可能不同，但都不同程度地表现了 G20 峰会对布里斯班人民正常生活的"打扰"。例如：

> 随着各国领导人为参加 G20 峰会"降落"在布里斯班，布里斯班的每个人都在逃向海滩。一份来自旅游和度假公司 Wotif.com 的报告称，G20 峰会期间国内外游客数量呈现大幅度增长。（《随着领导人抵达，昆士兰居民逃向海滩》，ABC，2014 年 11 月 6 日）

布里斯班的领导者称他们不希望来参加 G20 峰会的代表们看到一个空无一人的"鬼城",但这就是事实。因为人们都成群结队地离开布里斯班,绝大多数市中心的商人已经关掉了店铺,绝望地远离为了各国领导人的安全而设置的笼罩了整个城市的安保网。(《在 G20 峰会前,布里斯班城空了》,澳联社,2014 年 11 月 14 日)

随着一个扰乱性的 G20 峰会周结束,布里斯班正在慢慢恢复到正常状态,路障撤下,道路重开,公共交通恢复正常。(《布里斯班在 G20 峰会后回归正常》,澳联社,2014 年 11 月 17 日)

警方为了阻止反对 G20 峰会召开的抗议者,加强安保的力度,布里斯班城里的小生意却因此遭受到了经济上的直接打击。一些银行和房地产开发商告诉员工不用到位于商业中心的总部上班,只需在家办公或远程办公。这导致了城里的工作员工数量的减少。咖啡店、新闻社和其他零售商已经感受到了压力。来自昆士兰工商会的尼克·贝伦斯表示,他预想过群众抗议会导致许多商店在 G20 峰会举行的一周时间里关门。但让他惊讶的是,这种低迷现在就已经开始了。(《安保行动造成经济低迷》,《澳大利亚人报》2014 年 11 月 13 日)

质疑澳大利亚政府在布里斯班的表现,成为国内政治斗争延续的话语场。这些报道关注澳大利亚时任总理托尼·阿博特及政府在 G20 峰会中的表现,以及澳大利亚反对党(工党)领袖比尔·肖顿相应的评论,反映出国内政治斗争的激烈及两党之间的矛盾。例如:

阿博特对气候变化的回应则是他那 25 亿美元的碳减排资金,以及 100 亿美元的"清洁能源贷款公司"。虽然他实际上想放弃这个公司,但参议院阻止了他。对于工党领袖肖顿来说,这简直是个任意球得分,他声称对澳大利亚来说,G20 峰会的一周简直在不断错失良机。"对于我们总理做出的奇怪的、狭隘的、微不足道的付出,不管国内还是国际都会非常失望。"(《对阿博特的峰会表现做出裁决》,澳联社,2014 年 11 月 21 日)

阿博特总理告诉各国领导人他在国内事务(医疗服务共担额、对大学收费)上,为平衡预算所做的努力都被反对党浇了冷水。"说句好听的,这既荒唐又失礼。往坏了说,整个澳大利亚都在灾难般地错失良机。"工党领袖肖顿在声明中说道。(《总理在 G20 峰会上议论国内事务"荒唐又失礼"》,ABC,2014 年 11 月 15 日)

总理没有成功定义会议核心问题,也没有成功地向投票人解释他正在做的事情与为什么要这么做。重要的是他的政治信誉,依然还是原样。如果他一直允许对手掌控着议程,阿博特先生将面临成为"只任一届的议员"的风险。

阿博特政府常常把媒体的空间腾让给别人,这令人感到抓狂。而比尔·肖顿、播报员阿兰·琼斯、平民特技替身演员克莱夫·帕尔默则常常是设置议程的那些人。作为曾是记者、优秀作家、残酷的反对党人,阿博特先生应当意识到语言和图片的力量。然而,他非凡的语言技能好像已经消失了。除了一些正式的作品以外,他失去了自己权威的声音。当然,责备装备不好和新手顾问是没有用的,总理办公室被柯利德琳掌控,当然也包括媒介策略这件事情。(《阿博特政府注定不会讲故事》,《澳大利亚人报》2014 年 11 月 22 日)

对 G20 成果能否转化为现实的质疑。澳大利亚媒体对 G20 峰会讨论的成果能否转化成现实、G20 峰会能否促进布里斯班城市和旅游业的发展以及 G20 峰会制订的行动计划是否具有价值抱有一定程度的质疑。例如:

尽管在峰会期间,全市的酒店都被预订一空,但咖啡店、餐厅、零售商可能会遭殃了。经济学家吉尼·塔尼(Gene Tunny)告诉记者,尽管各国代表将住进酒店,G20 峰会带来的持续的经济效益可能无法和 1988 年世博会相比。"二者根本没法比"。1988 年世博会召开的时间更长,有来自国内外的 1600 万名旅客。它完全改变了布里斯班,实际上南方银行就是从中诞生的。G20 不会带来任何可以与之相比的东西。当然,澳大利亚参与类似这样的国际论坛,是有利并且重要的,但我怀疑对布里斯班来说这到底是不是件好事。

政府希望在峰会期间关于布里斯班的新闻报道能促进未来旅游业的发展。但塔尼认为效果微乎其微。"难道有人还记得上届 G20 峰会在哪儿开的吗?"塔尼问道。(《G20 布里斯班峰会与 1988 年世博会:哪一个会让你的钱包更鼓?》,ABC,2014 年 11 月 14 日)

G20 参会国可能会重复利用过去的经济增长提案来达到峰会所希望

的扩大会议成果的目的，一位国际政策分析师认为，阿博特希望 G20 峰会能够定下在未来五年内实现 2.1% 甚至更高的经济增长率的目标，但这位来自国际治理创新中心的政策分析师贝斯玛·莫曼（Bessma Momani）表示他并不会期待领导者能够在基础设施投资、创造就业机会等方面做出任何创新。"我认为我们将看到很多陈旧想法的不断循环，尽管国际货币基金组织和经济合作与发展组织已经努力去筛选提案了。"她在周日说道。(《分析师认为 G20 峰会不可能诞生新的经济增长政策》，澳联社，2014 年 11 月 16 日)

而事实上，（与 G20 圣彼得堡峰会相比）确实没有很大的不同，尽管布里斯班计划更加注重经济增长这一方面。值得注意的是，很多内容都是复制粘贴的。……《布里斯班行动计划》就属于这种类型。虽然看起来是很有价值的，但基本上属于废话连篇，他们就这么周而复始。……如果考虑国家的现实情况，在 2025 年将劳动市场中男女就业比的差距降到 20% 是布里斯班行动计划的一个不合理创新。当然，当前的 G20 峰会上的超级英雄们到时都已经离开了。(《G20 行动计划什么都没有牵涉到》，《澳大利亚人报》2014 年 11 月 22 日)

不过，**澳大利亚媒体也在报道中构建正面积极的 G20 峰会形象，但报道数量较少**。构建的方法往往是借普通群众和专家之口向公众传递积极的信息、回顾往届 G20 峰会带来的正面影响以及布里斯班为 G20 峰会做的充分的安保准备，以营造布里斯班治安稳定、文化生活丰富多彩的良好形象。例如：

大学生杰森·王（Jason Wang）在 G20 峰会周已经做了五天的志愿者。他作为一名酒店服务生在布里斯班市中心的斯坦福酒店工作。"G20 峰会是一个将世界团结在一起进行对话的平台。"很明显，对于一个面临诸多经济挑战的世界来说，这是极其重要的。毫无疑问它有着不可思议的氛围，很全面的安保就是一个表现。……莫林·阿特金斯（Maureen Atkins）在经过重重筛选和培训后，这周将作为一名交通指挥助手为 G20 峰会志愿服务。她说 G20 峰会志愿者的格言——FACE，有很重要的意义。"它的涵义是友好的、适应能力强的、坚定的、热情的。"……贝蒂·麦格雷迪（Betty McGrady）正在从事志愿者助手的工作。她说 G20 峰会是一个结交新朋友的好机会，同时能够向大家分享自己的原住民文化。……布莱尔·奥索普（Blair Allsopp）非常期待自己作为一名媒体助手在 G20 国际媒体中心工作。"这太令人兴奋了！布里斯班可很少有机会得到全世界媒体的关注，所以这对我来说是一个巨大的机会，去看看那些人是怎么工作的，并且参与其中。"（《超过 600 名 G20 峰会志愿者齐力呈现布里斯班》，ABC，2014 年 11 月 10 日）

  专家们表示他们在为每一种可能发生的意外做准备，包括布里斯班的街头抗议。他们正准备封锁即将要举行 G20 峰会的这座城市，而这是一个前所未有的安保措施的一部分。城市里将建立起军事检查站。6000 多名警员将会在布里斯班部署，来保证峰会和世界上最有权力的政治家们的安全。（《布里斯班为了 G20 峰会进行封锁》，ABC，2014 年 11 月 7 日）

  在布里斯班的 G20 文化盛会举办前夕到 11 月 9 日，城市里的 32 个地点将点亮 13000 盏彩灯。布里斯班将以展示艺术家的作品作为这次盛会的特色，这些艺术家包括萨莉·加伯里、菲奥娜·福莱、理查德·贝尔、丹尼尔·梅勒等。布里斯班的地标建筑将成为室外画廊。昆士兰表演艺术中心及市政厅也将受到特别的瞩目，尤其是将会在市政厅安置世界上第一台互动激光显示器。如果这还不够，昆士兰歌剧院和昆士兰交响乐团将合作录制这个盛事的配乐，昆士兰歌剧合唱团还会现场表演歌剧《阿伊达》中由朱塞佩·威尔第创作的《凯旋进行曲》。"G20 文化盛会将展示我们美丽的国家，不仅面向国际媒体和各国领导人，同时也包括澳大利亚的人民。我们想要展示这座城市最美好的一面，让它不管是看起来，还是听起来都更迷人"，创意总监朱诺·佩里如此说道。（《向世界展示的橱窗》，《澳大利亚人报》2014 年 11 月 3 日）

（二）社交媒体平台

1. 报道数量趋势

  Australia G20（@G20Australia）：该账号为 G20 研究中心的一位博士创建，其目的是播报有关 G20 布里斯班峰会的进展与更新状态。在 G20 峰会结束后，该账号还更新了 G20 安塔利亚峰会、G20 杭州峰会的相关报道。截至 2017 年 3 月 14 日，该账号共有 7985 个粉丝，共发布推文 437 条。G20

布里斯班峰会会前、会中、会后的推文量分别为137条、3条、1条。Australia G20（@G20Australia）为G20布里斯班峰会的主要官方推特账号。推文主要以文字为主，在普及G20峰会基本性质方面，采用图片以配合解释，该类推文共4条。在发布与各国领导人会晤或大会进展的推文时，该账号同样配了相关图片进行说明，该类推文共67条。

Trade & Invest QLD G20（@G20 QLD）：该账号推文展示了2014年G20峰会主办地昆士兰州所策划的一些活动（直译自其官方简介）。运用推特搜索功能键入关键词"G20"进行查询，可知该账号关于G20峰会共独立发布96条推文，时间跨度为2014年6月17日至12月7日，且在此期间其粉丝数量为298人。会前、会中、会后的推文数量分别为92条、2条、2条。其中纯文字推文15条（15.6%），30条推文选择使用图片进行意象表达（31.3%），42条推文包含外部链接（43.8%）。在包含外部链接的这42条推文中，该账户很好地整合了各类媒体资源：联动YouTube视频平台发布G20峰会宣传视频；联动视频直播网站Oursay直播市长解答关于G20峰会对布里斯班本地生活影响的问题；联动澳大利亚广播公司（ABC）介绍布里斯班市区为迎接G20峰会发生的变化以及警方筹备G20峰会安保工作的进展；联动澳大利亚传统媒体的网页版（《凯恩斯邮报》、《悉尼先驱晨报》、《信使邮报》），介绍本国与外国政府首脑对布里斯班市举办G20峰会的褒扬态度以及G20峰会对举办地经济增长的积极作用。

G20SC（@G20SC）：该账号是由澳大利亚政府及罗伊国际政策研究所共同组织的推特公共账号，旨在提供有关G20峰会的最新动态与分析。用推特搜索功能键入关键词"G20"进行查询，可知该账号关于G20峰会共独立发布135条推文，时间跨度为2013年11月27日至2014年11月16日，且在此期间其粉丝数量为1959人。会前、会中和会后的推文数量分别为：134条、1条、0条。纯文字推文占整个推文数量的29.5%，带有图片的推文占整个推文数量的12.8%，有57.7%的推文加入了外部链接。此外，除了单独的推文外，G20SC还适时选择与相关媒体（包括纸媒与电视媒体）的网络平台进行联动以提高传播效果，其中包括ABC、澳大利亚政府官方网站、罗伊国际政策研究所（同时也是@G20SC的主办方）以及《金融时报》。

很显然，澳大利亚（联邦和地方）政府对G20峰会的传播都给予了关注，并且采取不同的形式。推特主要是会前宣传传播工具，因此本文也主要关注其会前推文。

2. 议程设置

@G20Australia 于 2013 年 11 月 27 日发布第一条推文。至 11 月 30 日，除一条内容为 G20 本身性质、意义的科普外，新闻内容绝大多数为澳大利亚将主办 G20 峰会。此后，该账号主要发布欢迎与会使团到访、部分非成员国家将受邀出席、官方为 G20 峰会进行筹备工作等内容。该官方账号还发布了推出 G20 相关文化符号的文章，如会徽、纪念邮票等。这些文化符号均是从社会征集的。该账号还发布了 5 条向社会征集志愿者等鼓励大众参与的推文。自 2014 年 1 月起，该账号开始发布峰会主席对于 G20 峰会的愿景与目标。

此外，该账号还向大众推荐了与 G20 峰会相关的组织，如 Y20 等。Y20 为讨论 G20 经济议题的青年组织。该账号于 5 月发布了布里斯班旅游信息，但数量极少，仅有 1 条。

简而言之，该账号会前发布了 137 条推文，内容主要为：发布会徽、发布纪念邮票、科普 G20 意义及目的、引用政要对于 G20 的评价、跟进大会筹备进展、G20 成员国政要会晤、志愿者募集。跟进大会筹备进展、G20 成员国政要会晤的推文占大多数，共计 98 条。

@G20 QLD 的会前推文类型主要可以分为 7 类。（1）G20 成员国及与澳大利亚关系简介。此类推文共 14 条，覆盖国家与组织共计 10 个，其中重点关注的前三名分别为：韩国（3 条）；新加坡（2 条）；日本（2 条）。（2）布里斯班本地简介。此类推文共 8 条，主要以图片形式呈现布里斯班市全景，特别是南岸区（2 条）与城区（2 条）的自然与人文风光。（3）对本次 G20 峰会的评价。此类推文共 9 条，评价性质皆为正面，直接引用对象涉及澳大利亚驻外大使与其他国家驻澳大利亚大使；澳大利亚与外国政府首脑；澳大利亚本国媒体与外媒等。（4）媒体表现。此类推文共 4 条，主要为在凯恩斯举办的国际财长会议及布里斯班举办的 G20 峰会媒体登记情况即媒体表现。（5）布里斯班对外宾的欢迎。此类推文共计 5 条，主要内容为对 G20 峰会的倒计时以及政府对外资的欢迎。（6）商业活动的推广。此类推文共计 22 条，主要覆盖对象为 QTI 峰会（昆士兰贸易与投资峰会）、G20 文化项目（"免费音乐会"的活动、G20 文化游行活动）、各大公司高管对 G20 相关商业机遇的宣讲、公共市场与

G20 谈话会、G20 青年峰会（Y20）及面向世界大学的 G20 商业挑战赛。（7）政府政务工作与企划。此类推文共计 30 条，主要覆盖对象为 G20 峰会前的小型预热会议、举办于凯恩斯的国际财长会议、直播澳大利亚经济发展委员会（CEDA）的政策报告以及布里斯班市市长关于 G20 峰会对市民日常生活影响问题的解答。

可以看出，该账号推文主要起到了很好的"科普"作用——对布里斯班本地市民来说，该账号比联邦政府的账号更好地介绍了 G20 峰会成员国的相关情况，并通过直播连线市长活动让本地市民了解了 G20 峰会给本土生活带来的好处；对非本地人来说，除了可以了解布里斯班市的基本信息，通过接触该账号发布的大量有关 G20 峰会的政策与商业信息，也有利于自身在会议期间更好地融入当地社会并从事商业活动。

@G20SC 在 G20 峰会前的推文主要可以分为 6 类。（1）G20 峰会的筹备工作（11.5%）。（2）对 G20 峰会的评价与期望（34.6%）。（3）G20 峰会参会国家间的关系（9.1%）。（4）G20 峰会及相关会议介绍（19.2%）。（5）G20 峰会目标预测与解析（11.5%）。（6）G20 峰会配套政策与决议（14.1%）。和前两个账号的科普作用相比，@G20SC 有超过三分之一的推文是对 G20 峰会的评价和期望。其中，引用他人观点的有 7 条，自发性地发表观点的有 20 条。由此可以看出，比起零散地介绍 G20 峰会的某方面信息，该账号更倾向于用自身观点，或引用他人观点进行说服工作，潜在地发挥着意见领袖的功能。

3. 报道倾向

从发布的内容看，@G20Australia 和@G20 QLD 的推文对澳大利亚 G20 峰会直接或间接地表现出正面积极的态度。2014 年 11 月 30 日，@G20Australia 发推文称本次 G20 峰会是发展世界经济的良好契机。而在其报道事实一类的新闻中，由于推文字数限制，文章往往只有一句话，多用于描述事实本身，呈现中立态度。2014 年 9 月 20 日的一条图片推文则体现了澳大利亚本身的自然风景美丽的优势，向受众传播了澳大利亚风景优美这一软性元素。世界各大经济体财长的合影，则突出了 G20 峰会的重要性。而作为本次峰会主办国的澳大利亚，其实力地位也不言而喻。

@G20 QLD 团队的推文对 G20 峰会并没有直接表现价值取向。然而，他们通过大量引用这些"位高权重"的人对此次峰会以及举办城市的态度委婉地表达了自己的立场，且立场呈现出正向"一边倒"的趋势。如：

（G20布里斯班峰会是）世界最重要的互动平台。（乔伊·霍奇，前澳大利亚财政部长，现为澳大利亚驻美大使）

（G20布里斯班峰会是）历史上最大的全球聚会，G20成员将在今后五年内通过共同的承诺推动全球经济增长2%。（托尼·阿博特，澳大利亚总理）

（布里斯班是）一座集美貌、好气候、繁荣的经济于一体的城市，G20峰会会为这座城市带来长期收益。（G20峰会主办方与宣传片）

一定要把握G20峰会带来的机会。（蒂姆·尼克斯，澳大利亚昆士兰州自由国家党党魁）

G20让全世界的目光都聚焦凯恩斯。（维克多·伯顿，G20峰会主办方高级顾问）

还有一篇推文被转发14次，位居转发数量第一位；获赞3次，居获赞数量第三位。该推文选取了文字与图片相结合的媒体形式——图片中呈现的是傍晚时分的布里斯班全景，以鸟瞰的视角几乎涵盖了整个布里斯班市区。并且，布里斯班最繁华的中心商务区及举办文化活动最多的南布里斯班区占据了整张图片的60%~70%，为受众刻画了布里斯班市作为G20峰会主办城市富饶、发达与秀美的一面。此外，文字内容一方面显示了本次参会的人数之多、规模之大（3000多位会议代表、4000多家国内外媒体）；另一方面，图片配文语言风格风趣清新，"是时候铺开红毯，迎接……"展现了布里斯班市热情好客、万事俱备的一面。

相比之下，与智库合办的推特账号@G20SC则更具有批判性，对G20峰会的负面评价过半。这意味着该推特账号总体而言并不看好这次G20峰会，负面评价或预期主要集中在以下四个方面。（1）各国有不同的政治目标，很难在G20峰会上达成协议，形成强有力的决议。（2）经济可持续发展并未被提上G20峰会的议事日程。（3）各国在履行往届G20峰会的决议时拖泥带水。（4）借乌克兰问题在G20峰会上向俄罗斯施压或导致不良后果。

4. 传播效果

@G20Australia虽然与其他推特账号进行了互动，但仅仅存在点赞、转发两种形式的互动。且账号仅与组织、政要官员进行互动转发，并未与普通网民进行互动。因而传播效果不佳，评论、点赞、转发量极少。但该账号互动最为密切的是澳大利亚本国的政要与组织，且转发的推文呈正面态度。从国际角度看，该账号与来自俄罗斯、墨西哥、德国、意大利、阿根廷、加拿大、美国、法国、英国、爱尔兰、欧盟的政要或国际组织及部分 NGO 有过互动，互动的形式为转发推文。其中除一名欧盟官员对 G20 的各国财政部长协议表示赞赏外，其余推文均呈中立态度，仅陈述了与澳大利亚官员会晤的事实。

若是通过粉丝数量、回复数量、转发数量以及点赞数量来评判@ G20 QLD 的传播效果，该账号的表现差强人意。澳大利亚外事外贸部的账号动辄成千上万的粉丝数量与至少上三位数的点赞及转发次数足以埋没这个仅有不到 300 名粉丝、获转及点赞数量很难突破两位数且 96 条推文基本保持"零回复"的小号。但在国际舆情的把控上，该账号得分较高。它能联合国内外多家媒体，通过不同渠道采访到多国政府首脑，营造了对 G20 布里斯班峰会的一致正向舆论。此外，该账号在经营国际舆论方面的一个亮点在于其连续 9 个星期的每周一都推送了名为"本周国家"（Nation of This Week）的微科普栏目，并且在介绍韩国与印度尼西亚时，除了首先发布英文的介绍外，在后续跟进时还选择使用对象国语言发布推文。但该栏目的明显缺点在于，这种"多语言推送"形式仅是昙花一现，没有完整介绍"20 国"的同时，"微科普"涉及的国家概况也多半用一个链接草草带过，吸引受众的能力较差；推文发布后也并未与受众进行互动，导致知名度极低，传播效果较差。

与推特账号@ G20 QLD 类似，从@ G20SC 账号的转发数量、点赞数量可以看出其社会影响力较小、落地情况较差。从粉丝数量上看，@ G20SC 的粉丝数量约是@ G20 QLD 数量的 6.6 倍，但人均点赞指数（点赞数量/粉丝数量）只有 0.06——虽然@ G20 QLD 粉丝数少，但人均点赞指数是@ G20SC 的 21 倍。由此可以推断，如果排除@ G20SC 粉丝数存在虚高的情况，要么是 G20 粉丝长期习惯当"看客"，要么是@ G20SC 与用户缺乏互动。此外，@ G20SC 作为罗伊国际政策研究所的外宣平台，其内容自带的较强学术性使其在增加粉丝数量方面表现较差——尽管其推文言之凿凿有理有据，但最终仍因曲高和寡导致传播效果较弱。

从国际舆情角度讲，@ G20SC 在撰写推文方面有意识地选取了一些国内政治经济意见领袖的言论以加强该推文的国际影响，例如乔伊·霍奇、托尼·阿博特、萨提亚吉特·达斯（澳大利亚著名银行家）。并且，在在线小型座谈会中，邀请的嘉宾也分别来自不同的国家：丹尼尔·阿尔基布吉（意大利国家研究委员会主任、伦敦大学教授）、麦克·卡拉汉（澳大利亚罗伊国际政策研究所G20研究中心主任）、雅各布·维斯特嘉德（丹麦哥本哈根国际研究中心高级研究员）、彼得·哈吉纳尔（加拿大多伦多大学研究助理）。但可惜的是，尽管@G20SC在国际舆情把控上做出了相当大的努力，并没有外国媒体、外国推特账号在相关方面与之互动，国际影响力较弱。

结 论

本文对G20布里斯班峰会前后澳大利亚主流媒体及新媒体平台的相关报道进行了分析，发现二者对于重大国际会议的报道都主要集中在会前的宣传造势方面。新媒体平台主要用于播报即时信息，并可通过图片、外部链接等多种形式向受众提供丰富多元的信息，而传统媒体能进行更有深度、厚度的报道，二者各有千秋。在报道内容上，传统媒体主要集中于报道会议方方面面，而新媒体平台则可以更直接地发表对于峰会的主观感受。作为西方媒体的代表，澳大利亚媒体善于替民众发声，所以除了会议宣传的官方声音之外，更多的报道体现了民众对峰会"劳民伤财"的不满。

A Study on Australian Media's Coverage of G20 Brisbane Summit

JIANG Lu

Abstract: This paper selects three Australian mainstream media and three G20-related accounts on Twitter and conducts discourse analysis of their coverage of the 2014 Brisbane G20 summit before and after the event to examine the features of Australian media in reporting international conferences and events. This study finds that both traditional media and new media coverage are mainly concentrated on pre-conference promotion. The new media platform focuses more on real-time information, providing rich and diverse information to the audience; while traditional media focus on in-depth reports, in terms of the contents of reports traditional media report more objectively and the new media platform is inclined to subjective understanding of the events. The Australian media speak for the public. Therefore, it is natural to see many negative reports of the troubles caused by the G20 summit.

Keywords: Australia; Coverage of International Conferences; New Media; Discourse Analysis; G20 Brisbane Summit

G20 安塔利亚峰会土耳其媒体报道研究

关 博[*]

摘要： 二十国集团第十次峰会于 2015 年 11 月在土耳其南部海滨城市安塔利亚举行。各国领导人就世界经济形势、包容性增长、反恐等重要议题进行了讨论，发布了《安塔利亚峰会公报》。对于首次举办 G20 峰会的土耳其，研究其媒体对此次峰会的相关报道，对于我国媒体的国际会议报道具有一定的参考意义。本文将从主题、结构、话语等方面对此次安塔利亚峰会东道主土耳其媒体的相关新闻报道进行分析。

关键词： 二十国集团　安塔利亚峰会　土耳其媒体　新闻报道

一　样本选取

本文旨在分析土耳其本国媒体对 2015 年该国主办 G20 安塔利亚峰会的报道，重点分析土国媒体对峰会报道的内容、结构及话语特征。我们选择土耳其安纳托利亚通讯社以及土耳其广播电视台这两家主流媒体作为样本来源。

总部位于土耳其首都安卡拉的安纳托利亚通讯社（土耳其语：Anadolu Ajansı，又译作"阿纳多卢通讯社"，以下简称安通社）于 1920 年 4 月在土耳其共和国缔造者穆斯塔法·凯末尔的关怀下建立。安通社成立正值土耳其民族解放战争期间，当时奥斯曼帝国旧都伊斯坦布尔已被外敌攻占，多名民族知识分子在由帝国旧都向安卡拉转移途中决定成立自己的新闻通讯机构。

---

[*] 关博，北京外国语大学亚非学院讲师。

成立于战火中的安通社对于土耳其民族解放战争在通信、外宣方面发挥了重要的作用，也见证了不久之后土耳其大国民议会以及土耳其共和国的成立。安通社是土耳其最重要的官方新闻机构，其新闻立场代表着土耳其官方态度。

土耳其广播电视台（土耳其语：Türkiye Radyo Televizyon Kurumu，TRT）成立于1964年5月，是土耳其国家电视广播机构。在20世纪90年代初土耳其私营电视台出现之前，TRT曾是该国唯一的广播电视机构。在电视方面，TRT早期只有单一的TRT-1频道，80年代后期以来频道数量不断增多，频道分工也逐渐明确，现已发展出综合、体育、新闻、儿童、音乐、宗教等13个专业频道。其中TRT新闻频道（TRT-Haber）成立于2010年3月，由之前的TRT 2套改版而来，是目前土耳其国家媒体中重要的新闻播报频道。在广播方面，TRT现有TRT FM、TRT安卡拉都市广播、TRT伊斯坦布尔都市广播、"土耳其之声"等16个频道，其中"土耳其之声"通过包括中文在内的38种语言在全天不同时段面向国外进行广播。此外，TRT还持有欧洲媒体Euronews近15%的股份。

在取样时间方面，由于本文将对会前、会中、会后三个阶段的新闻报道特点进行历时比较，我们将取样的时间跨度设定为峰会前后各一周，即2015年11月8日至23日。

对于安通社的报道，我们利用安通社官网自带的新闻搜索工具以"G20"+"Antalya"作为关键词进行检索，并将结果按照时间排序。对于TRT的报道，我们选择Yandex搜索引擎土耳其语版（www.yandex.com.tr），主要考量除了具有时间段选择的功能外，Yandex还可通过对新闻链接的地址进行自定义筛选以控制样本的来源。我们以"G20"+"Antalya"作为关键词，并要求链接地址以"trthaber.com/haber"（TRT新闻频道网站根地址）开头。我们将选定时间内的从两家媒体检索出的新闻进行整合（如TRT有大量新闻转自安通社且与安通社网站同期新闻有较高相似度，此类新闻我们只保留一个），最终得到有效样本93篇。

二　新闻分析

（一）框架理论

本文主要借助框架理论对新闻样本进行分析。框架理论最初源于社会学,后来经由高夫曼(Goffman)引入大众传播领域。他认为,框架是"个人组织事件的心理原则与主观过程"。在他看来,人们将日常生活的现实途径纳入框架之中,以便对社会情境进行理解与反映。①

随着框架理论的发展,其内涵不断丰富。对"框架"的理解逐渐发展为"意义的生产过程"、"规律的筛选手段"等。总的来说,框架就是人们认识世界或构建世界的一种规律,媒体通过框架搭建,运用选择与重组,或强调与削弱的方式组织材料,塑造我们能看到的真实世界。②

台湾学者臧国仁在《新闻媒体与消息来源》一书中提到:"每一个新闻事件的框架,都可划分为高、中、低三个层次。框架的高层次结构一般说来是界定新闻事件的主题,也就是所谓的'是什么',具体到报道中新闻主题一般会在新闻的标题导语中呈现出来,被归纳为新闻主题。框架的中层次结构包括主要事件、先前事件、历史、结果、影响、溯因、评估等。框架的低层次结构体现在新闻报道的遣词造句上,具体来说就是如何使用字词、修辞手法等语言学符号来建构新闻文本,是对新闻文本的微观考虑。"③ 可以用表 1 对这三个层次进行呈现。

表 1 新闻框架的三个层次

新闻框架	主题框架(高层次)	标题、主题、立场、角度
	结构框架(中层次)	主要事件、历史、结果、影响、评估等
	话语框架(低层次)	语言特征(如词语)

他所认为的框架的高、中、低三个层次可大致从主题、结构和话语三个层面进行概况,本文主要采用这种框架理解对峰会报道进行分析。

(二) 报道数量

在峰会前后各 1 周的时间跨度内,我们采集到总计 93 篇有效报道,其中:会前(2015 年 11 月 8 ~ 14 日)40 篇,约占总量的 43%;

---

① 孙彩芹:《框架理论发展 35 年文献综述——兼述内地框架理论发展 11 年的问题和建议》,《国际新闻界》2010 年第 9 期。
② 褚春媚:《〈人民日报·生态周刊〉环境新闻的框架研究》,2015 年广西大学硕士学位论文,第 8 ~ 9 页。
③ 臧国仁:《新闻媒体与消息来源:媒介框架与真实构建之论述》,台北:三民书局,1999,第 37 ~ 38 页。

会中（2015 年 11 月 15~16 日）35 篇，约占总量的 37.6%；

会后（2015 年 11 月 17~23 日）18 篇，约占总量的 19.4%。

由此可见，土耳其主流媒体对峰会的报道集中在峰会之前和峰会期间，会后的报道数量趋于减少。另外，我们也可对土媒的日均报道量进行统计：

峰会前日均约 5.7 篇；

峰会期间日均 17.5 篇；

峰会后日均约 2.6 篇。

由此可见，东道主的报道密度在峰会期间最高，会前较强，会后则走低。

（三）发稿地点与报道区域

新闻发稿地点的多样化，能在一定程度上体现一家媒体的综合报道实力。对新闻事件的多方位报道，也有助于体现报道的客观性。经过统计，93 篇新闻中：

发自会议举办地安塔利亚的共 72 篇，约占 77.4%；

发自安塔利亚以外的土耳其其他城市的共 16 篇，约占 17.2%；

土耳其国内发稿总计 88 篇，约占 95%；

土耳其境外发稿 5 篇，约占 5%。

境外发稿地包括伦敦、华盛顿、柏林和莫斯科四个城市。

由此可见，土耳其对峰会报道的发稿地点并不多，土国媒体发稿地的多样化略显不足。

另外，我们还可以对新闻的报道区域——被报道事件或言论的主要发生地——进行考察，我们将土耳其作为参照，分为国内或国外。通过统计我们看到，93 篇报道中：

国内 84 篇，约占总量的 90%；

国外 9 篇，约占总量的 10%。

由此可见，东道主在峰会报道中对国外动态有一定关注，但比例不高。

（四）报道主题

我们按照报道的内容将样本进行分类，以考察东道主对峰会报道的主题是否有所侧重。

峰会进展、领导人会见、会晤以及峰会相关宣言、决议的发布和对峰会整体性的报道归入"会议、综合"类；峰会对全球经济的考量、峰会对土耳其经济（特别是旅游业）的带动作用等相关报道归入"经济"一类；涉及反恐或难民安置等相关会议、决议或访谈的报道归作一类；大会筹备（如基础设施建议、志愿者培训、领导人房间布置、礼品采买等）进展相关情况单独归入"筹备"一类；某国领导人抵达或离开土耳其的相关报道由于更多是礼节性活动，缺乏政治或经济内容而单独归入"领导人动态"；峰会期间领导人或其配偶进行的相关社会文化活动归入"文化社会"类。我们对新闻报道按照主题分类进行统计，得到表2。

表 2　峰会报道的主题分类统计

主题	筹备	经济	反恐、难民	会议、综合	领导人动态	文化社会
数量（条）	22	19	16	16	16	3
比重（%）	24	20	17	17	18	3

值得注意的是，二十国集团领导人峰会传统上虽然以经济问题为重点，但此次峰会关于反恐和难民安置的报道数量基本与经济相关报道持平。究其原因，首先，鉴于近年来欧洲与中东的安全局势，国际社会对安全反恐领域的关注明显增加，特别是在本次峰会前夕法国巴黎发生严重恐怖袭击，改变了峰会的气氛。其次，近年来东道主土耳其也频频成为恐怖主义袭击的目标，就在峰会召开前一个月，土耳其首都安卡拉发生造成上百人丧生的恐怖袭击。在土耳其国内，东部边境地区的反恐行动、叙利亚难民安置等话题频繁见诸报端，东道主对此类问题的关注也在其峰会报道中得到了体现。

经济方面的报道主要包括：峰会召开对安塔利亚乃至整个土耳其旅游业提振作用的预期、B20对促进就业以及中小企业发展等问题的关注、峰会期间相关国家间经贸协议的签署等。

此外，东道主对大会筹备工作的报道也占有不小的比重，主要包括大会安保工作、配套基础设施建设、酒店行业相关培训等。另外，还有主办国向与会国家领导人赠送土耳其开心果软糖、安塔利亚果酱等具有本土特色礼品的报道内容。

（五）报道框架

臧国仁在《新闻媒体与消息来源》一书中认为，框架的中层次结构由以下几个环节组成,包括主要事件、先前事件、历史、结果、影响、归因、评估等。结合臧国仁框架的中层次结构,本文将2015年11月15～16日峰会期间的会议会晤等作为参照基准,将前后两周内的相关报道分为以下几大类。

1. 事件景况

介绍主要事件。本文将11月15~16日的会议、会见、会晤等正式活动、大会的各项筹备工作、与会领导人抵达或离开土耳其等关注事实事件的报道归于此类。

2. 口头反映

如新闻报道以与会领导人、参会高级官员或峰会筹备者在峰会期间所做的讲话、发言、表态为主体,则归于此类。

3. 评价分析

评价分析是对所报道的新闻事件的价值或意义做出评价,或对主要事件所做的预测。以对峰会本身的分析、评论或展望为主体的报道归于此类。

4. 历史背景

指发生在主要事件之前的一段事件或因素,它距离主要事件可能较远,但对主要事件有着间接的影响。G20相关背景信息、历届峰会情况等属于此类。

在实际分析中,许多新闻文本会出现上述范畴中的一种或多种,对于同时反映了景况、口头反映、评价分析、历史背景中两个或多个类目的报道,本文选择了其中最显著的类目作为其报道结构,从而观察东道主媒体对峰会的新闻报道是否存在较为固定的报道形态。关于此次峰会报道的结构,统计结果如表3所示。

表3 G20安塔利亚峰会土耳其媒体报道的结构分类统计

	事件景况		口头反映		评价分析		历史背景	
会前40	32	80%	2	5%	5	12.5%	1	2.5%
会中35	21	60%	13	37.1%	1	2.9%	0	0%
会后18	7	38.9%	1	5.6%	9	50%	1	5.6%
总计93	60	64.5%	16	17.2%	15	16.1%	2	2.2%

通过数据统计我们可以发现:

首先,总体上看事件景况类的报道过半,这说明土耳其媒体在峰会报道的过程中，更多侧重把报道会议议程进展、会见会晤、领导人活动的新闻事实作为报道的首要任务，即告诉受众发生了什么，因此在报道中更多采用了事件景况的报道框架。峰会前，以官员讲话类为主的新闻较少，事件景况类的比重相当高。而随着会议结束，新闻事件减少，事件景况的比重有所下降。

其次，总体上看口头反映框架的比重也较高，即告诉受众"谁说了什么"类的新闻报道也是峰会报道的重要部分。而随着峰会的到来，密集的领导人讲话出现，以传达领导人讲话为主体的报道模式变得频繁，即口头反映的比重上升。而随着峰会的结束，此类报道比重大幅降低。

最后，评价分析框架，即告诉受众"如何评论峰会"的报道在峰会期间并不突出，然而随着峰会的结束其比重明显增加。

（六）报道话语

通过对报道话语的分析，我们可以对土耳其峰会报道中不同主题新闻的报道基调有所了解。峰会报道的话语分类统计如表4所示。

表4　G20安塔利亚峰会土耳其媒体报道的话语分类统计

		文化社会		经济		筹备		会议、综合		领导人动态		反恐、难民	
正面	26	28%	3	100%	5	26.3%	12	54.5%	3	18.75%	0	0%	3	18.75%
中性	66	71%	0	0%	14	73.7%	10	45.5%	13	81.25%	17	100%	12	75%
负面	1	1%	0	0%	0	0%	0	0%	0	0%	0	0%	1	6.25%
总数	93	100%	3	100%	19	100%	22	100%	16	100%	17	100%	16	100%

总体来看，约七成的新闻报道无明显倾向。具体来看，领导人动态的报道，中性比例最高；而文化社会类报道全部都是积极的，其内容是土耳其总统夫人携与会领导人夫人参观福利院、各国领导人受邀感受土耳其传统文化等，因此报道带有感性成分及主观色彩。筹备相关的报道也比较积极，此类新闻多带有向世界展示本国风采的自豪感，因此也会有主观色彩。唯一一条带有消极色彩的新闻主要内容为被捕的恐怖分子嫌疑人声称曾经企图对G20峰会进行破坏。

此外，根据统计，在土耳其如何看待举办此次峰会方面，出现频率最高的是"荣耀""介绍""重要"三个关键词。土耳其是全球重要的出境游目的地国，举办此次峰会是将该国南部重要旅游城市安塔利亚乃至整个土耳其介绍给世界的重要契机，土耳其媒体对此持积极态度。

（七）涉华报道

我们获取的 93 篇样本中提到中国的有 13 条，其中 1 条报道的是中土两国领导人会谈、签订关于我国"一带一路"倡议同土耳其"中间走廊"战略对接在内的 7 项经贸协议，另 1 条新闻提及中国国家主席习近平在峰会闭幕式上发表讲话。其余基本是作为下届峰会东道主中国或中国领导人参加某项集体活动。涉华报道整体呈现中性，无明显情感偏向，比较客观。

总　结

本次安塔利亚峰会，东道主土耳其媒体的相关报道整体上客观中性，但该国首次举办 G20 峰会的热情和自豪也在某些报道中有所体现。此外，除了经济议题，受到当前国际及地区局势影响，特别是会前巴黎与安卡拉刚刚发生暴恐袭击，恐怖主义威胁与难民问题在报道中占有一定的比例。另外，土耳其媒体对中国形象的塑造总体上是客观并偏向积极的。

A Study on Turkish Media's Coverage of G20 Antalya Summit

GUAN Bo

Abstract：The 10th edition of the G20 leaders' annual meeting was held in Turkey's southwestern seaside city of Antalya in November 2015. After an agenda on global economy, inclusive growth and fighting terrorism, the leaders of the world's 20 largest economies agreed on a communiqué in Antalya. To explore the value of reference on international conference report for Chinese media, this study focuses on structure, theme and discourse of news report from Turkish media about the Antalya summit.

Keywords：G20；Antalya Summit；Turkish Media；News Report

G20 杭州峰会中国媒体报道研究

张树军[*]

摘要： G20 杭州峰会不仅是 2016 年中国最重要的主场外交之一，还吸引了全世界的目光。这既是国际政治经济的聚焦场，也是中外媒体比拼的赛跑道。本次 G20 杭州峰会有哪些亮点？国内中央主流媒体八仙过海、各显神通，多角度、全天候、全媒体地向世界传递峰会声音，阐述中国方案对全球经济发展的重要价值。特别是国际台充分发挥自身语言优势，在 G20 杭州峰会国际传播中，既凸显了旗帜鲜明的传播特色，又引领了国际舆论导向。与之交相辉映的是，浙江当地媒体毫不逊色，大显东道主报道之职能和特色。

关键词： G20 杭州峰会　中国媒体　国际台　新媒体

一　G20 峰会之最忆是杭州

（一）中国杭州成为主会场

作为国际经济合作论坛的 G20，宗旨是推动发达国家与新兴市场国家开展建设性讨论和研究实质性问题，从中寻求合作共赢机会以促进国际金融稳定和经济持续增长。其构成亦兼顾了全球最重要的发达国家和发展中国家及不同地域的利益平衡，既有发达国家中最重要的"七国集团"，还

---

[*] 张树军，中国国际广播电台。

有发展中国家中最重要的"金砖五国",堪称大国俱乐部。GDP 占全球经济的 85%,贸易额占全球的 75%,代表性非常强,涵盖面比较广,[①] 被称为"全球最具决策力的首脑级峰会"。2016 年 G20 峰会主办国是中国,主办地是杭州。

其一,中国对全球经济增长的重要贡献与特殊地位。G20 成立以来,中国出席了历次 G20 峰会及财长、央行行长会议。2008 年金融危机爆发之后,为寻求更大的发展空间和更多的合作机会,G20 会议机制直接升格为领导人峰会。中国政府高度重视,国家主席出席历次峰会,在全球治理中扮演"负责任大国"的角色:发表一系列重要讲话,提出一系列应对金融危机的重要主张,阐明了中国对全球经济的基本立场。中国还依托这个高端平台,促进新兴经济体与发达国家之间的沟通与融合,并在防范经济危机、应对气候变化和保障能源安全等方面做出了重要贡献。据相关数据资料,从 2008 年至 2013 年,中国已成为全球经济的火车头和增长的领航者,贡献了全球 GDP 总增长量的 37.6%。[②] 2014 年以来,中国经济增长有所放缓,但对全球经济增长贡献率依然达 25%。[③] 中国的贡献既源于自身的有力措施,如稳增长、调结构、促改革、惠民生,又源于科学设计的增长路径和互利共赢的实际行动。

其二,杭州独特的历史魅力和无限的经济发展潜力。从历史文化上看,"上有天堂,下有苏杭"。杭州既是中国元素和传统文化的有机组合者,还是一张代表性名片:西湖、大运河等世界遗产名录入选者和人间极致美景坐落杭州,雷峰塔与白娘子传奇演绎了中国风土人情和传奇故事,文化遗迹灵隐寺使杭州增加了历史韵味,梁祝爱情故事堪称中国版"罗密欧与朱丽叶"。远在 13 世纪,马可·波罗就称杭州为"世界上最美丽华贵之城"。近在 2011 年,美国《纽约时报》评选杭州为"全球最值得去的 41 个地方"。[④] 概而言之,杭州在历史文化和人文景观上已经达到 G20 峰会的希望和要求。

[①] "二十国集团",中华人民共和国外交部,http://www.fmprc.gov.cn/web/gjhdq_676201/gjhdqzz_681964/ershiguojituan_682134/jbqk_682136/,2018 年 7 月 16 日。
[②] 《中国今年对世界经济增长贡献率已达 30%》,《南方日报》,2015 年 11 月 16 日,http://finance.sina.com.cn/world/20151116/063923773976.shtml。
[③] 《统计局:中国对全球经济增长贡献率超 25% 居世界第一》,《羊城晚报》,2015 年 8 月 6 日,http://www.chinanews.com/cj/2015/08-06/7452015.shtml。
[④] 《G20 峰会为何花落杭州》,《发展导报》(太原),2016 年 8 月 26 日,http://news.163.com/16/0826/10/BVD08BN200014Q4P.html。

杭州通过举办 G20 峰会，可让与会国欣赏和了解中国的历史文化。

从经济发展上看，杭州是中国最具经济活力的城市之一，还是中国长三角经济区的核心城市。《福布斯》将杭州评为"中国大陆最佳商业城市排行榜"第 1 名。世界银行连续多年将杭州评为"中国城市总体投资环境最佳城市"。作为 G20 峰会选择举办城市的重要参考指标，杭州的经济发展始终引领潮流。中国超过 1/3 的电子商务网站集聚杭州，不仅有全球最大的电子支付平台、B2B 电子商务平台和网络零售交易平台，还有众多专业的电子商务服务商，出现在电子支付、网络营销、信息技术、运营服务、云计算等领域。相关数据显示，杭州电子商务在中国乃至全球已具有广泛影响力。以阿里巴巴为代表的互联网经济更代表了世界经济发展的走向。

从对外交流上看，杭州多次承担特殊任务和发挥重要作用。1972 年，美国总统尼克松访华进行中美建交谈判，遇到很多阻碍，历程非常艰难曲折，中美双方一度陷入僵持状态。周恩来提议双方转到杭州进行谈判，杭州成为中美签订《中美联合公报》的见证地。2014 年，中美战略与经济对话第 5 次反洗钱和反恐融资研讨会亦在杭州举行，中美双方深入探讨了双边反洗钱监管合作备忘、犯罪资产没收及追回的国际合作、新金融交易及支付方式、虚拟货币管理、刑事司法合作、打击恐怖融资等问题。2015 年，在全国旅游工作会议上，中国国家旅游局正式提出"旅游外交"概念，杭州作为著名旅游城市率先实践。旅游是一种最佳的民间交流形式，是国家友好的重要基础。作为中国民间外交的重要力量，杭州逐渐登上世界舞台。诚如美籍"大使"多梅尼科·卡帕尔迪说："在杭州，没有外国人，只有家人和朋友。"①

（二）G20 峰会对杭州的影响

其一，有助于杭州提升国际知名度。杭州因其秀美风光和独特的历史人文景观而享誉中国，却没有相应的国际知名度。例如，上海以东方国际大都市之名享誉世界，义乌以小商品集散地而被世界知晓，温州以著名侨乡而闻名全球。举办 G20 峰会，给了杭州走向世界的历史契机，世界各国领导人、全球企业家、知名媒体人和大批海外游客会聚杭州，必然增加杭州曝光

---

① 《2016 年 G20 峰会花落杭州　三大理由告诉你为什么是这里！》，央广网，2015 年 11 月 16 日，http://news.cnr.cn/dj/20151116/t20151116_520519694.shtml。

率，吸引全世界的目光，杭州开始为世界瞩目，有力地提升了杭州的国际知名度和影响力。

其二，有助于杭州引进大量外资。众所周知，招商引资是加快转变对外经济发展方式的关键环节，也是增加新动力、新要素、新资源的主要动力。世界知名企业家在 G20 峰会期间会聚杭州，这里的自然人文环境和经济发展态势无疑会吸引他们的目光，成为他们投资的理想地。同时中国政府提出的创新、协调、绿色、开放、共享五大发展理念，更引领了世界经济发展方向。引领世界经济发展潮流的顶层设计和具有无限经济发展潜力的杭州有效对接，必然会吸引大量外资涌入。因此，G20 峰会为杭州提供了吸引外资的重要机遇，有利于杭州对接全球优质产业，促进区域统筹发展和本地区经济转型升级，实现新的发展。

其三，有助于杭州改善基础设施、提升城市品质。在中国特大城市中，杭州虽有雾霾，但空气质量位居全国前列，若与发达国家相比，还有一定的差距。举办 G20 峰会，杭州要全力提升城市品质，向世界展现最美、最好的形象。争取"G20 蓝"永驻杭州，重现"日出江花红胜火，春来江水绿如蓝"的美景。G20 峰会期间，大量中外人员的涌入也会考验杭州的基础设施，特别是地铁、机场、道路等交通设施，杭州必定会加强这方面的建设，从而为杭州市民带来交通方面的提升与便利，提高他们的生活品质和幸福指数，成为他们的宝贵财富。G20 峰会对于杭州来说，是一次展现自我、提升自我和完善自我的重要历练与考验，对于杭州市民来说，更是文明素质的重要检验。

二 中国媒体全景呈现 G20

（一）中央媒体的联动传播

2016 年，中国最重要的主场外交就是 G20 峰会。不仅是中国声音高效传播的重要契机，更搭建了国内媒体影响国际舆论的高端平台。在 G20 峰会期间，中国媒体集中优势力量，精心设置各种议题，努力扩大融合力量，向世界阐述中国道路、传播中国声音。多家中央主流媒体对 G20 峰会展开全媒体和多角度的报道。如中央电视台重点聚焦习近平主席主持 G20 峰会欢迎仪式、开幕式和发表主旨讲话，报道各国领导人抵达仪式及活动，及时解读峰会成果与共识。《人民日报》设置客户端演播室，以嘉宾访谈形式报道峰会，还打造全媒体形态新闻产品，用十几个语种向国内外传播。新华社积极利用网络、两微一端、海外社交媒体，充分阐释中国立场，传播中国声音，加大对海外报道的力度和新媒体传播力度。中央人民广播电台以讲好中国故事、传递中国声音为主导，派出前方报道团队围绕 G20 峰会的主题——构建创新、活力、联动、包容的世界经济进行报道。

值得注意的是，新媒体的峰会报道成为一大亮点，数据概览如表 1 所示。

表 1　新媒体峰会报道

	报道数	阅读量（万次）	视频观看量（万次）
央视新媒体	248	2362	758
新华社新媒体	155	900	400
央广网官方微博	37	400	/
国际台新媒体	14	32	/

1. 中央电视台

为了全面报道 G20 峰会，中央电视台投入了巨大的人力物力。在西湖设立了对内、对外频道和新媒体的前方演播室，在 8 个场地搭建了 11 套直播系统。投入央视网、央视新闻等新媒体平台和 9 个频道，即综合、新闻、中文国际、综艺、英语、西语、法语、阿语、俄语频道。重点聚焦习近平主席在 G20 杭州峰会致开幕词、会见各国领导人、文艺晚会和欢迎晚宴等重要场景展开高质量、全方位直播报道。据相关资料统计，央视创造了新闻直播报道历史纪录，直播总时长达 80 小时。在开幕式当天，全国约有 6 亿电视观众收看央视 G20 杭州峰会直播特别节目，总体收视份额达 36.96%。央视的 6 个国际频道直播信号被 163 个国家和地区的 336 家海外媒体转播或使用。央视国际通发布多语种稿件 92 篇和新闻 20 条，播出时长达 1 小时 48 分钟，被 35 个国家和地区的 92 家境外电视台（频道）使用 307 次。央视网新闻页面点击量达 2804 万次，视频播放量 514 万次。1000 多万海外用户通过海外社交平台观看直播。"央视新闻"新媒体"48 小时不间断 G20 峰会直播"，用户突破 3 亿。央视 G20 峰会播报节目形式与栏目内容见表 2。

表 2　央视 G20 杭州峰会播报节目形式与栏目内容

节目形式	栏目内容
直播	外方领导人抵达机场 金砖国家领导人非正式会晤 欢迎晚宴特别节目 文艺晚会
伴随式反响报道	高端人士专访 各国媒体峰会评价
系列专题报道	"中国良方促 G20 领航世界经济" 《举世瞩目的 13 分钟！习近平向全世界发出"中国主张"》 "G20 特别节目"

综上所述，央视在报道 G20 峰会过程中具有五大特点，下面分而述之。

其一，聚焦热点，为 G20 峰会营造氛围。如央视中文国际频道《中国新闻》从 2016 年 8 月 28 日起，就启用了杭州分演播室推出了特别板块《聚焦 G20 峰会》，直观动态关注峰会相关活动及会议筹备进展状况。中国举办 G20 峰会在《媒体焦点》板块中获得了国际主流媒体的高度认可。在英语新闻频道的重点新闻档推出了《G20 早知道》特别板块，还有系列报道《品味 G20》《中国创新企业的全球战略》《大使眼中的 G20》《我的 G20 故事》，全方位、多角度、立体化为 G20 峰会预热。

其二，高度分析，凸显 G20 峰会重要主题。如央视中文国际频道通过特别节目和专题专栏高度概括了 G20 峰会的重要主题。其中，《G20 看中国》组合成十集系列报道，以"中国如何开展主场外交""G20 峰会的中国角色"等与中国相关的重要议题，集中阐述了世界经济转型与发展中的中国方案之价值。《中国新闻》推出《全球智库看中国》节目，邀请世界著名学者和专家对 G20 机制中的中国作用，进行直接点评和分析。《全球财经》栏目从专业财经角度在英语新闻频道全面解析 G20 峰会相关议题。

其三，推陈出新，增强 G20 峰会报道关注度。如《大话 G20》和《G20 都知道》两个系列报道在英语新闻频道推出，都积极创新报道传播手段和方式，为了增加节目可视性，采用了动作捕捉技术制作并运用了虚拟包装技术。

其四，精设议题，加强对外报道的精准性。为了在对象国取得更好的传播效果，央视西、法、阿、俄等外语频道，主动瞄准对象国需求，精心设计报道主题与内容。《世界从杭州再启程》《G20 直通杭州》《聚焦 G20》等节目在对象国黄金时段连续推出，增强了对象国对 G20 峰会的了解和认知，同时积极借力传播，加强在境外电视台植入播出。

其五，融合传播，增强对外报道效果。央视充分发掘优势传播力量，积极融合电视直播与新媒体平台，增强对外传播效果。如《G20 360°》《立体 G20》《G20 观察》等新产品在新媒体平台推出，多路径互联网移动端交互直播，通过虚拟现实的全景视频拍摄以及采集样本分析数据等手段，"海陆空、全方位、无死角"对 G20 峰会进行新媒体报道。在 G20 峰会期间，全平台共发布相关报道 248 条，视频观看量达 758 万次，全球用户总阅读量达 2362 万。

2.《人民日报》

《人民日报》作为中国新闻战线的排头兵，高度重视 G20 峰会，深度把握舆论导向，积极利用主场优势传播中国声音，阐释中国方案，有力地发挥了舆论主阵地和传播主力军的重要作用。

其一，把握基调，巧设会议主题。紧密围绕 G20 峰会重要主题是《人民日报》的基本传播方略。如报道主线是习近平主席的重大活动，积极传播中国关于全球经济治理的政策主张，高度阐释习近平主席提出的重要倡议和思想，促进更多中国主张上升为国际共识，为推动世界经济发展贡献中国智慧。比较成功和知名的主题有：邀请权威人士、专家学者"聚焦 G20 杭州峰会"专版、专栏，推介本次峰会看点，深入解读本次峰会主题；还推出了一些重要议题，阐释了全球经济治理格局下的中国理念、中国行动和中国信心，如《习近平主席的"G20 时间"——一个自信的大国阔步走向世界》《习近平主席出席二十国集团领导人杭州峰会系列活动纪实》《从杭州再出发——写在习近平主席主持 G20 杭州峰会之际》。

其二，发挥优势，引导国际舆论。作为中国官方权威声音的主要代表，评论是《人民日报》的核心优势，国际舆论高度关注《人民日报》评论。要在国际传播中取得成效和影响，必须适应传播对象的需求，才能被接受和认可。新形势下的各种新旧媒体竞争日益激烈，《人民日报》充分利用主场契机，高度凸显以评论为抓手的"观点生产"优势。为了使评论更接地气，更有说服力，专门派出强大评论队伍亲临一线。自 2016 年 8 月中旬开始，多角度表达期待，陆续推出 10 余篇评论文章。如围绕四大峰会主题要义和主旨进行分析，推出了"探寻全球治理的'杭州共识'"系列评论员观察；

全面阐述 2016 年峰会主题内涵,理性表达中国承诺的自信与底气,深入解读当前国际经济形势,客观反映国际舆论对中国的瞩望,推出了《让世界经济之水活起来 写在 G20 杭州峰会召开之际》。更推出"钱塘观潮""小智治事,大智治制"系列评论,为习近平主席峰会主旨演讲提供生动鲜活注解,结合世界发展大势与中国传统文化,解读中国方案中彰显的"大智慧"。"人民论坛"从历史与现实的双重视角,以优美的文字和生动的故事,推出《"中国印记"为何值得期待》,阐释"中国印记"值得全世界期待的深层原因。

其三,推进融合,创新传播方式。如果说"求独""促深"是传统纸媒之优势,那么"求活""促鲜"是现代新媒之优势。能够取得 1 + 1 > 2 的有效宣传效果的前提,必然是有机结合两者。《人民日报》在报道 G20 峰会过程中,在积极推出优质高效纸媒产品的同时,还努力创新传播内容和方式,利用新颖形式开发融媒体产品,"中央厨房"全媒体报道工作机制不断丰富和发展,增加了主场报道的感染力和吸引力。用 H5 页面集体呈现习近平主席的表态、参会领导人阵容等,在客户端率先推出《习近平主席的 G20 微信群》,为了增强趣味感和参与感,还加入"邀请""互动"功能;为了展现杭州美景,以明快唯美的方式,用传统水墨 + 水彩艺术制作了短片《G20,中国杭州》,详细介绍了 G20 峰会中中国承担的责任和扮演的角色;新型融媒体将原声音频和 3D 立体结合,生动呈现习近平主席的伟人形象,推出产品《习主席首款原声 VR,带你飞跃 G20》;为了展示不同国家的特色并阐释 G20 四大理念,将参会国家化身为卡通形象,推出《G20 小精灵 GO》。这些妙趣横生的创新性新闻产品,在可视化形象和游戏式互动中向世界传播了中国理念、中国故事、中国声音。

3. 新华社

作为中国国家通讯社,新华社高度重视 G20 杭州峰会报道。其对外部作为海外社交媒体报道和负责峰会对外文字的编辑部,以北京总社编辑部为依托,共选派 24 名精干编辑记者前往杭州做好 G20 峰会报道,前后方协同作战,全程报道峰会。在探索以往经验的基础上创新报道,认真讲述中国故事,努力传播中国声音,重点围绕习近平主席数十场双边会见、多场重要致辞、主旨演讲,突出对外特色,聚焦中国方案,取得了超出预期的传播效果。

其一,发挥优势,争夺对外话语权。新华社主动与西方媒体竞争,充分发挥主场优势,以英文报道为主要抓手和突破点,有效争夺了话语权,大批稿件被海外媒体广泛采用。在报道 G20 峰会的 5 天时间里,打破了以往类似报道中偏中文轻英文或中英文并重之惯例,共采集播发中英文稿 280 余条,英文稿占 2/3 以上。相关统计显示,美联社、路透社、法新社、德新社、俄塔社、共同社、韩联社、埃菲社、《印度快报》(Indian Express)、今日日本网站(Japan Today)、BBC 网站、美国 CBS、今日俄罗斯、印度新德里电视台、《华盛顿邮报》、英国《每日电讯报》、《卫报》等外媒都采用了新华社所发通稿。如美国《国际财经时报》、英国《每日电讯报》、英国《每日邮报》、美联社、路透社、今日俄罗斯、科威特通讯社等 19 家外媒采用了《习近平会见奥巴马》一稿。路透社全文采用了《习近平会见朴槿惠》一稿。还有 89 家外媒采用了《中国把绿色发展纳入 G20 议程》一稿。

其二,视角对外,大力宣介"中国方案"。为了更好地宣介"中国方案",在观察 G20 峰会主题和议程时,新华社利用对外视角并推出一批构思巧妙而针对性强的稿件。如《中国聚焦:从华盛顿到杭州:世界的新选择》(China Focus: From Washington to Hangzhou, G20 comes to right place at right time)。该稿件采用对比写法,以 2016 年杭州初秋的美景对比 2008 年华盛顿初冬的萧条,深刻反映世界经济来到新的关键当口,在金融危机 8 年后,要重新选择领导力量、路径和政策,G20 杭州峰会是中国理念对推动全球治理做出的重大贡献,是一次在正确时间选择了正确地点召开的会议。再如《新华视点:从北京 APEC 到杭州 G20:中国负责任大国路线图》(Xinhua Insight: From Beijing APEC to Hangzhou G20: China's rise as a responsible power)对比了西湖和雁栖湖,用多个生动具体的故事和宏大的视角,展现中国正走近世界舞台中央,正承担着更多的国际责任。还有一些重点报道,展现了中国作为世界第二大经济体和发展中大国的责任担当,突出反映中国为世界经济走出困境提供了"中国方案":《中国和 G20 成员致力推动全球金融治理》《杭州峰会达成 G20 历史上最丰硕成果》《G20 杭州峰会主题传递中国构想》《中国主办 G20 峰会 引领世界经济新征程》(Commentary: G20 summit in China a new launchpad for global economy)。

其三,多语介入,凸显对外传播效果。为了进一步突破西方主导,新华社同步介入了法语、西语、俄语、阿语、葡语等语言专线,每天采用 7 种文字发稿,向更广领域拓展 G20 峰会报道。在 G20 峰会期间,一批有特点的稿件被前方小语种编辑室播发,这些稿件因为针对性强,被相关国家媒体先后引用。如《中欧间投资新动向》《沙特亲王称中国的经济发展经验体现其独特的智慧》《G20杭州峰会给阿拉伯国家的新启示》《评论：G20杭州峰会赋予中俄合作新意义》。后方同样发力，拥有125万粉丝量的委内瑞拉南方电视台转推了后方编发的西文稿《杭州，一座国际化大都市》。法文线在G20峰会期间共发稿155条，采写稿件亦报道欧洲企业对G20杭州峰会的期待，阅读量近900万次。海外社交媒体室首次由前方报道组的资深记者出镜，探索创新领导人报道，连续三天直播解读习主席讲话精神，海外受众反馈积极正面，阐释中国主张，盘点当日峰会亮点，总浏览量80万余次。在G20峰会期间，新华社利用多种形式全面报道峰会过程，如推特新功能"精彩瞬间"（MOMENTS）、脸谱新功能"即阅文"、脸谱手机端视频直播、推特图文滚动直播、视频短片、图文故事。其中，脸谱手机端视频直播8场，总浏览量达近400万次。

4. 中央人民广播电台

在G20峰会召开之前，中央人民广播电台为了全方位、多角度、立体式呈现G20峰会全貌，调用了17套广播频率和央广网、中国广播客户端及微博、微信集群和央广新闻客户端，积极融合多媒体形式，如音频、视频、图片、文字。央广在直播报道二十国集团领导人第十一次峰会开幕仪式、二十国集团工商峰会开幕仪式、记者会三场活动中，还联合浙江广电集团浙江之声、浙江新闻广播进行直播。从2016年7月底开始，为了展示主办城市杭州及浙江新活力、新模式，央广就已经跟进G20峰会推进情况，及时反馈峰会动态。8月9日，央广全面启动特别策划《浙商有话说》，围绕G20峰会做了大量报道，通过对知名企业家的一系列高端访谈，请他们揭秘杭州民营经济做大做强的力量源泉，介绍他们的发展感受、转型体会、创新实践以及未来构想。央广大型系列报道《风景这边独好》凸显了"中国方案"、中国理念的现实意义，多层面讲好浙江转型升级故事，全景解析中国经济的浙江模式。通过实地探访杭州，《走进G20》等专栏为受众带来G20杭州峰会筹备进程中的第一手消息。

在G20峰会期间，央广专门成立了前方报道组。由台总编室牵头9个部门50多人组成。有新闻节目中心、财经节目中心、民族节目中心、央广网、军事节目中心、播出传送中心、对台湾节目中心、对港澳节目中心、浙江记者站。为了不间断地为全国受众报道，央广在G20杭州峰会新闻中心租用了50平方米专用工作间。习近平主席的系列重要活动和主旨讲话由央广中国之声、经济之声、中华之声、华夏之声并机现场直播。央广采集整合来自G20峰会现场和各类媒体的声音元素，围绕数字经济、世界经济创新增长新蓝图、结构性改革、新工业革命、创新增长等诸多主题推出专栏。由此可见，央广指挥调度有方，组织部署精密，导向正确，主题突出，基调鲜明，传输保障有力，现场直转播安全流畅，整体效果精彩纷呈，集中展示了中国将与二十国集团携手，规划世界经济新方案，开启世界经济新航程，迎接世界经济新起点。表现出以下两方面特点。

其一，发挥广电优势，做精现场直转播。央广充分发挥广电优势，优化组合力量，在现场直播一些重要活动中，采用多个频率，各环节衔接流畅，信息内容丰富，直播信号清晰稳定。如G20杭州峰会开幕式、金砖国家领导人非正式会晤等。同时进一步加强编排，紧扣G20杭州峰会主题，围绕习近平主席重要演讲，在直播特别节目中进一步解读和阐释"建设创新、活力、联动、包容型世界经济"，传递出"发展前景一定会越来越好"的中国信心，推动世界经济走上"强劲、可持续、平衡、包容增长之路"的中国主张。

其二，突出广电特色，做亮宣传报道。为了对重要会议活动直播报道宣传预热、解读热点，央广旗下"经济之声"推出了系列录音访谈，如《G20杭州峰会特别报道〈浙商有话说〉》。"中国之声"推出了系列录音报道《风景这边独好》与《新闻和报纸摘要》栏目。央广网以图、文、音视频等多媒体形式集纳关于G20峰会的报道，紧紧围绕G20杭州峰会"建设创新、活力、联动、包容型世界经济"的主题。为了直播习近平主席重要演讲，"央广网"的官方微博和央广网旗下"中央人民广播电台"官方微博也重点发力。截至2016年9月4日16时30分，共发37条微博报道，阅读量达到400万次。

（二）地方媒体的融合传播

在报道G20杭州峰会中，作为东道主的浙江及杭州地方媒体大显身手。浙江广播电视媒体以全球视野、中国视角，带观众走进G20峰会举办城市，加大了评论节目、访谈节目、专题节目力度，并深入纽约华尔街、伦敦金融城等世界金融中心，探讨中国在全球经济治理中发挥的积极作用，采访了世界主流智库、大学教授、外交官员、各国政要。浙江广播电视集团新蓝网首页开设专题，集纳有关G20峰会最新动态报道。如《G20峰会倒计时　给世界一场别样精彩》《办好 G20　当好东道主》，还推出了一些内涵丰富、切口独特的独家视频报道，如《峰会"小青荷"们的四个关键词》《你好 G20》《浙商寄语 G20：站在世界舞台　展现浙商风采》等。

　　为了全方位大时段全景式地报道 G20 峰会，浙江卫视在主会场、杭州钱江新城、西湖景区以及杭州各交通要道等地，派出近 200 人的前方报道团队，并设置 8 个直播点，为 G20 峰会的召开营造了良好舆论氛围。浙江卫视还从 2016 年 9 月 1 日起，打破常规编排，开辟特别直播节目，多个时段播出《直通 G20 杭州峰会》，从不同侧面、不同角度阐释中国成功举办 G20 峰会的努力，还借助虚拟演播室的特别展示以及通过连线权威人士深度解读 G20。同时运用实景拍摄和虚拟技术相结合的表现方式，生动展示灯光绚烂、明暗相宜、动静融合的城市夜景，带观众"夜游"钱塘江、西湖、钱江新城和 G20 峰会主会场，勾勒出了美轮美奂的视觉效果。浙江日报报业集团也毫不逊色，组建了 500 余人的全媒体采编团队，抽调精兵强将，有前方注册记者 73 名，既有年轻敢闯、善用新媒体、外语熟练的"90 后"记者，也有身经百战、经验丰富的资深记者。在 G20 峰会期间，为全面深度报道 G20 峰会盛况，浙报集团旗下全媒体，重磅推出集视频、音频、文字、图片于一体的全媒体立体报道，主要以《浙江日报》、浙江在线、"浙江新闻"客户端、《钱江晚报》及《浙商》杂志为代表，既展现了杭州韵味，又向世界传递了中国声音、讲述了中国及浙江故事。

　　作为地市东道主媒体，杭州文化广播电视集团投入高规格技术力量，入驻峰会新闻中心，组织了骨干报道团队，以本土视角发回最新报道。新媒体推出《慧享 G20》栏目，杭州之声《89 早新闻》推出"G20 特别报道"。紧密围绕"创新、活力、联动、包容"四个关键词，杭州综合频道推出了系列主题报道《新活力　新动力　新前景》《韵味杭州新精彩》，展示杭州城市之美、创新之美、生态之美和精神之美。为了给 G20 峰会召开营造浓厚的舆论氛围，浙江卫视、公共新闻频道、钱江都市频道播出了纪录片《最美浙江人》。

三　专门对外传播机构的特色——国际台与 G20 杭州峰会

　　在 G20 峰会的报道中，中国国际广播电台具有自身特色，充分发挥语言优势和国际视野，秉承"中国立场、世界眼光、人类胸怀"的发展理念，既发挥了独具魅力的传播优势，又积累了丰富多元的传播经验。在具体传播实践中，国际台积极与海外媒体开展合作，精心设置相关议题，充分利用成员国 14 种重点语言及周边国家语言的全媒体平台，主动回应热点和敏感问题，积极把握舆论主导权，努力唱响中国经济光明论、中国机遇论、中国贡献论，努力争取更多国际话语权，更多、更好地影响国际舆论。针对 G20 峰会的重点议题，国际台分三个阶段进行报道：会前召开专题会议，重点部署相关报道工作，定准基调，突出主题，特色鲜明，手段多元。特别是要做好习近平主席重要活动报道和讲话精神的宣传解读；同时还要做好对外有关报道，内容要全面，用好用足多语种特色，积极开展融合传播，充分利用多语种海外社交媒体等全媒体平台资源，积极采访各国政要、与会嘉宾，完成好各项任务。会中报道是重点和核心，国际台主动引导国际舆论话语权，精准把握议题，重点聚焦多种媒体融合，推出了"杭州 G20 世界新希望"系列报道和时政多媒体报道。

国际台会后推出"世界看杭州"系列报道和"杭州 G20 中国贡献"系列报道。同时推出《G20 高端访谈》多媒体专栏，采访了参会外国领导人、大使、专家和学者，进行高端访谈，积极评价应对全球治理的"中国方案"、中国行动和 G20 峰会成果。例如，英语环球广播通过推特、脸书和新浪微博等新媒体平台推送直播图文，还通过东南亚、南亚、欧洲的对外无线广播以及英语资讯广播（北京 AM846）直播节目。继九三阅兵、两会后，日语直播是国际台第三次与日本最大视频直播网站 NICONICO 合作。在直播过程中，有留言 3388 条，活跃观众 5205 人。日语新浪微博的阅听量达 46780 次。日语脸书账号阅听量 4438 次，点赞 923 次。国际在线日文网直播链接均被人民网日语频道、新华网日语频道转播。韩国网民关注了国际在线韩文网的直播。国际在线韩文网的直播链接被黑龙江人民广播电台、延边人民广播电台、延吉阿里郎台和延边电视台等媒体网站转载。

国际台印地语首次进行音频直播报道，印地语主持人在直播过程中精神饱满，吐字清晰。除同步播出了习近平主席讲话外，还整合了大量鲜活内容，如采访印度代表团协调人、G20 峰会小常识。俄语直播节目回顾了二十国集团 2015 年峰会以来全球经济的变化，详细介绍了本次峰会设置的各项议题对全球经济的影响，分析了杭州发展体现出的中国经济发展动力和转型经验。西班牙语直播主持人和嘉宾围绕 G20 峰会主题，深入解读峰会背景、峰会对中西合作的影响，从中国立场和中国视角解读了 G20 峰会的重要意义，还邀请嘉宾现场点评习近平主席讲话内容。华语环球广播通过海外合作电台及南海之声播出，主要面向南亚、东南亚以及波特兰、夏威夷、纽约、休斯敦、珀斯、奥克兰、洛杉矶、旧金山等地。直播节目通过与前方记者连线的方式，向听众介绍二十国集团机制的形成与发展，介绍峰会开幕式现场气氛、峰会重要议程等，并插入录音报道。

环球资讯广播直播节目邀请专家解读习近平主席开幕式致辞，重点关注他在开幕式致辞中提出面对挑战的五点"应该"，集中梳理了一些国家领导人、国际政要及专家对峰会的期待，并就 G20 合作机制面临的机遇与挑战等问题进行深度解读。在直播过程中，前方记者连线突出现场细节、井然有序，直播整体结构紧凑，专家解读深入浅出。国际在线中文网进行移动端和图文音频同步直播，截至 2016 年 9 月 4 日 17 时，微直播阅读量达 32 万次。

其一，发挥语言优势，实现多语种融媒体直播。2016 年 9 月 4 日，国际台在直播习近平主席 G20 峰会开幕式致辞中，同时使用了 7 种语言进行多语种音频直播，包括汉语、英语、日语、韩语、印地语、俄语、西班牙语。在新媒体微直播 G20 峰会开幕式中，使用了俄语、法语、德语、意大利语等 17 种语言，同时还在境内外设计媒体平台如推特、微博、脸书、微信、VK 等以视频、图片、文字等方式呈现。国际台信号不仅被阿根廷拉美中国政治经济研究中心网站、日本视频门户网站 NICONICO 以及新西兰中文广播台等境外合作媒体同步转播，还覆盖了美国旧金山、洛杉矶、夏威夷、盐湖城、波特兰的华语广播网。国际台还直播了金砖国家领导人非正式会晤、G20 工商峰会开幕式等重要活动，第一时间将杭州峰会展现的中国力量、将习近平主席开出的"中国药方"向全球传递。

其二，紧扣峰会主题，精心设置重要评论议题。围绕 G20 峰会主题，国际台专门开设了"G20 杭州峰会"专题，集中宣介全球经济金融治理的中国理念主张，阐释峰会重大意义，彰显主场大国的责任担当，介绍中国经济形势和改革发展成就。为了给 G20 峰会铺垫预热，在会前推出了"G20 驶向杭州""G20 杭州准备好了""G20 杭州峰会成果展望""世界经济局势"四个系列报道。重点打造"G20 高端访谈"，充分发挥多语种力量采访外国领导人、大使、专家和学者。推出了《领导人访谈录》，采访了哈萨克斯坦总统、老挝国家主席、阿根廷总统和印尼总统，以及一些国际组织负责人，如经合组织秘书长、金砖银行副行长等，关注各国领导人对 G20 杭州峰会的期待和全球经济发展大格局。推出了《大使访谈录》，反映中外双方对互利互通、共创未来的美好期待，全面采访20国双方大使。推出了《专家学者访谈录》，以专业视角兼容各国诉求心声。为了深度引导国际舆论，特别推出一批有风格、有思考、有胸怀的国际评论。中方评论有14篇，主要以《习主席开出"三味中药"标本兼治世界经济》为代表。英文评论8篇，主要以《中国是世界经济稳定之锚》为代表。外方评论队伍调动俄语、法语、德语等涉及G20国家语言的海外评论员和外籍员工，开设国际在线"G20峰会老外谈"专栏，以老外视角观察和评论峰会，发布评论21篇。国际台通过65种语言的130多个海外分台播出了这些中外评论。

其三，创新传播方式，微传播深度融合。国际台开发微直播、微报道、微刊等新闻呈现形式，形成移动客户端、境内、境外社交媒体三个核心报道团队，建立G20峰会新媒体"中央厨房"，实现G20峰会"微传播""大影响"。华语"知道"脸书账号不仅推出微视频系列报道如《G20双城记》《解读G20》，还深度合作新媒体群"侨联之友"，其拥有百余家海外华文媒体成员，联合推出9期《中国引领G20新航程》新媒体系列报道，相关新媒体产品阅读量累积超过1000万次，集纳海外华人华侨对杭州峰会的观感和评论并及时呈现峰会最新消息。印尼语脸书账号的可读性和贴近性极强，推送《印尼总统中国坐高铁："道听途说"来的独家揭秘》，制作G20"微刊"。泰米尔语脸书账号推送《杭州准备好了》《G20 logo的故事》等十多篇主题帖文，精心策划G20有奖评论"微活动"，得到了网友的积极响应。阿拉伯语脸书账号总浏览量突破100万次，发布G20峰会稿件70多篇，有的单篇稿件浏览量达8万次。在G20峰会报道中，国际台"中央厨房"的运作日趋成熟，以环球资讯新媒体团队为龙头开发融媒体产品220余篇，总阅读量超过4000万次，主要包括H5、图文、视频、长图等。网友纷纷点赞留言，表示创意产品新颖给力、短小生动。如原创视频系列《20秒带你看小青荷的微笑魅力》、原创图说系列《杭州峰会的"中国风"》、原创H5系列《今秋西湖边，白娘子与G20的千年之约》等产品。印地语推出融媒体系列报道20多篇《G20看杭州》，其中视频《在回春堂体验中医神效》在印度大受欢迎，在脸书上覆盖人数达29万人，播放11万次。

其四，借力对象国媒体，深度合作海外传媒资源。在传播G20峰会过程中，国际台借力对象国主流媒体，整合海外合作资源，传播中国声音，以全球化视角增强G20峰会的国际关注度。在具体传播实践中，国际台贴近海外受众需求,实现 G20 报道阵地前移,调动 G20 成员国 10 多家海外合作电台,通过本土化传媒集群,实现中国声音即时传递。"CRI 土耳其"落地调频台邀请土耳其评论员、作家、学者进行访谈,推出"聚焦 G20"专题访谈节目,详细解读了 G20 峰会的特点及意义。为了介绍本次峰会对发展中国家的重要意义,中東友谊台推出特色节目《展望 2016 杭州 G20》。国际台俄语评论员文章及新闻获得俄罗斯网友欢迎,被"今日俄罗斯"国际新闻通讯社中文网、西伯利亚广播电台转载。同时国际台有关 G20 峰会的报道,还被多家海外媒体纷纷转载,主要有以色列电台 ReshetBeit、法国 BFM 电台、巴西利亚超级调频电台、泰国国家广播电台、斯里兰卡国家广播公司、西班牙国际电台、阿根廷 JAI 电台、意大利国家广播电视台(RAI)、巴基斯坦独立新闻社、伊朗通讯社、阿尔巴尼亚国家通讯社、巴基斯坦国家广播电台、苏丹国家电台、孟加拉国《独立报》、葡萄牙《葡华报》和《联合时报》、新加坡《联合早报》。

值得一提的是,国际台主办的国际在线(http://www.cri.cn)围绕 G20 峰会主题,推出多语种网站。主要语言有英语、法语、德语、俄语、意大利语、葡萄牙语、西班牙语、日语、韩语、印尼语、印地语、阿拉伯语和土耳其语。作为中国传播地域最广、影响人群最大和使用语种最多的多应用、多终端网站群,国际台为 G20 峰会开设了"图解峰会""中国智慧""高端访谈""海外视角""认识杭州""全球治理""二十国集团""历次峰会成果""最新消息""分析评论""CRI 专稿"等专栏。国际在线与许多国家的驻华机构建立了良好的合作关系,依托 CRI 广泛的资讯渠道和丰富的媒体资源,已发展成为国际化新媒体平台,拥有多形态传播渠道和强大的信息采集网络。"CRI 专稿"推出大量相关文章,部分文章的推出时间和题目见表 3。

表 3　CRI 专稿部分文章

1.	20160720 14:58:00	全球财经头条;G20 会议公报:英国脱欧将引发全球经济"震荡"
2.	20160720 14:58:42	外交部:G20 协调人会议发表关于气候变化问题主席声明
3.	20160720 14:59:38	G20 工作组第二次会议召开　中方继续推动五大领域合作
4.	20160720 14:59:53	王毅:着力从三个新角度寻求杭州 G20 峰会的突破
5.	20160720 15:00:55	杭州市委书记:G20 峰会筹备工作基本就绪

续表

6.	20160720 15:02:28	G20峰会即将进入倒计时100天　各项筹备工作进展顺利
7.	20160720 15:02:52	王毅:力争打造杭州峰会十大成果
8.	20160720 15:03:12	王毅在二十国集团(G20)杭州峰会中外媒体吹风会上的讲话
9.	20160720 15:03:24	G20峰会倒计时100天誓师大会在杭州举行(组图)
10.	20160720 15:03:34	杭州全力"备战"G20峰会:全民总动员　红利惠民生
11.	20160720 15:04:44	G20峰会开幕倒计时100天　浙江进入保峰会决战时刻
12.	20160720 15:04:58	G20峰会正式进入倒计时　十大成果、两大看点值得世界期待
13.	20160720 15:05:21	2016年G20峰会新闻中心抢先看(组图)
14.	20160720 15:05:56	《B20政策建议报告》基本架构已形成　将向G20峰会提交
15.	20160720 15:06:10	G20智库会议在浙江安吉举行　中外专家聚焦"一带一路"
16.	20160720 15:06:14	外交部副部长:杭州G20将首次聚焦创新议题
17.	20160720 15:06:37	外交部发言人:中方欢迎英国首相特雷莎·梅出席G20
18.	20160729 17:27:56	意大利代表团希望向二十国集团贡献更多青春力量
19.	20160801 17:03:26	中外专家称G20贸易部长会成果有里程碑意义　关键仍在落实
20.	20160801 17:33:33	意大利代表:希望Y20促进各国青年的广泛交流
21.	20160802 13:31:10	G20峰会主会场改造升级完成　全方位安保演练保驾护航
22.	20160803 09:24:04	中企参与度提升　马云、李彦宏等将担任B20议题工作组主席
23.	20160803 09:29:13	G20峰会召开在即　杭州启动专门防汛排涝预案
24.	20160804 13:25:28	王毅:杭州G20将成为历届峰会成果最丰富的一次
25.	20160805 09:13:36	G20峰会:身份证识别加指纹验证　入住酒店安全感倍增
26.	20160805 09:16:52	杭州122个"微笑亭"服务G20　国际志愿者更添"国际范儿"
27.	20160805 11:21:35	G20杭州峰会倒计时一个月　细节体现筹备热度和民生温度
28.	20160810 16:31:21	B20峰会将提出20项政策建议　融入更多"中国印记"
29.	20160815 16:02:41	G20峰会召开在即　中方期待为全球经济治理开创新愿景
30.	20160820 11:00:22	刘劲松:中印支持彼此办会　有利于增强双方战略互信
31.	20160825 19:17:30	G20国家创新竞争力排名出炉　中国位列第九
32.	20160826 16:02:25	俄专家谈G20:中国将展示世界经济发展新模式
33.	20160826 18:12:08	青年学者:非洲发展问题将成为G20峰会重要议题之一
34.	20160829 14:50:02	美专家:G20峰会将展示中国改革开放决心
35.	20160829 17:25:21	欧洲学者:杭州G20峰会将助力非洲加速工业化
36.	20160830 17:32:25	杭州峰会,如何推翻贸易保护壁垒?
37.	20160904 10:04:20	[专家谈]G20峰会,一场分享中国经验的公开课
38.	20160914 08:08:21	中国经济学家向日本记者介绍G20杭州峰会成果

A Study on Chinese Media's Coverage of G20 Hangzhou Summit

ZHANG Shujun

Abstract: The G20 Hangzhou Summit is not only one of China's most important home diplomats in 2016, but also attracts the attention of the whole world. It is not only the focus of the international political economy, but also the racing track for Chinese and foreign media. What are the highlights of this G20 peak? The domestic mainstream media, the Eight Immortals, cross the sea and show their magical powers, and deliver the summit voice to the world from multiple angles, all-weather, and all-media, and explain the important value of the Chinese program to the global economic development. In particular, the international platform has fully utilized its own language advantages. In the G20 Hangzhou Summit international communication, it not only highlights the distinctive characteristics of the communication, but also leads the international public opinion. What is in line with it is that the local media in Zhejiang is not inferior, showing the functions and characteristics of the host report.

Keywords: G20 Hangzhou Summit; Chinese Media; CRI; New Media

G20 汉堡峰会德国媒体报道研究

陆娇娇[*]

摘要：2017 年 7 月，德国作为东道主主办 G20 汉堡峰会。本文选取德国三家主流报纸——《南德意志报》、《法兰克福汇报》和《商报》，从新闻事件选择和报道立场两方面进行文本分析，考察德媒 G20 峰会的主要报道模式及特点。研究发现，德国三家主流报纸主要呈现出主题报道、人物报道、即时报道、多信息源报道和自带价值报道五种报道模式，总体上具有层次丰富、主题广泛、主体多样和信息及时全面等特点。

关键词：G20 峰会 德国媒体 报道模式

作为全球经济合作主要论坛的 G20 领导人峰会是当今世界最重要的全球经济多边治理平台。德国 2016 年接任 G20 轮值主席国，并于 2017 年 7 月 8~9 日举办了 G20 汉堡峰会。在"塑造联动世界"的峰会口号下，G20 成员国领导人围绕"保障经济稳定性"、"改善可持续性"和"负责任地发展"三大议题框架进行了磋商讨论。该峰会还引发了汉堡当地一系列的游行抗议，并逐渐从和平游行发展成为峰会期间的汉堡骚乱，最后导致峰会后的德国政界追责风波。

通过文献回顾可以发现，既往研究对英语媒体中的 G20 新闻报道已有所关注：丁柏铨/蒋潇（2010）以及王洪波/李占英（2016）运用内容分析

---

[*] 陆娇娇，北京外国语大学德语系博士研究生，研究方向：中德跨文化交流。

法分析了媒体报道 G20 峰会的特点，如报道数量、报道类型、报道内容、报道方式等。张淑芳（2009）在框架理论下分析美国主流报纸在三次 G20 峰会中对中国的报道。吴瑛（2012）从国际媒体引用视角比较了巴黎峰会期间中美两国的受关注度。但是，对德语媒体中的 G20 峰会报道研究仍然较少。因此，针对本次 G20 汉堡峰会，本文通过梳理德国主流报纸的数百篇新闻报道，运用文本分析法，探析其不同的新闻建构方式，从而考察德媒对重大国际会议的报道模式和特点。

一 媒体选择与研究问题

德国是世界第五大和欧洲最大的报纸市场。2014 年的数据显示，其每个出版日约卖出 1754 万份日报和 500 万份周报和周日报。[①] 在总计 390 多种德国日报中，从发行量来看，娱乐性质显著的《图片报》稳居第一，《南德意志报》（*Süddeutsche Zeitung*，以下简称《南德报》）、《法兰克福汇报》（*Frankfurter Allgemeine Zeitung*，以下简称《法兰报》）、《世界报》（*Die Welt*）和《商报》（*Handelsblatt*）往往分列第二至第五名。[②] 其中，《南德报》历来被认为是德国的"重点媒体"（Leitmedium）和"重大舆论影响日报"。在 Weischenberg 等新闻学者 2005 年的大型记者调查中，它甚至超过了德国影响力巨大的《明镜》周刊，被评为重点媒体第一名。[③]《法兰报》在所有的德文报纸中享有最高的国外声誉，同属德国的"重点媒体"，是关注度仅次于《明镜》周刊的持保守主义立场的一份报纸。[④]《商报》是德国发行量最大的经济金融报和被引用量最多的德国经济媒体，也是德国经济人士的必读报纸。选择这三份报纸作为研究对象，分析其对 G20 汉堡峰会的报道情况，可以较全面地掌握德国政治和经济类主流纸媒对 G20 峰会这一全

[①] Bundesverband Deutscher Zeitungsverleger e. V. （Hrsg.）: Die Deutschen Zeitungen in Zahlen und Daten 2014, http://textlinguistik.pbworks.com/w/file/fetch/101719504/ZDF_ 2014. pdf.

[②] Statista, 2017: Überregionale Tageszeitungen in Deutschland nach verkaufter Auflage im 2. Quartal 2017, https://de. statista. com/statistik/daten/studie/73448/umfrage/auflage – der – ueberregionalen – tageszeitungen/.

[③] Siegfried Weischenberg, Maja Malik, Armin Scholl, 2006: Journalismus in Deutschland 2005, S. 359. In: *Media Perspektiven*, Nr. 7/2006, S. 346 – 361.

[④] Katja Hanke: Die Tageszeitungen Deutschlands. Goethe Institut, Dezember 2011: Das bürgerlich-konservative Blatt berichtet aber nicht nur ausführlich über Unternehmen, sondern umfangreicher als andere über außenpolitische Themen.

球经济治理平台的态度。

本文选择"G20"作为关键词,分别在三家报媒的官网中搜集新闻报道。研究时段为峰会前后约两周,即 2017 年 7 月 1~15 日。总体可分为三个阶段:峰会前(7 月 1~6 日)、峰会中(7 月 7~8 日)和峰会后(7 月 9~15 日)。收集到的新闻报道数量分别为:《法兰报》105 篇,《商报》199 篇,《南德报》59 篇。

本文试图回答以下问题:

第一,德国媒体主要关注哪些新闻事件?

第二,德国媒体从哪种视角解读焦点事件?

二 德国主流报纸关于 G20 汉堡峰会的报道表现

(一)报道集中于会前和会中

通过考察三家德国媒体的报道总量和数量变化趋势可以发现,《商报》对汉堡峰会的报道最多,《南德报》最少(见表1)。《商报》和《法兰报》的报道数量变化趋势相近:两者的报道数量约从 7 月 2 日开始攀升,于峰会召开前一天(7 月 6 日)达到峰值;峰会结束后一天(7 月 9 日)的报道数量跌至低点,但又在 7 月 10 日迎来一个小高峰,随后呈波动式下降(见图 1)。《南德报》则是在峰会前一周报道数量持续偏低,在峰会召开期间急速增长达到峰值,随后在一周内下降至 1 篇。可见,这三家德媒对汉堡峰会的重点关注周期主要为峰会前的 5~7 天和峰会期间。

表 1 德国报媒的新闻报道总量

	《法兰报》	《商报》	《南德报》	总数
2017 年 7 月 1~6 日	47	91	18	156
2017 年 7 月 7~8 日	15	31	19	65
2017 年 7 月 9~15 日	43	77	22	142
总数	105	199	59	363

(二)多样化选择新闻事件报道主题

1. 峰会前关注:抗议游行、特朗普言论和中国动态

在峰会前的报道中,三家媒体的报道主题呈现多样化。除对 G20 概况

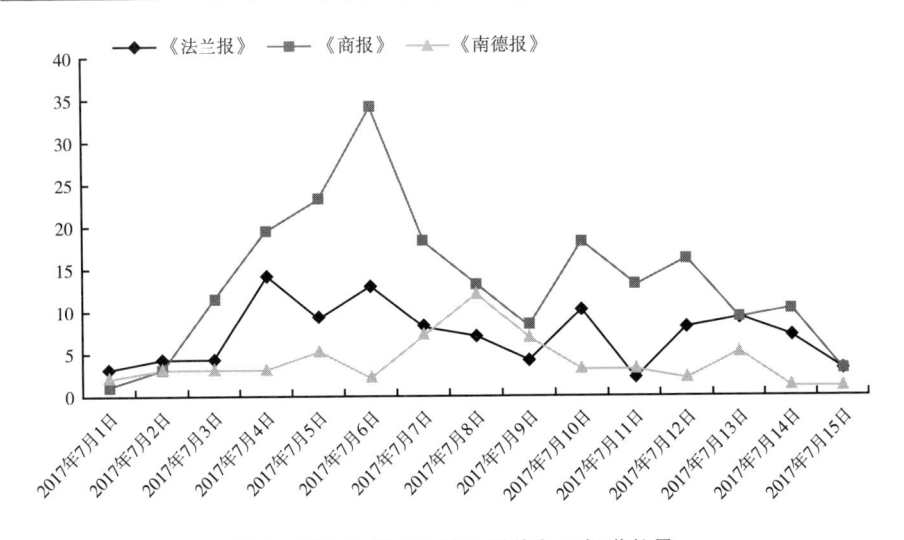

图 1 G20 汉堡峰会德国媒体每日报道数量

做报道之外，对会期安全形势问题、游行抗议、特朗普言论和政策以及德国与土耳其关系问题等也进行了关注。

《南德报》指出，安保问题是汉堡峰会筹办工作面临的最大挑战，即使汉堡市化身"堡垒"，也难以消除有关各方对峰会期间的严峻安全形势的忧虑，即对极端分子的恐惧。反 G20 峰会游行在《南德报》的峰会前报道中也占了较大篇幅，主要有以下三个方面内容。第一，估算游行者人数和介绍游行组织，通过对口号和海报内容的报道以及对游行者采访，传达游行示威者的诉求，如环境和气候保护、民主公正、反特朗普、反资本主义等。第二，聚焦矛盾和冲突，例如，警方为拆除帐篷与游行者发生暴力冲突、游行者为捍卫游行自由向法院提出紧急申诉被驳回、汉堡行政法庭圈定"禁止游行区域"招致批评、警方扣留示威者的大量自制武器、暴力分子的破坏性计划等。第三，游行并不总是暴力的。该报对一些和平游行活动进行了现场报道，如"享乐主义的夜舞游行"，并高度评价其为一场"和平的、有创意的和多彩的"游行。此外，《南德报》在会前还关注了举办 G20 峰会带来的影响，如商业损失、暴力示威活动可能造成的居民安全困扰等。

在峰会召开前，《法兰报》的报道主题最为广泛。除报道抗议互动外，还涉及欧盟和日本自由贸易谈判取得积极进展，德国禁止土耳其总统在参会期间对其德国境内的追随者发表演讲，沙特阿拉伯国王和巴西总统不出席峰会，朝鲜试射弹道导弹等事件。

在报道的焦点人物方面，特朗普是《法兰报》的关注重点：该报批评了特朗普鼓吹"美国优先"的贸易民族主义、贸易保护主义和"隔离墙"政策；报道了特朗普欲发动贸易战、宣布实施惩罚性关税；报道引用美国民调机构皮尤研究中心6月底发布的一项调查结果称，37个国家的受访者中，表示对特朗普有信心的仅占22%，七成左右的受访者认为特朗普"傲慢""危险"。此外，该报与特朗普有关的报道还包括：美俄两国元首的G20首次会晤计划；特朗普与默克尔通电并允诺乐意协助峰会成功举办；特朗普外交政策的不可预见性和他本人不稳定的个性，将给G20带来困难，使其他成员国感到不安。

与上述两家报纸相比，《商报》侧重经济报道的特点最为明显，它把峰会谈判比喻成一个用来讨价还价的"峰会集市"，重点关注欧盟和日本自贸谈判的进展以及气候变化及其带来的金融市场风险，并聚焦G20峰会的经济议题和非洲议题。

在《商报》的会前报道中，它用较多篇幅报道了中国话题——详尽报道了习近平主席到访德国后的一系列行程安排，包括与默克尔的两次会谈、共同观看足球赛、向柏林动物园赠送大熊猫、200亿元飞机大订单等。此外，还关注了中国对朝鲜问题的态度、中美关系摩擦不断、习近平主席与普京于汉堡峰会前在莫斯科举行会谈等话题。

2. 峰会期间关注：谈判进展和汉堡骚乱

三家媒体在峰会期间更多地对汉堡峰会的动态，尤其是各方谈判进展予以积极跟进。此外，对于抗议游行升级为汉堡骚乱也予以了不同程度的关注。

作为前期铺垫，《商报》从经济角度对峰会选址汉堡做了说明——各国领导人、重要国际组织、媒体记者等峰会参与者需要起码9000个宾馆房间、良好的交通环境、足够大的会议中心、安全性等。针对峰会谈判进展，《商报》紧跟G20峰会的每一个环节进行了周密报道，覆盖每一个分歧和共识：峰会开幕、峰会气候工作会议、特朗普与普京首次会面、G20成员国就反恐达成合作共识并就金融调控达成一致、贸易争端、气候谈判、土耳其总统埃尔多安质疑气候协定、法国总统提议召开巴黎协定阶段性峰会、领导人出席易北爱乐厅音乐会、美俄达成叙利亚休战协议、峰会公报公布、峰会成果讨论等，尽可能多地传递了G20汉堡峰会的最新消息。

《南德报》的会中报道围绕着两个人物展开，即特朗普和默克尔。塑造的特朗普形象是"被孤立的"和"孤独的"民族主义者、平民主义者和贸易保护主义者，以至于美国也成为一个"被孤立"的"局外国"和G20其他各国的对立国，在G20峰会期间面临1∶19的艰难局面。特朗普的孤立主义政策使得G20峰会两大主要议题——自由贸易和气候变化显得困难重重。《南德报》指出，尽管由于特朗普的原因，峰会在气候议题上只达成了"有争议的"成果，但在自由贸易议题上取得了令人满意的共识，是得之不易的一个进展。该报还密切关注特朗普与普京的首次会面。特朗普在此被描述为"没有外交经验"并且"不勤奋学习"的总统，易被经验丰富的普京"一眼看穿"。

与此同时，该报认为默克尔既是"引领者"，但也是某种程度上的"被孤立者"。作为本次峰会主办国的政府首脑，默克尔无疑在峰会进程推进、议题谈判等多方面发挥着主导作用。持自由主义立场和支持气候变化谈判的默克尔也被视为特朗普的"对抗者"。然而，默克尔在难民和移民议题上遭受了与特朗普相似的"1∶19"待遇。G20其他成员国并不接受该议题为峰会的相关议题，更毋论达成解决方案了。

《法兰报》也多次论述了特朗普给峰会带来的麻烦，认为其可能导致峰会的"失败"；描述了特朗普在峰会中的"孤立"和"偏离"，批评他的贸易保护主义和孤立主义路线；对特朗普和普京之间的矛盾进行了梳理，不看好美俄关系会有所好转，并援引美国媒体对特朗普的警告、批评和怀疑言论等。除重点议题如自由贸易、气候变化和反恐之外，《法兰报》还发文讨论了默克尔在健康议题中的"停用抗生素"倡议以及特朗普女儿伊万卡在妇女赋权议题中为发展中国家的女企业家筹集基金等消息。

在汉堡骚乱事件的报道中，《南德报》对包括警方、游行者、目击者、商户和政治家等在内多种信息源进行引用，尽可能详实地展现事件全貌。《商报》则多称暴力事件为"严重的骚乱"和"暴动"，第一时间到达现场，对暴力进行大力谴责，同时也指责汉堡警方的应对不力——"多达21000人的警力投入却无法控制好场面，峰会参与者的确得到了很好的保护，却无法保证汉堡市公民的安全"，"汉堡骚乱事件传递的实质是政府失灵的征兆"，造成的后果是"市民安全感和国家信任感"的丧失。而《法兰报》则评论骚乱为"一场尴尬的闹剧"，"给世界输送了汉堡丑陋的图片"，认为游行激化为暴力事件是伪善者"有预谋的犯罪"。

3. 峰会后关注：反思骚乱和总结各方表现

峰会结束后，对于会议得失的总结以及对骚乱事件的追责和反思是三家媒体的报道重点。

《南德报》对 G20 汉堡峰会的得失进行评论,肯定了默克尔在峰会上的努力,如与每一个"好斗者"进行了会谈,认为她已是"无可指责的";点评了一些国家的作为,指责特朗普在峰会上的表现令人不安,土耳其总统比特朗普更显得"游离",似乎处在"自己的世界中",法国总统则是"充满干劲的"和"极有帮助的",中国、巴西等发展中国家相较于美国在气候议题上显得合作和坚持。

《法兰报》在峰会后连续发文针对汉堡骚乱事件及其成因和后果等进行了深度报道,从骚乱现场、汉堡警方的应对、政治背景、社会公众心理等多方面探讨了此次事件。报道体现了对事件的严厉抨击立场,把闹事者称为"暴力犯"、"暴力和憎恨的传播者"、"到处抢劫的暴民",把他们做出的事情定性为"暴力放纵"和"街道恐怖主义"——抢劫、纵火、破坏、意图"谋杀"或"重伤"警察,强调有将近 500 名警察和不知数目的游行者受伤,汉堡遭到了大破坏,更以此批判了德国政界和民众对极左政治分子的同情和容忍,认为这给了德国极左派过多的发展空间,从而埋下了骚乱的祸根。多篇报道都体现了对暴力零容忍的坚决态度以及对极端主义的反对。该报对暴徒们所面对的法律后果和骚乱所造成的德国政界风波进行了跟踪报道,提出应更注重国内安全问题。

《法兰报》在社会舆论中不仅起着重要的引导作用,还经常扮演着"讨论发起者"的角色。[①] 其对汉堡骚乱事件的报道不仅在于传递信息,更注重通过深度挖掘来引发读者思考和讨论,同时也注意以正面新闻来平衡报道,以达成对社会舆论的正面引导目的。

《商报》对峰会后的报道也大篇幅关注骚乱事件,还注重正面报道:默克尔致谢汉堡安保警察、上千名志愿者主动清理汉堡骚乱废墟;汉堡交通协会赠送受损车主公共交通月卡、保险公司承担部分受损赔偿、联邦政府成立赔偿基金会、汉堡易北爱乐厅向汉堡警察赠送音乐会票等。

此外,《商报》持续关注特朗普,包括特朗普对与普京会晤的评价和美俄合作计划(叙利亚停战、网络安全)、特朗普在推特上表扬汉堡警方和默克尔的峰会组织工作("G20 峰会的成功非常了不起,默克尔极好地举办了这场峰会")、特朗普的推特账号上传 G20 庆祝视频"Make American great again"等。

---

① https://de.wikipedia.org/wiki/Frankfurter_ Allgemeine_ Zeitung.

(三) 在报道上持差异性政治立场

在 G20 汉堡峰会报道中,三家媒体也清晰呈现了各自的倾向性和视角,其背后反映的实质是政治立场的差异。

1.《南德报》的公民视角报道

持自由主义立场的《南德报》早在 1945 年的发刊词中便已声明:"《南德报》不是政府或某个党派的喉舌,而是所有热爱自由、憎恨集权国家的德国人的扬声筒。"① 该报信奉政治成熟、责任感和真实,一贯以严谨和准确的新闻报道以及对敏感新闻的直率立场赢得读者的青睐。在政治倾向上,《南德报》追崇自由民主的社会形态,走"偏左"路线。②

总体而言,《南德报》对汉堡峰会评价不高。它把警方在周二晚上用水枪和警车驱散"一场极其和平的集会"称为"一次没有必要的力量展示";提醒读者"政治家不总是理性的,示威者也不总是非理性的,但应重视他们所表达出来的不一样的观点";同时也认为游行者应该把自己从"暴行者"中分离出来,不应滥用暴力。这种视角的多样性符合《南德报》的自由主义立场。此外,《南德报》认为德国特别是汉堡不适合举办这种严重影响市民生活的和超出自身应对能力的大型国际会议。这种对暴力的憎恶、对警察失职的直言和对政府决策的否定体现了《南德报》相对中立的立场,也是其自由主义风格的体现。

2.《法兰报》的政府视角报道

持保守主义立场的《法兰报》则属于政治倾向"偏右"的报纸。③ 该报秉持"激发思考"的办报方针,活跃于社会舆论形成和讨论中。对于汉堡峰会,《法兰报》整体给予较积极评价。报纸援引了默克尔总理和汉堡市长肖尔茨的评价——汉堡峰会是"成功"的。《法兰报》赞同德国举办 G20 峰会,认为使用暴力者无权决定汉堡不适合举办类似活动,只有 G20 峰会这种形式才能实现世界政治中的"议程设置",德国应该摆脱地方主义的桎梏。

---

① Süddeutsche Zeitung, 1945.10.6: Zum Geleit. Nummer 1, 1. Jahrgang.
② Davide Brocchi: Die Presse in Deutschland. Cultura21 – Institut, Köln 2007, http://magazin.cultura21.de/kultur/wissen/die-presse-in-deutschland.html.
③ Davide Brocchi: Die Presse in Deutschland. Cultura21 – Institut, Köln 2007, http://magazin.cultura21.de/kultur/wissen/die-presse-in-deutschland.html.

峰会后爆出的一起较具轰动性的新闻事件是联邦政府撤回对32名记者的G20峰会采访授权。相比《南德报》指责政府部门可能侵犯了新闻自由或个人隐私权，《法兰报》则提到了记者身份的易获得性，认为他们有可能只是"伪装成记者"的活动者。这种猜测式的辩护、对峰会的偏向正面的评价、对警方的同情态度以及对极端分子的激烈批评，都体现了该报较为明显的政府视角。

3.《商报》的商业视角报道

《商报》历来以"即时性、可靠性、物质性和客观性"为报道方针。[①] 在2016年度德国一项媒体信任指数评比中，《商报》以83%的信任度超过《南德报》（79%）和《法兰报》（78%），成为德国最值得信赖的媒体。[②]

如同其他报纸，《商报》在峰会召开前对会议的期望不高，称不能指望在峰会结束时所有棘手问题都达成共识。但与其他两份报纸乐见特朗普被孤立的观点不同，《商报》认为应该避免在G20峰会形成一个19:1的反特朗普联盟，而应努力达成一致。尽管峰会代价高昂，但应看到峰会也给汉堡带来了活跃的创作者、科学家、企业家和文化活力。峰会期间《商报》的评价显得相对消极："默克尔想务必阻止峰会的失败"，"容克：在贸易争端上取得一致几乎是没有希望的"，"除非奇迹发生"，"没有共识"。但当峰会公报发布后，《商报》评论语调一转，认为峰会实际并没有失败，反而是有成功之处的："能使特朗普在贸易争端上让步并且同意峰会公报就已是德国的成功"，"G20领导人成功地解决了贸易争端"，"在气候议题上也取得了妥协"，"默克尔成功地阻止了G20分裂"。

相较于其他两份报纸的较强政治倾向，《商报》更多地体现了商业视角中的务实态度和经济取向，总体基调较平实中立。

三　三家德媒峰会报道模式的比较与总结

《南德报》、《法兰报》和《商报》都是德国的主流报纸，从整体而言，三者都注重多方位、多角度和多层次地对汉堡峰会进行报道，为不同的利益

[①] IQ - Media, 2017: Handelsblatt, https：//www.iqm.de/fileadmin/user_ upload/Medien/Zeitungen/Handelsblatt/Downloads/HB_ Basispräsentation_ 2017. pdf.

[②] Vertrauensindex der Gesellschaft der führenden PR-und Kommunikationsagenturen in Deutschland（GPRA）2016.

群体发声，不仅注重消息的及时传递和各政治党派的观点传达，还善于结合专家学者的深度解读和评论融入报纸的立场和观点。

综观峰会会前、会中、会后三个阶段的报道，可以发现这三家报媒主要呈现五种报道模式。一是主题报道模式。报道围绕相关主题对峰会进行多方面报道，其优势在于有利于突出重要事件和事件间的关联性。二是人物报道模式。围绕主要人物展开报道，其优势是有利于塑造人物形象，抓主放次。三是即时报道模式。以时间为线，围绕峰会进程展开报道，优势在于即时性、全面性和客观性。四是多信息源报道模式。三家报媒引用最多的信息源首先是政治人物，包括各国领导人、相关官员和各政治党派人士，其次是专家学者和研究机构等，最后是新闻事件的相关行为者代表，如游行组织者、游行参与者、市民、商户、警察等。通过专题采访、直接引述和间接转述等形式来实现信息源的多样化，也使报道更具说服力和更鲜活。五是自带价值模式。三家报纸分属不同的政治团体，具有不同的立场，因此在峰会新闻报道的报道态势、议程设置和新闻视角上都呈现出各自的鲜明特色。通过带价值取向的视角切入，对新闻事件进行独特解读，既使新闻更有区分度、观点更为多元化，也实现了某种程度上的分工协作和各司所长，有利于社会舆论的分流和读者对新闻事件更全面认知的形成。

综上所述，通过多元报道模式的综合运用，德国主流报纸对 G20 汉堡峰会的报道总体上呈现出层次丰富、主题广泛、主体多样和信息及时全面等特点。

参考文献

丁柏铨、蒋潇：《中美主流媒体会议新闻比较研究——以〈人民日报〉和〈纽约时报〉对联合国系列峰会和 G20 第三次峰会的报道为例》，《新闻传播》2010 年第 2 期。

王洪波、李占英：《G20 杭州峰会：国际舆论的关切与期待》，《当代世界》2016 年第 7 期。

吴瑛：《中美软实力在 G20 峰会中的比较研究——从国际媒体引用的视角》，《上海行政学院学报》2012 年第 3 期。

张淑芳：《论金融危机背景下美国主流报纸在三次 G20 会议中对中国报道的框架分析》，北京外国语大学 2009 年硕士学位论文。

A Study on German Media's Coverage of G20 Hamburg Summit

LU Jiaojiao

Abstract: Germany hosted the G20 Hamburg summit in July 2017. To investigate the report patterns and the main characteristics of the G20 summit coverage in German Media, texts in the summit period from three mainstream German newspapers (*Süddeutsche Zeitung*, *Frankfurter Allgemeine Zeitung* and *Handelsblatt*) have been analysed from the aspects of news events and perspectives. Study found that the three German newspapers have adopted five kinds of report patterns—theme report pattern, figures report pattern, real-time report pattern, multiple source report pattern and value pattern. On the whole, their summit coverage showed rich layers, extensive themes, multiple subjects and timely, comprehensive informations.

Keywords: G20 Summit; German Media; Report Pattern

下 篇
世界性通讯社对历次 G20 峰会的报道

美联社 G20 峰会报道研究

胡 洁[*]

摘要：美联社被公认为世界传播范围最广、国际影响力最强的通讯社，在当今全球传播体系中具有相当的国际传播话语权和舆论影响力。本文旨在探讨美联社在 2008~2015 年的 G20 峰会报道中的报道策略、议程设置能力和媒介框架呈现特点。研究发现，美联社将 G20 峰会作为大国政治、经济与外交的舆论竞技场，重视主场报道，集中使用经济结果、责任归因和冲突框架，并塑造了对现有国际经济秩序不断"挑战"的"他者"中国镜像。

关键词：美联社　G20 峰会　话语权

作为全球经济治理的主要论坛之一，G20 峰会更是一个高层次的多边外交场合，它吸引了全球媒体的关注，更成为世界舆论的焦点。因此，探讨 G20 峰会的传播研究课题，除了应重点关注东道国媒体如何报道峰会外，还应考察世界主流媒体如何报道峰会。

通讯社是当今全球传播体系中至关重要的一环，它们充当着全球媒介代理的角色，为世界各地的新闻媒体提供新闻资讯产品。作为专业化和大规模的新闻批发商，通讯社使得新闻的传播实现了内容上的标准化，因而也被称为"一种标准化了的新闻公分母"。也正因如此，通过其新闻产品在世界范

---

[*] 胡洁，北京外国语大学国际新闻与传播学院博士研究生，主要研究方向：全球传播、政治传播、媒介融合、新媒体与社会。

围的传播，通讯社相应地获得了相当的传播话语权。

世界性通讯社是国际新闻交流中作用最大，经营规模、业务实力和舆论影响力均达到世界水平的通讯社。它能够 24 小时不间断地向全球发布世界各地的重大事件，拥有覆盖全球的新闻信息来源体系，并在世界各地拥有众多用户，能发挥重要的舆论影响力。[1] 早在 1953 年，联合国教科文组织在《通讯社：它们的结构和运转》中将美联社等五家通讯社认定为世界性通讯社。经过半个多世纪的发展与演变，美联社、路透社、法新社和新华社被列为当今四大世界性通讯社。而这其中，美联社更被业内公认为世界传播范围最广、国际影响力最强的通讯社。

因此，本文首要的研究目的是考察美联社在 G20 峰会中采用了怎样的报道策略从而对国际社会施加舆论影响力。借此，本文将集中探讨美联社在新闻报道中的议程设置能力和媒介框架呈现特点，以此为我国通讯社报道国际大型会议提供参考。

一　文献综述与研究问题

（一）美联社的崛起

美联社全称为美国联合通讯社，英文名是 The Associated Press（AP），是美国最大的通讯社。美联社的历史可追溯到 1848 年，如今的美联社是由美国报业（1300 家报纸）和广播成员（3890 家电台、电视台）组成的新闻联合组织，属于合作社性质的通讯社，总部位于纽约。

美联社在国际新闻界享有极大声誉，其新闻报道已获得 52 次普利策新闻奖。目前，它的分支机构遍布全球 100 多个国家，在 263 个城市设有记者站。美联社每天用 6 种文字——英语、德语、荷兰语、法语、西班牙语、瑞典语播发新闻和经济信息。它不仅为美国 1500 多家报纸、6000 多家电台、电视台提供服务，还为全球 15000 多家媒体机构供稿，总用户已超过全球一半人口。[2]

美联社在一战后迅速发展壮大，主要得益于美国经济实力在战后的强劲

---

[1] 冯健总主编《中国新闻实用大辞典》，新华出版社，1996。

[2] https://www.ap.org/about/.

崛起。"经济上富庶的国家,享有更多的信息资源和传播信息的媒介资源,经济上的富人就是信息上的富人。"① 正如韦尔伯·施拉姆的总结,经济强国美国也成为新闻富国。与此同时,美联社也通过国际传播增强了美国的国家"软实力"。②

美联社倡导客观性原则,并将其推广为全球新闻业界的报道原则,更生发出一整套新闻写作准则。不过,有学者提出质疑,"国家性"和"世界性"双重特征令美联社成为国家利益的代言人,其新闻中呈现的中国镜像和中东镜像存在很大问题。③ 由此,本文提出以下研究问题:

研究问题1:美联社在G20峰会的报道中,呈现出怎样的报道特点?

研究问题2:美联社在G20峰会的报道中,刻画了怎样的中国镜像?

(二) 议程设置

传播学家马克斯维尔·麦库姆斯和D. L. 肖在1972年发表的题为《大众传播的议程设置功能》的论文中讨论了新闻报道议题与选民判断之间的关系,由此开启了"议程设置"研究。他们发现,大众媒介通过对新闻的选择和发布影响了受众对于重要议题的判断,那些新闻媒体的优先议题也相应成为公众的优先议题。④ 新闻媒介通过对新闻报道的删选与编排,制定了其媒介议程,并由此影响新闻话题在公众议题中的显要性。因此,根据议程设置理论,新闻媒介的报道不仅能影响受众对世界图景的认知,还能为受众过滤、排序"重要事件"。

基于此,本文提出研究问题3:美联社对G20峰会的报道是在怎样的议程设置下展开的?

(三) 框架理论

框架理论将媒介研究的重点从新闻报道的客观性和偏见转移到新闻报道的意识形态上,暴露了新闻报道的隐藏假设。⑤ 新闻框架的建构能够消除声

---

① 韦尔伯·施拉姆:《传播学概论》,新华出版社,1984。
② 贾品荣:《世界性通讯社经营管理研究》,华中科技大学,2009。
③ 刘笑盈、付江:《世界第一通讯社:美联社》,《对外传播》2009年第5期。
④ 〔美〕马克斯维尔·麦库姆斯:《议程设置大众媒介与舆论》,郭镇之、徐培喜译,北京大学出版社,2008,第6页。
⑤ Robert A. Hackett (1984), Decline of a paradigm? Bias and objectivity in news media studies, *Critical Studies in Media Communication*, 1 (3), pp. 229 – 259.

音并削弱观点，媒体可以在没有明显偏袒的情况下以有利于一方的方式建构框架。① 根据媒介框架理论，在媒介框架的指引下，受众受到认知框架的影响从而形成对事物的理解。

本文将从功能层面、态度层面和内容层面对美联社在 G20 峰会报道中呈现的媒介框架进行探讨，并提出以下研究问题：

研究问题 4：美联社对 G20 峰会的报道使用了怎样的新闻框架？

二 研究方法

本文旨在研究分析美联社对 G20 峰会的报道传播，研究时间横跨 8 年（2008～2015 年），研究对象为十次 G20 领导人峰会的媒体报道，采用内容分析法和基于自建语料库的话语分析方法相结合的研究方法。

（一）样本数据

样本时间分为三个阶段，即历次 G20 峰会的会议预热期（会前 7 天）、会议开幕期（会中）、会议闭幕期（会后 7 天）。本文在 LexisNexis 数据库中选择样本。结合英文的文本特征和写作技巧，"G20" 与 "Group of 20" 等同含义，本文将关键词确定为 "G20 or Group of 20"。为凸显关键词反映内容的集中度，本文仅考察以关键词作为主题词（Subject terms）出现的样本，通过系统对相似样本自动进行合并后，最终获取有效样本 336 篇。

（二）语料库搭配强度数据

在微观层面上，本文通过自建语料库，对高频词和关键词的搭配强度进行比较和索引行分析，从而对样本进行进一步分析。

本文使用的搭配检索软件是汇智明德与柯林斯、外研社联合推出的"语料云"。由 336 篇样本形成自建语料库，共包含 33007 个英文单词。针对美联社每一次峰会的报道样本，相应生成子库。

对于美联社的表达方式和语言风格，本文将借助语料库的高频词用语分

---

① Tankard, J. W., Jr. (2001). The empirical approach to the study of media framing. In S. D. Reese, O. H. Gandy Jr., & A. E. Grant (Eds.), *Framing public life*：*Perspectives on media and our understanding of the social world*，New Jersey：Erlbaum, pp. 95 – 106.

析，并引用原文中的具体实例来具体阐述。高频词用语分析主要考察形容词和副词两类词语的使用频次，以"#adj｜#adv"进行定位搜索，并采用Lemma（原形及变化形式合并）统计模式，对检索结果按总频次由高至低排序。

此外，为探讨峰会报道对中国话题的涉及，以及对中国形象的塑造，本文以"China"作为关键词在美联社的新闻报道样本中进行二次搜索，搭配词主要考察名词、动词、形容词和副词四类实义词，搭配的范围主要集中在关键词前后 5 个词之间。以"#n｜#v｜#adj｜#adv"对以上四类实义词进行定位搜索，并采用 Lemma 统计模式，对检索结果按对数似然比（LLR）由高至低排序，从而对关键词"China"进行搭配强度和索引行分析。

三 数据分析和研究发现

本文集中探讨样本在新闻选择、价值判断、叙述框架和话语分析上的异同，主要从四个方面——报道态势与议程设置、报道类型与新闻体裁、新闻内容与报道技巧、涉华报道与中国形象分析展开论述。

（一）报道态势与议程设置

1. 报道数量

对于美联社的 G20 峰会报道数量，本文确定的有效样本为 336 篇。如图 1 所示，根据总的报道态势来看，美联社对首次 G20 峰会的报道处于历史低点，反映其对于峰会在国际事务上影响力的质疑。不过，对于第二次峰会，美联社投入了大量的报道力量，新闻报道的数量骤然攀升。第二次峰会于 2009 年在英国伦敦举行，时值全球金融危机正盛，国际社会对 G20 的国际治理能力抱有诸多期待，因此峰会成为国际社会和国际媒体的关注焦点。及至第三次峰会于美国匹兹堡举行，对于美联社来说更是"主场报道"，因此峰会报道热度冲向高点达到 105 篇。此后，对于 G20 峰会的报道，美联社维持在 20 篇上下浮动。其中，波动最大的是于 2013 年在俄罗斯圣彼得堡举行的峰会，有 33 篇报道，某种程度上反映了美联社在大国政治经济事务上的敏感度。

另外，从表 1 可以看到，会议预热期即会前报道数量相对多，会中报道数量平稳，会后则趋于减少。

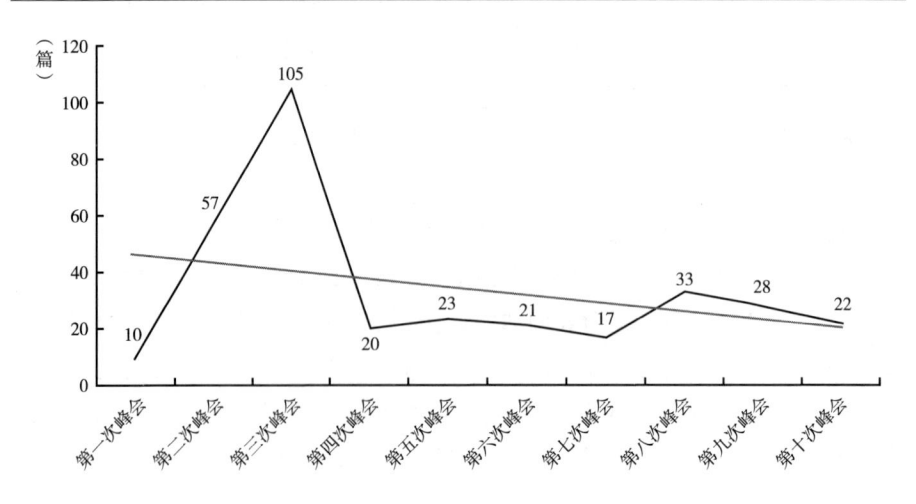

图 1 美联社 G20 峰会的报道数量

表 1 美联社 G20 峰会报道区间和报道数量

	会议预热期		会议开幕期		会议闭幕期		合计	
第一次峰会	7	70%	2	20%	1	10%	10	100%
第二次峰会	26	45.6%	26	45.6%	5	8.8%	57	100%
第三次峰会	23	22%	65	62%	17	16%	105	100%
第四次峰会	7	35%	6	30%	7	35%	20	100%
第五次峰会	11	48%	11	48%	1	4%	23	100%
第六次峰会	4	19%	14	67%	3	14%	21	100%
第七次峰会	6	35%	7	41%	4	24%	17	100%
第八次峰会	5	15%	27	82%	1	3%	33	100%
第九次峰会	13	46.43%	13	46.43%	2	7.14%	28	100%
第十次峰会	9	41%	11	50%	2	9%	22	100%
总计	111	33%	182	54%	43	13%	336	
平均	11		18		4		33	

具体而言，在第一次峰会中，美联社的实际发稿周期为当月 9 日到 17 日，共计 9 天，其中会议预热期为重点发稿期。从报道刊发安排的时间，可以对相关通讯社的报道策略有较为明晰的判断。从议程设置的角度看，这也是通讯社发挥影响力的重要手段。

在第二次峰会中，当年的 3 月 26 日至 4 月 1 日为预热期，4 月 2 日为会议开幕期，4月3日至9日为闭幕期。美联社对预热期和会议开幕期的报道相当重视。

第三次G20峰会于2009年在美国匹兹堡举行。对于美联社来说属于"主场报道"。在本次G20峰会中，9月17日至23日为预热期，9月24日至25日为会议开幕期，9月26日至10月2日为闭幕期。美联社对会中的报道尤为重视，报道比例高达60%以上。

在第四次峰会中，美联社对三个阶段的报道均保持了一定的关注度，各阶段的发稿量较为平均。从报道内容来看，美联社在会议开始前报道了G20峰会相关安保工作以及为G20峰会的召开做的一些准备，一些前期的经济方面的决策等。而在会中，主要报道的是与会议主题相关的解决财政赤字问题的相关内容，以及针对抗议者的内容。会议后7天的报道内容依然是对于财政赤字、经济复苏和安保工作的质疑。

美联社对于第五次峰会的新闻报道，主要集中在会议前和会议中，会议结束后只有1篇报道。从报道内容来看，美联社在会议开始前报道了G20中韩贸易谈判，韩国所做的安保工作，G20对股市价格的影响等。而会议两天过程中，主要报道的是与会议主题相关的G20峰会所达成的共识，消除贸易壁垒，太平洋地区的自由贸易以及美国在全球经济复苏中扮演的角色等。会议后7天只有1篇关于快速发展美国市场、增加出口的报道。

在第六次峰会中，美联社在会议预热期报道数量较多，在会议开幕期达到高峰，会议闭幕期报道减少。

在第七次峰会中，美联社在会议预热期报道数量较多，在会议开幕期达到高峰，会议闭幕期报道减少。具体而言，美联社在会议预热期、开幕期和闭幕期的新闻发稿比重分别为35%、41%和24%。

在第八次峰会中，开幕期是美联社报道的高峰期，报道数量为27篇，所占比重更高达82%。美联社在会议预热期、闭幕期对G20峰会关注明显偏少，报道数量仅有6篇，所占比重仅为18%。需要注意的是，美联社单日发稿量最多的是9月4日，发稿量达到4篇。

在第九次峰会中，预热期与开幕期报道数量相同，同为13篇。但闭幕期报道数量较少，仅为2篇。需要注意的是，在预热期和闭幕期，美联社单日发稿量最多的为11月14日，发稿量为8篇。

在第十次峰会中，美联社在会议开幕期报道数量最多，共有11篇，占到报道总数的50%；在会议预热期有9篇报道，会后的报道数量趋于减少。

2. 发稿地点

相对报纸等其他媒体而言，通讯社的发稿地点多样化，既能代表通讯社的报道实力，也体现了通讯社开展多层次报道的能力。根据美联社的发稿地点统计（见表2），发稿地的多样化与报道规模成正比——当峰会报道规模扩大时，有更多的新闻现场得到关注，反之亦然。

对于十次峰会报道，美联社投入的记者站资源最多的是在第二次的伦敦峰会和第三次的匹兹堡峰会，分别在全球10座城市和9座城市做了新闻报道。在第十次土耳其安塔利亚峰会与第一次华盛顿峰会也投入了大量的记者资源，分别有7个、6个地点的记者发回报道。

此外，统计分析美联社历次峰会的发稿地点，可以看到华盛顿、纽约、布鲁塞尔、圣彼得堡、莫斯科、北京和上海是其在全球重点布局的记者站，也是其观察全球经济政治动向的重要据点。

表2 美联社历次G20峰会报道的发稿地点统计

	第1次	第2次	第3次	第4次	第5次	第6次	第7次	第8次	第9次	第10次
发稿地点统计	6个	10个	9个	4个	4个	5个	3个	7个	6个	7个

在第一次峰会中，美联社的发稿地点有6个，其中发稿最多的是会议主办地华盛顿，其次是英国伦敦和巴西圣保罗，中国香港、日本东京、委内瑞拉加拉加斯都有报道发出。

在第二次峰会中，美联社的发稿地点有10个，其中发稿最多的是会议主办地伦敦，其次是美国华盛顿，美国纽约、瑞士日内瓦、捷克布拉格、挪威奥斯陆、中国上海、德国柏林、奥地利维也纳、泰国曼谷都有报道发出。

在第三次峰会中，美联社的发稿地点有9个，其中发稿最多的是会议主办地美国匹兹堡，其次是美国华盛顿，美国纽约、瑞士日内瓦、比利时布鲁塞尔、丹麦哥本哈根、瑞典斯德哥尔摩、泰国曼谷都有报道发出，另外联合国也作为一个单独发稿地。

在第四次峰会中，美联社的发稿主要集中在加拿大多伦多，也就是峰会主办地。此外，纽约、华盛顿、上海、柏林、新斯科舍、旧金山、北京、圣彼得堡、渥太华9个城市都有报道发出。

在第五次峰会中，美联社除从会议现场韩国首尔发出报道外，主要从伦敦、纽约、横滨进行报道。

在第六次峰会中，美联社的报道地点以法国戛纳为主，其次为罗马、华盛顿、巴黎和布鲁塞尔。

在第七次峰会中，美联社的发稿地点有3个。其中，发稿最多的是会议主办地墨西哥洛斯卡沃斯，其次为柏林和墨西哥城。

在第八次峰会中，美联社的发稿地点主要是俄罗斯圣彼得堡，发稿量达23篇，接近七成的发稿量。华盛顿的发稿量位列第二。

在第九次峰会中，美联社的主要发稿地点为布里斯班，发稿比例为75%。堪培拉为澳大利亚的第二大发稿地。此外，北京、莫斯科等地也有报道发出。

在第十次峰会中，美联社的发稿地点共有7个，其中发稿最多的是会议主办地土耳其安塔利亚，共发出7篇报道，占总报道数的32%；其次是土耳其首都安卡拉，共发出5篇报道，占总报道数的23%；美联社在巴黎共发出4篇报道；华盛顿、柏林、伊斯坦布尔、安曼也均有报道发出。

（二）报道类型与新闻体裁

本文对美联社G20峰会报道的栏目归属情况进行统计发现，新闻报道主要被置于国际新闻、财经新闻、国内报道和华盛顿报道的栏目中，反映出美联社主要在国际事务、国际治理层面讨论G20峰会内容，并且对其经济治理层面的内容给予了极高的关注。

至于将其归入华盛顿报道栏目中，反映了G20峰会对美国的影响是美联社关注的另一重点。第三次G20峰会的大部分新闻报道被归入国内新闻栏目（见表3），则反映美联社对于主场报道的"认可"。

本文还对美联社新闻报道的类型和体裁进一步统计分析，主要辨别其在消息、解释性新闻等方面的重点。一般消息主要是纯新闻，以报道"何事"为重点；而解释性新闻的报道重点则在于通过提供背景性事实材料交代"何因"，蕴含记者的观点看法，带有比较明显的倾向性，但遵循的仍然是以事实说话的报道原则。总体来看，消息是美联社报道的重点，旨在对信息实现全方位覆盖，而解释性新闻也是重要补充。

表 3　美联社 G20 峰会报道的栏目设置与报道数量

栏目设置 \ 峰会	第1次	第2次	第3次	第4次	第5次	第6次	第7次	第8次	第9次	第10次
国际新闻（International News）	2	34	3	11	11	13	16	28	26	19
财经新闻（Business News）	7	19	22	4	12	7		1		
华盛顿报道（Washington Dateline）	1	3	9	5		1		3		1
国内新闻（Domestic News）		1	69				1	1	2	2
体育新闻（Sports News）			2							
总和（篇）	10	57	105	20	23	21	17	33	28	22

美联社对于第一次 G20 峰会的报道以一般消息报道为主，并配有多篇解释性报道。根据美联社的新闻分类标准，本次峰会新闻主要为财经新闻，国际新闻有 2 篇，华盛顿报道 1 篇。这主要体现美联社对于峰会新闻性质的认定，更多地从经济层面对峰会内容进行解读，而非政治或其他层面。

在第二次峰会报道中，美联社以软新闻为主，即它不仅报道事实，还涉及各方观点和评论，比如社论、特稿等。但是在会议两天期间，硬新闻——纯消息报道，主要以事实为主，很少涉及个人观点或评论，比如新闻摘要、新闻报道等的数量明显增加，这主要是因为会议期间领导人讲话通常会作为即时新闻迅速发布。

在第三次、第四次峰会报道中，美联社以硬新闻为主。前一次峰会报道有 18 篇短消息、2 篇新闻分析，主要是分析 G20 峰会召开前各国主要关心的经济问题，另外 1 篇主要分析中国货币政策。后一次峰会美联社有 14 篇短消息，6 篇长消息。

在第五次峰会报道中，美联社充分利用了硬新闻、解读性报道和人物专访对 G20 峰会进行报道，其中硬新闻与解读性报道各占据半壁江山。

在第七次峰会报道中，美联社有 10 篇为硬新闻，7 篇为解读性报道。

美联社对第八次峰会的报道几乎以硬新闻为主，占 93.9%，软新闻所占比例偏小。在第九次峰会报道中，硬新闻高达 21 篇，占比超过七成。这两次峰会中，政治新闻的比例远超经济新闻，反映美联社对政治议题的关注度高于对经济议题的关注度。此外,在第八次峰会报道中,就报道字数大于 500 字的新闻稿件而言,美联社的稿件有 13 篇。

美联社对第十次峰会的报道以一般消息为主,配有多篇解释性报道,同时还有一篇社论综述。

(三) 新闻内容与报道技巧

1. 议题选择

通过对通讯社报道文本的具体分析,可以看到其对议题的关注和讨论的侧重点。总体上,美联社不仅关注经济议题——尤其是金融危机对策和国际经济秩序,也关注政治议题,并且在不同的峰会报道中各有侧重。

对于第一次峰会,美联社首先重点关注峰会关于全球金融危机的对策,以及对全球经济秩序的讨论;其次重点关注峰会召开前后股票市场的异动,分别对中国香港、日本和欧洲股市进行了报道;此外,也对 G20 峰会会场外的抗议声做了报道,甚至对委内瑞拉时任总统查韦斯的抗议行动进行了报道。

对于第二次峰会,在会议预热阶段,美联社的报道主要有以下三大议题。第一,各国对于 G20 峰会所要达成的目标有不同预期,其中美国、英国主张增加政府支出,而法国、德国提出加强对金融市场的监管;第二,伦敦市中心的抗议活动;第三,全球市场、股市低迷的情况。会议期间,美联社的报道重点为会议讨论的议题、成果及各位领导人的观点。会议闭幕以后,美联社的报道主要是关于 G20 峰会成果的评价,包括对发展中国家的影响,以及各国如何实施会议所达成的共识。除了这些严肃话题之外,美联社还注意到了领导人个人之间的关系亲疏,比如米歇尔·奥巴马与伊丽莎白女王之间的亲密关系,另外还有关于领导人在晚宴期间品尝食物的报道。在信息源与引语方面,美联社更倾向于使用官方信息源,包括各国首脑的讲话、对政府官员的采访等,同时也包括非官方信息源,比如普通抗议者、民众等。

对于第三次峰会,在会议预热阶段,美联社的报道主要有以下四大议题。(1) 全球经济形势分析;(2) 匹兹堡会议筹备工作(安全问题、媒体准备、志愿者);(3) 抗议行为在会议前已经开始;(4) 各国领导人的会前观点。预热期报道主要以软新闻尤其是评论为主。在会议期间,主要有三大议题。(1) G20 峰会讨论的议题(经济复苏、减少银行家的薪酬、减少化石能源补贴等);(2)外交议题(各国首脑在农场就餐,奥巴马·米歇尔的女主人角色——带领首脑夫人们参观艺术学校和博物馆);(3)抗议事件;(4)对匹兹堡城市形象的报道(正面报道——匹兹堡既能保留传统,又能与时俱进)。同时,会议期间的报道对 G20 峰会达成的各项协议进行了梳理和分析,指出 G20 峰会目标远大但缺少细节,对于 G20 各国能否兑现承诺提出质疑。会议闭幕期以评论为主,包括对 G20 峰会成果的评价、匹兹堡的城市形象与价值观的剖析、对 G20 能否突破 G8 的局限性提出了质疑。需要注意的是,本次峰会一项重要议题是伊朗核问题,该问题几乎贯穿了会议的三个阶段。

在信息源与引语方面,美联社注重平衡报道,不同的议题信息源不同,因为 G20 主要涉及全球政治经济议题,因此官方信息源更多,包括各国首脑的讲话、对政府官员的采访、联合国官员的讲话等。但是在其他议题比如在有关非 G20 议题的报道上,美联社既采访了大量普通居民、抗议者、记者等非官方人物,也采访了警方、政府等负责安全事务的官员。

对于第四次峰会,美联社同样比较关注赤字问题以及中国的货币政策。

对于第五次峰会,美联社比较关注股价、货币、贸易、抗议活动以及安保等问题,其中有文章特别关注了美国对人民币升值的期待以减少美国对中国的贸易赤字。

对于第六次峰会,美联社的新闻议题主要关注欧债危机的各个方面。比如 G20 峰会达成的协定,如 G20 峰会否决为欧洲提供资金缓解债务危机的决议、G20 各成员国签署反避税协议、致力于丰富 IMF 资源以应对欧债危机、促进全球经济复苏。比如欧债危机对经济乃至政治的影响,如金属行业利润下滑,发展中国家希望 G20 关注就业、农业、气候变化等更大的国际性议题。另外还有意大利总统贝卢斯科尼辞职等。

而在信息源的引用上,政府机构和官员是美联社的主要来源,比例高达73%,奥巴马和萨科齐的被引用次数较多。除了政府领导人,美联社信息源还包括区域性国际组织、专家和商界代表。如,区域性国际组织有国际货币基金组织、欧盟及其下属机构、国际经济与合作组织;专家有来自加拿大的经济学家 Daniel Schwanen,他指出政府只关注欧债危机,却并未注重长远,如就业和发展问题等。

对于第七次峰会,美联社的新闻议题较为集中,主要讨论欧债危机下欧洲领导人如何解决危机,如在公开市场上用紧急避险资金购买政府债务;

G20 各成员国如何致力于全球经济复苏，是采用刺激还是紧缩政策？发展中国家如巴西和中国向 IMF 投入大量资金拯救西班牙和希腊经济；美国、墨西哥和德国对欧债危机的态度，如墨西哥呼吁 IMF 为欧洲注入更多资金阻止危机蔓延，德国默克尔指出德国不会被迫推出应对之策；除此之外还有政治议题，如叙利亚危机、美俄对其危机的态度和希腊大选等。

对于第八次峰会，美联社报道中主要议题为叙利亚危机的比例超过一半，为 54.5%，充分体现了美联社对 G20 解决叙利亚问题的强烈关注。当然，美联社对世界经济议题给予了一定的关注，并将少数目光投向了各国领导人访美、俄罗斯人权议题、跨国公司漏税案和文化新闻。然而，在美联社的议程下，世界其他国家或地区、G20 本身或美俄关系等议题明显被边缘化。再者，本文对美联社信息源进行了分类统计，结果发现几乎全部为来自政府和国际组织的信息源，来自 NGO 或独立个人以及企业的信息源较少，分别为 3 次和 2 次。由此可以看出，G20 峰会的议程依然几乎为政府和国际组织主导，NGO 或独立个人、企业和学者很难在这些权威媒体中被给予足够的"说话"权力。在对报道主体采取的整体态度方面，类别可分成整体中立、偏向消极和偏向积极。结果发现，美联社整体报道中立的比例为75.8%，但剩余的整体偏向消极，其中的 8 篇报道的主要议题均属于俄罗斯议题（叙利亚和人权问题）。

对于第九次峰会，美联社对多个主要议题给予了平均的关注度，如俄罗斯领导人普京和俄乌危机，以及经济重振等。其中，G20 本身和澳大利亚政治新闻受到关注最多，达 28.6%，而俄罗斯总统普京以及乌克兰危机紧随其后。G20 重振经济计划、反腐和布里斯班文化新闻所占比例相当，占 10.7% 至 17.9%。

对于第十次峰会，2015 年 11 月 13 日巴黎遭遇恐怖袭击，此时正值 G20 峰会开幕前夕，因此美联社主要集中于对此次巴黎遭遇恐怖袭击的报道。报道内容主要有三个方面。（1）巴黎恐怖袭击事件和 G20 峰会的安保工作；（2）各国对恐怖分子采取的反击行动以及如何携手合作应对恐怖袭击活动；（3）此次巴黎恐怖袭击引发的欧洲国家关于移民政策、接受难民政策的调整。

2. 表达方式与语言风格

美联社的新闻报道总体呈现出语言简练的特点，虽大量使用形容词和副词，但偏中性、感情色彩不强。对于通讯社的表达方式和语言风格，本文将借助语料库的高频词用语分析，并引用原文中的具体实例来具体阐述。

在第一次峰会报道中，美联社硬新闻、短新闻比例较大，主要报道动态新闻，因此在语言的使用上多用中性词，这一点从高频词可以得到印证，"global、financial、international、clear"等词出现频率较高。

"likely"一词的使用率高达7次，通过索引行还原新闻语境。举例："Chavern said regulatory changes are likely in Europe and Asia, in addition to the U. S., where congressional leaders already have indicated that financial regulatory reform will be a top priority next year."虽likely一词具有较强的倾向性，但该词基本在直接或间接引语中出现，体现了记者写作的严谨性。

在第二次峰会报道中，美联社的高频词主要为"financial、global、economic、new、international、European、together、regulatory、political"，这说明美联社在报道上语言偏中性。但是也不乏"bigger"、"strong"、"important"此类评价性的词语，在全文检索中出现二十多次，但是这些评价性的词语主要作为直接引语或者间接引语出现在文中，这说明美联社的报道是比较可观的。

例如，"They also said France and Germany had successfully persuaded the Group of 20 leaders to back stronger financial regulations to avoid a repeat of the current crisis."

在第三次峰会报道中，美联社的高频词为"global, economic, nuclear, financial, international, European, Iranian, strong, peaceful, Chinese"，这说明美联社G20峰会报道更关注国际层面。比如"...the world's most exclusive club has expanded, pledging big things for the global economy."再如，"The shift toward multilateral decision-making is sure to please some emerging economies China and India in particular and irritate those Americans who believe the United States shouldn't be handing off its power to international institutions."

当然，由于该峰会正值伊朗核问题发酵期，所以不乏与核、伊朗有关的报道。比如，"The U. S. and others hope the disclosure of the previously secret Iranian nuclear facility will increase pressure on the global community to impose new sanctions on Iran if it refuses to stop its nuclear program. China and Russia are seen as the key to meaningful sanctions."但是需要注意的是，美联社这些高频词尤其是形容词和副词主要出现在引语中，更为客观。

在第四次峰会报道中，"economic""financial""global"这3个词在美联社报道中使用排名比较靠前，说明美联社比较关注与议题相关的全球经济问

题。在美联社报道中,副词"more"被使用了 48 次,主要对其后的形容词或名词进行修饰,通过还原其语境:

"It was dubbed Fakelakegate, but the water feature inside the media center for the global summits is more like a wading pond, incapable of creating much of a splash."

"But Obama was still facing major obstacles in convincing a balky Congress to provide more money to fight high unemployment and many countries were resisting Obama's appeals for continued stimulus spending to support the global economy."

从这几个例子可以看出,"more"是对后面的一些名词或形容词的限定,体现出作者写作的严谨性,使其所想表达的意思更为准确。

在第五次峰会报道中,"economic""global"这两个词在美联社报道中排名比较靠前,说明其比较关注与议题相关的全球经济问题。"Korean"被使用了 42 次,通过还原其语境:

"Leaders held a working dinner Thursday at Seoul's grand National Museum of Korea, greeted by sentries in royal garb and escorted by children in traditional Korean dress.""Outside, a few thousand protesters rallied against the G – 20 and the South Korean government."从这几个例子可以看出,美联社比较关注与会议举办国韩国相关的情况,这其中包括韩国政府、韩国总统、韩国的政策等。

在第六次峰会报道中,按照出现次数排列,高频词分别为"European、financial、economic、global、Greek、political、French"等。由此可见,美联社在形容词和副词的选择上偏向中性,而且从中能够反映其关注的主要议题如欧洲的债务危机、希腊的债务等。

在第八次峰会报道中,通过对美联社的样本语料库进行检验,military(军事)和 Syrian(叙利亚的)出现频次最高,分别达到 72 次和 54 次,这说明了美联社对叙利亚危机的高度关注。除此之外,报道中如"international"和"global"等相对出现频次较高的中性词也从侧面说明美联社的官方切入视角占相当地位。

在第九次峰会报道中,Australian(澳大利亚的)和 Russian(俄罗斯的)出现频次最高,分别达到 27 次和 21 次,这说明了美联社对澳大利亚本身和俄罗斯议题(普京和俄乌危机)的高度关注。除此之外,报道中"global"和"economic"等中性词出现频次高,说明美联社的报道国际视角与对经济的关切占有相当地位。在本次报道中,美联社基本站在美国立场对

G20 峰会的报道议题进行选取，对澳大利亚和 G20 布里斯班峰会高度积极关注，报道多带有积极展望意味，而同样高度受关注的俄乌危机下的俄罗斯总统普京却备受美联社苛责，引语和报道结构多围绕"俄罗斯是罪魁祸首"这一前提设定。

在第十次峰会报道中，因为本次峰会的报道议程受到巴黎恐怖袭击的影响，加上其报道类型以一般性消息为主，因此美联社的报道多用中性词，"French、Islamic、Syrian、Turkish、European"等词出现的频率比较高。"special"一词的使用高达 15 次，通过索引行还原新闻语境，比如：At the request of France, the European Union will hold a special meeting of its interior and justice ministers next Friday to assess the impact of the Paris attacks. 尽管 special 是一个主观色彩比较重的评价性词语，但还原到原文中基本上是用来修饰常规之外的行动和会议，从这一点来讲，美联社的报道总体来说还是比较客观中立的。

（四）涉华报道与中国形象分析

本部分主要探讨峰会报道中对中国话题的涉及，以及对中国形象的塑造。从另一个层次讲，考察结果在某种程度上反映了通讯社的舆论控制力。本文发现，总体上"中国"是美联社 G20 峰会报道中的热点、高频词语，尤其在讨论金融危机和国际经济秩序议题时，中国在全球金融体系中的地位、作用和影响力也相应地被提及或讨论（见表 4）。

表 4　美联社 G20 峰会涉华报道数量及比例

美联社	报道总数（篇）	涉华报道（篇）	占比（%）
第一次峰会	10	8	80%
第二次峰会	57	28	49%
第三次峰会	105	50	48%
第四次峰会	20	14	70%
第五次峰会	23	15	65%
第六次峰会	21	12	57%
第七次峰会	17	8	47%
第八次峰会	33	12	36%
第九次峰会	28	11	39%
第十次峰会	22	7	32%

在第一次峰会报道中，以"China"作为关键词在美联社的样本中进行二次搜索，发现10篇样本中有8篇提到了中国，占比高达80%。与"China"（中国）搭配强度最大的两个词为"India"（印度）和"Brazil"（巴西）。回到它们的索引行共现语境中，可以看到，在其报道中，对中国的报道通常与印度、巴西两个国家共同提及——作为发展中国家代表，尤其是金砖五国的成员国，塑造了中国作为一个在经济上迅速崛起的发展中国家形象。

在第二次峰会报道中，美联社57篇报道中有28篇提到中国，占比达到49%。"China"主要与"India"、"Russia"、"powers"、"president"、"challenge"搭配。例如："Stepping onto the world stage for the first time in his two-month presidency, Barack Obama is holding face-to-face talks with the leaders of the two nations Russia and China most aggressively challenging the U.S. position atop the global order."可以看出，美联社更多地是把中国看作挑战美国国际金融舵手地位的角色，但是同时也肯定了中国在重振全球经济中发挥的作用以及日益发展的经济。

在第三次峰会报道中，美联社105篇报道中有50篇提到中国，占比达到48%。"China"主要与"India、Brazil、trade surpluses、fast-growing、emerging、developing"搭配。例如，"China, India and Russia, eager to reduce their position in dollar-denominated securities, have expressed interest in buying IMF gold."可以看出，美联社将中国视为主要的增速极快的发展中国家，并将其与印度等归为一类。除此之外，在美联社的报道中，中国的巨额贸易顺差被多次提及。例如，"The leaders also agreed to a U.S. proposal for a 'framework for strong, sustainable and balanced growth' to deal with such issues as China's huge trade surpluses and the soaring U.S. budget deficit."可以看出，美联社一方面肯定了中国是发展最快的发展中国家之一，另一方面指出了中国贸易顺差对世界经济发展的影响。

在第四次峰会报道中，美联社20篇样本中有14篇提到了中国，占比高达70%。与"China"搭配强度最大的两个动词为"Be"和"Have"。回到它们的索引行共现语境中，可以看到，其报道主要是说明中国的一些情况和决策。搭配强度最大的两个名词为"currency"和"Yuan"，这说明美联社对于中国的货币情况和政策比较关注，中国与其相关的一些决策也会引起世界整个经济情况的变化。

在第五次峰会报道中，美联社 23 篇样本中有 15 篇提到了中国，占比高达 65%。与"China"搭配强度最大的名词为"Germany"。回到它们的索引行共现语境中，可以看到，其报道主要为美国与中国、德国和日本的贸易赤字问题。

例如："At the heart of the discussions is the recognition that a decades-long global economic order centered on the U. S. buying exports from the rest of the world and running huge trade deficits while countries such as China, Germany and Japan accumulate vast surpluses is no longer tenable in the aftermath of the crisis."

在第六次峰会报道中，美联社 21 篇样本中有 12 篇提到了中国，占比达 57%。与"China"搭配强度最大的两个词为"Brazil"（巴西）和"Russia"（俄罗斯）。回到它们的索引行共现语境中，可以看到，在其报道中，中国通常被与巴西、俄罗斯两个国家同时提及。例如：

Yet cash-rich countries like China, Russia and Brazil quickly made clear that any investment from their side would have to be channeled through the IMF.

The details of this overhaul, in turn, are necessary to attract extra funding from non-eurozone actors such as the IMF and strong emerging market economies like Brazil, Russia, India, China and South Africa, also known as the BRICS.

在此，中国与俄罗斯、巴西一道被视为强有力的新兴市场国家，是资金汇集之地。这种搭配有利于塑造中国正在崛起的积极形象，为中国打造了良好的经济形象。

在第七次峰会报道中，美联社 17 篇样本中有 8 篇提到了中国，占比达 47%。与"China"搭配强度最大的两个词为"Russia"（俄罗斯）和"Obama"（奥巴马）。回到它们的索引行共现语境中，中国与俄罗斯的搭配主要体现在以下两个方面：（1）中国与俄罗斯同为金砖国家；（2）中国与俄罗斯在叙利亚问题上立场一致。

举例（1）：In fact, the BRICS countries representing Brazil, Russia, India, China and South Africa were the ones making demands on Europe during the summit, saying they should be given a bigger role in the governance of the IMF if they were going to send billions to the fund.

举例（2）：China and Russia have close ties to Syria and have vetoed two U. N. resolutions that mentioned the threat of sanctions against President Assad's regime.

美联社的报道为中国塑造了积极负责任的大国形象，并且肯定了中国作为金砖国家之一的经济实力。在叙利亚问题上，美国将俄罗斯与中国放在叙利亚问题的同一阵营，反映了美国很在意其他大国如何看待叙利亚危机，也反映出美国的战略。

在第八次峰会报道中，美联社有12篇报道提到了中国，所占比例为36%。不过，将中国作为报道主体的比例仅有8.3%，中国绝大多数时候作为新闻中的一两句背景信息被提及。与此同时，美联社在涉华报道中保持了整体的中立态度，仅出现一篇态度消极的涉华报道——虽然这可以归结于美联社极少将中国作为报道主体这一事实。

在第九次峰会报道中，美联社报道中有11篇提到了中国，所占比例为39%。不过，美联社涉华报道中完全没有将中国作为报道主体，中国仅仅作为新闻中的一两句背景信息被提及。"China"（中国）与"Japan"（日本）和"Russia"（俄罗斯）共同出现的频次较高。回溯至文本中，中日历史领土上的立场分歧以及中俄合作成为美联社G20峰会涉华报道主要涉及的内容。由此可见，在其G20峰会议程下，中国呈现为世界和东北亚地区的重要一极。此外，"growth"（增长）也与中国联系较多，凸显了中国重振世界经济的重要地位。

在第十次峰会报道中，美联社22篇样本中有7篇提到了中国，占比达32%。与"China"搭配强度最大的两个词为"effects"（影响）和"economic"（经济）。回到它们的索引行共现语境中，可以看到，美联社对中国的报道通常是中国的经济发展对世界经济的影响，从这一侧面也可以印证美联社将中国塑造为一个经济迅速崛起且影响力较大的发展中国家形象。此外，美联社的涉华报道中，中国完全是作为报道背景出现的，当然这也与其报道主题主要是巴黎恐怖袭击有关；美联社在涉华报道中保持了整体的中立态度。

四　结论和讨论

本文旨在考察美联社G20峰会新闻报道的特点和策略。作为世界传播范围最广、国际影响力最强的国际性通讯社，美联社在国际社会有着较为强势的传播话语权。通过对美联社在G20峰会报道中的传播研究，探讨其在传播策略、议程设置和新闻框架等方面的特点，有助于加深我们对国际舆论传播机制的理解。

（一）多地联动，重主场报道

通讯社在"时、空"上的优势，在美联社 G20 峰会的新闻报道中得到了最大限度的发挥。美联社调动其位于全球各地的记者站，通过无缝对接的报道方式，实现了 24 小时不间断的新闻输出。争抢时效性——美联社将其基本报道原则贯彻得淋漓尽致，抢第一时间发布事实性消息，随后陆续从各地刊发后续解释性报道，对纯新闻消息补充新内容。而这也凸显其写作风格，即新闻语言简洁，以较为中性的表达突出平衡报道原则，不过分彰显价值判断。

与此同时，从美联社的报道可以看出，作为一家总部位于美国本土的国际性通讯社，其来源于美国本土的报道数量及针对美国本土议题的报道，都占有相当分量。因此，它可以凸显"主场报道"特点，在最大程度上输出了美国声音，为美国在国际社会发挥影响创造了有利的舆论空间。

（二）大国政治、经济与外交的舆论竞技场

美联社对历次 G20 峰会都保持了较高的关注度。在议程设置上做到了提前介入，在报道议程上重视会前的预热期和会议期间的现场报道，在新闻议题上不仅将峰会当成经济事件，将其作为国际经济秩序治理中的重要国际事务来报道，更将其上升为涉及与会国利益争端的外交事件来予以报道。

从其新闻体裁和新闻议题所涉及内容可以看出，美联社极其重视国际社会中大国在经济、政治、外交事务上的博弈，同时对于美国在相关领域与各国的交锋保持了极高的关注度。因此，从这个意义上讲，美联社对于 G20 峰会的报道充分体现了国际媒体对于国际舆论的生成、设置和影响。

（三）凸显经济结果、责任归因和冲突框架

总体而言，美联社的记者们通过主题、语言等方面的特点基本建构了一套特定的 G20 峰会新闻报道框架。具体而言，在议题的呈现上，美联社的新闻报道从财经新闻报道入手，将其视为国际经济秩序治理的重要一环，由此展开完整背景下的主题式框架报道。

美联社的 G20 峰会报道，还凸显了责任归因的报道框架。究其原因，本文认为这与过去十年的全球金融危机有关。G20 机制开创时值 2008 年全球金融危机爆发，这种全球协同治理的经济机制成为美联社开展峰会报道的

中心议题，因此金融危机的起因、解决问题的责任等议题成为重要的报道内容，也因此突出了此类报道框架。

此外，作为对新闻本质的回应，美联社在峰会报道中也大量使用了冲突框架，主要体现在报道具体议题时凸显对立国家声音、对立信息源声音，甚至是通过对立态度的使用来"平衡"报道。除报道峰会现场的"冲突故事"外，还报道场外的抗议，旨在从不同方面和角度展现峰会影响。这种冲突框架的使用使得新闻的故事性更强，增加了话题性，以此增加对受众的吸引力。

（四）作为"他者"的中国镜像

总体而言，美联社的 G20 峰会报道为中国塑造了一个对现有国际经济秩序进行"挑战"的他者镜像。

在美联社的峰会报道中，在国际经济背景中出现的中国，是作为国际经济秩序治理中的普通参与者的形象出现的。此后，中国更多的与竞争对手印度、巴西等国一起出现，美联社将中国作为金砖五国，尤其是发展中国家的代表，塑造了一个经济迅速崛起的国家形象。与此同时，美联社的报道中，一方面肯定中国作为金砖五国之一经济发展的潜力，另一方面也暗示了中国"挑战"现有国际金融地位。

此外，随着国际局势的变化，在 G20 峰会的议题中，经济议题不再是唯一重点，反恐和难民等问题接踵而来。但在诸此国际政治、外交议题上，美联社报道中的中国形象稍显"模糊"，其报道中往往暗示中国在国际政治、安全等其他议题上的利益与西方主要大国尤其是美国存在明显差别，中国的立场不够突出，具有明显的他者特征。

A Study on AP's Coverage of G20 Summits

HU Jie

Abstract: AP is recognized as the best international news agency with worldwide distribution and powerful influence, which therefore has a significance in the global communication system. This article attempts to examine the reporting strategies, agenda setting and media frames in the AP news reports on G20 summit between 2008 and 2015. The results showed that in these political, economic and diplomatic occasions, AP has attached much weight to the domestic reports by intensively using the attribution of responsibility, economic consequences and conflict frames, and it otherized China as a player challenging existing international economic order continuously.

Keywords: AP; G20 Summit; Voice

合众国际社 G20 峰会报道研究

胡 洁 张 权[*]

摘要：合众国际社是世界性通讯社，也是美国第二大通讯社。本文考察了合众国际社在 G20 峰会报道中的报道策略、议程设置能力和媒介框架特点。研究发现，合众国际社主打美国本土视角报道，以名专栏来凸显意见领袖效应，并集中使用经济结果和冲突报道框架，而报道中"中国形象"并不突出。

关键词：合众国际社 世界性通讯社 G20 峰会

合众国际社属于一般性世界性通讯社。[①] 它是美国第二大通讯社，曾是美联社在美国本土最大的竞争对手。近年来，合众国际社的综合实力持续下降，覆盖率大幅萎缩，用户流失严重，影响力已远不及其他竞争对手。不过，合众国际社凭借其全球的信息网络在竞争中仍保有一席之地，并在世界舆论阵地中发挥一定的影响力。

本文集中考察合众国际社在 G20 峰会报道中采用何种报道策略于激烈的新闻竞争中"突围"，从而对国际社会施加舆论影响力。

---

[*] 胡洁，北京外国语大学国际新闻与传播学院博士研究生，主要研究方向：全球传播、政治传播、媒介融合、新媒体与社会；张权，北京外国语大学国际新闻与传播学院硕士研究生。北京外国语大学国际新闻与传播学院硕士研究生黄家骏、芦依、于子钧、李天洋参加了数据收集和数据分析工作，在此一并致谢。

[①] 周岩：《世界性通讯社垄断竞争概况》，《新闻大学》1999 年第 1 期。

一　文献综述与研究问题

（一）合众国际社的衰落

合众国际社，英文名为 United Press International，简称 UPI。它在 1958 年 5 月由合众社与国际新闻社合并而成。

20 世纪 70 年代，合众国际社发展成为美国第二大通讯社。但进入 80 年代后，由于经营不善，几易其主，合众国际社在 1966 年为美国 54% 的日报提供新闻，而在 1985 年只有 37% 的美国报纸成为其订户，到 1990 年这一数据下降到 16%。相比而言，合众国际社的竞争对手美联社在以上相同年份的日报客户则由 68%，持续攀升至 73% 和 87%。与此同时，其全球新闻订户从 1958 年的 5600 家下降到 1992 年的 2000 家，而其雇员也从 1984 年的 1840 人下降到 1992 年的 500 人。[①]

该社曾两度破产并被不同国家公司收购，其规模和影响力持续下降。2000 年，它由美国的媒体公司新闻世界传播公司（News World Communications）收购。其最著名的白宫记者海伦·托马斯在为合众国际社工作 57 年后辞职。2007 年，合众国际社取消了白宫记者及对联合国的报道分社。其发言人称将加强对中东、中亚和非洲，以及国际安全和能源事务上的报道。[②]

目前，该社仅在华盛顿和佛罗里达的博卡拉顿有分社。合众国际社主要以英文和西班牙文播发新闻，覆盖全球尤其是拉丁语地区，其订阅用户达到百万人，[③] 主要集中在美国国内。[④]

基于合众国际社的发展现状，本文将探讨其报道策略和特点，并提出以下研究问题。

研究问题 1：合众国际社在 G20 峰会报道中呈现了怎样的报道特点？

研究问题 2：合众国际社在 G20 峰会报道中刻画了怎样的中国镜像？

---

① Blanchard, M. A. (Eds.) (1998). History of the Mass Media in the United States, Chicago: Fitzroy Dearborn Publishers, p. 671.

② Joe Strupp (July 12, 2007). "UPI Closing Long-Running U. N. Bureau, Most Senior Reporter Laid off", Editor & Publisher. http://www.editorandpublisher.com/news/upi-closing-long-running-u-n-bureau-most-senior-reporter-laid-off/.

③ http://about.upi.com/.

④ 詹正茂、苏楠：《七大世界级通讯社业务新趋向》，《新闻与写作》2006 年第 1 期。

（二）议程设置

根据传播学家马克斯维尔·麦库姆斯和 D. L. 肖对于"议程设置"的研究，大众媒介通过对新闻的选择和发布影响了受众对于重要议题的判断，那些新闻媒体的优先议题也相应成为公众的优先议题。①因此，本文提出研究问题3：合众国际社对 G20 峰会的报道是在怎样的议程设置下展开的？

（三）框架理论

在框架理论看来，大众媒介通过选择、强调和表达的原则对世界进行重塑。② 借助框架的作用，媒体成为维持或改变现行秩序的有力武器。

框架分析主要出现在三个传播学研究领域：第一，从新闻生产的角度来研究媒体框架如何被建构；第二，从内容研究的角度来考察媒体框架是什么；第三，从效果研究的角度来分析受众如何接收和处理媒介信息。③ 本文主要考察新闻文本的框架，并提出研究问题4：合众国际社对 G20 峰会的报道使用了怎样的新闻框架？

二 研究方法

本文旨在研究分析合众国际社 G20 峰会报道传播，研究时间为 2008~2015 年，研究对象为十次 G20 领导人峰会的媒体报道，采用内容分析法和基于自建语料库的话语分析方法相结合的研究方法展开研究。

（一）样本数据

样本时间分为三个阶段，即历次 G20 峰会的会议预热期（会前7天）、会议开幕期（会中）、会议闭幕期（会后7天）。本文在 LexisNexis 数据库中选择样本。结合英文的文本特征和写作技巧，"G20"与"Group of 20"等同含义，本文将搜索关键词确定为"G20 or Group of 20"。为凸显关键词反

---

① 〔美〕马克斯维尔·麦库姆斯：《议程设置大众媒介与舆论》，郭镇之、徐培喜译，北京大学出版社，2008，第6页。
② 托德·吉特林：《新左派运动的媒体镜像》，张锐译，华夏出版社，2007，第13页。
③ 陈阳：《框架分析：一个亟待澄清的理论概念》，《国际新闻界》2007年第4期。

映内容的集中度，本文仅考察关键词作为主题词（Subject terms）出现的样本，通过系统对相似样本自动进行合并后，最终获取有效样本 130 篇。

（二）语料库搭配强度数据

在微观层面上，本文通过自建语料库，对高频词和关键词的搭配强度进行比较和索引行分析，从而对样本进行进一步分析。

本文使用的搭配检索软件是汇智明德与柯林斯、外研社联合推出的"语料云"。由 130 篇样本形成自建语料库，共包含 50382 个英文单词。针对合众国际社每一次峰会的报道样本，相应生成子库。

对于合众国际社的表达方式和语言风格，本文将借助语料库的高频词用语分析，并引用原文中的具体实例来具体阐述。高频词用语分析主要考察形容词和副词两类词语的使用频次，以"#adj｜#adv"进行定位搜索，并采用 Lemma（原形及变化形式合并）统计模式，对检索结果按总频次由高至低排序。

此外，为探讨峰会报道对中国话题的涉及，以及对中国形象的塑造，本文以"China"作为关键词在合众国际社的新闻报道样本中进行二次搜索，搭配词主要考察名词、动词、形容词和副词四类实义词，搭配的范围主要集中在关键词前后 5 个词之间。以"#n｜#v｜#adj｜#adv"对以上四类实义词进行定位搜索，并采用 Lemma 统计模式，对检索结果按对数似然比（LLR）由高至低排序，从而对关键词"China"进行搭配强度和索引行分析。

三 数据分析和研究发现

本文集中探讨样本在新闻选择、价值判断、叙述框架和话语分析上的异同，主要从四个方面——报道态势与议程设置、报道类型与新闻体裁、新闻内容与报道技巧、涉华报道与中国形象分析展开研究。

（一）报道态势与议程设置

1. 报道数量

合众国际社 G20 峰会报道数量，本文确定的有效样本为 130 篇。如图 1 所示，根据总的报道态势来看，合众国际社对 G20 峰会的报道从第二次峰会开始呈下降趋势，第六次和第七次峰会报道数量是历史最低点，仅有 4 篇。第二次峰会的报道数量最多，为 36 篇。第二次峰会于 2009 年在英国伦敦举行，时值全球金融危机正盛，国际社会对 G20 的国际治理能力抱有诸多期待，因此峰会成为国际社会和国际媒体的关注焦点。第三次峰会在美国匹兹堡举行，对于合众国际社来说是"主场报道"，因此峰会报道数量也比较多。总体上看，相较美联社和新华社，合众国际社对 G20 峰会的报道数量是比较少的。

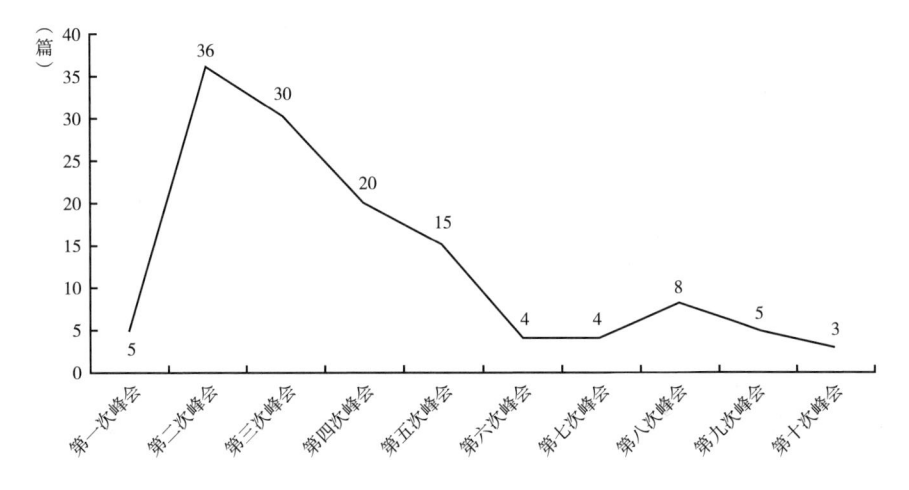

图 1　合众国际社 G20 峰会报道数量

通过表 1 可以看到，合众国际社在对 G20 峰会的报道中，会议预热期报道数量相对多，平均报道数量占到 52.7%，这一点与新华社和美联社恰恰相反。

表 1　合众国际社 G20 峰会报道数量

	会议预热期		会议开幕期		会议闭幕期		合计
第一次峰会	3	60.0%	1	20.0%	1	20.0%	5
第二次峰会	28	77.8%	6	16.7%	2	5.6%	36
第三次峰会	15	50.0%	9	30.0%	6	20.0%	30
第四次峰会	20	100.0%	0	0.0%	0	0.0%	20
第五次峰会	10	66.7%	5	33.3%	0	0.0%	15
第六次峰会	3	75.0%	1	25.0%	0	0.0%	4

续表

	会议预热期		会议开幕期		会议闭幕期		合计
第七次峰会	1	25.0%	2	50.0%	1	25.0%	4
第八次峰会	1	12.5%	4	50.0%	3	37.5%	8
第九次峰会	3	60.0%	2	40.0%	0	0.0%	5
第十次峰会	0	0.0%	3	100.0%	0	0.0%	3
总计	84	64.6%	33	25.4%	13	10%	130
平均	8.4		3.3		1.3		13

在第一次峰会中，合众国际社的实际发稿周期为10日到17日，共计8天，预热期发稿数量占到总数量的60%。

在第二次峰会中，当年的3月26日至4月1日为预热期，4月2日为会议期，4月3日至9日为闭幕期。合众国际社仍然对此次峰会预热期的报道相当重视，预热期发稿数量达77.8%。

第三次峰会于2009年在美国匹兹堡举行。在本次峰会中，9月17日至23日为预热期，9月24日至25日为会议开幕期，9月26日至10月2日为闭幕期。合众国际社对会议预热期的报道尤为重视，报道比例高达50%。报道内容主要集中在抗议事件和安全问题上，除此之外，报道主要关注全球不同经济体在G20的发声，以及对经济复苏的不同意见。信息源不如美联社丰富，主要是政治人物和学者等。

在第四次峰会中，合众国际社将全部的重点放在了会议预热期，20篇报道均在会议预热期发出。这20篇报道内容涉及各国的经济政策特别是中国的货币政策，各国在G20会议上关心的热点，发展中国家在国际舞台上扮演的角色以及安保工作等热点问题。

合众国际社对于第五次峰会的新闻报道，主要集中在会议前，报道数量占66.7%。本次峰会召开的历史背景为美国采取量化宽松措施、克制竞争性货币贬值等举措。合众国际社的报道主要集中在会议中潘基文呼吁关注贫困人口，奥巴马对世界经济的一些想法，比如关于中国在贸易不平衡中扮演的角色等。

合众国际社对于第六次峰会的新闻报道，依旧集中在会议预热期，报道数量占75%。从报道内容上看，合众国际社的4篇新闻，均为经济类新闻，议题主要围绕债务危机，美联储的货币政策以及美国对外的国际援助。比如，比尔·盖茨号召美国对第三世界国家投入更多援助。

在第七次峰会中，合众国际社在会议开幕期报道数量最多，占比达50％；会议预热期和闭幕期报道持平。从报道内容上看，合众国际社的新闻发稿量少，议题比较分散。新闻关注了欧洲经济、美俄谴责叙利亚暴行、美国能源与欧洲和墨西哥的对比。

在第八次峰会中，开幕期是合众国际社报道的高峰期，占比达50％。就内容而言，世界其他国家或地区、G20本身和中国议题几乎得到了同等的关注，叙利亚危机和俄罗斯人权议题反而被冷落。

在第九次峰会中，合众国际社在预热期的报道数量超过开幕期，占比达60％。从内容上看，合众社与美联社和新华社不同的是，并未触及G20和澳大利亚议题本身，仅仅将少量的目光投向了俄罗斯问题及俄乌危机、中国议题、反恐议题和气候议题等。

在第十次峰会中，合众国际社将全部精力放在了会议开幕期，所有稿件均发自开幕期。但总体发稿数量极少，仅有3篇。

2. 发稿地点

发稿地点的多样化，能充分体现出一个通讯社的报道实力，也能体现出通讯社对事件的多方位、多层面地报道，有助于体现报道的客观性和通讯社中立、客观的报道立场。合众国际社历次峰会报道地点数量见表2。

表2 合众国际社G20峰会报道地点统计

	第1次	第2次	第3次	第4次	第5次	第6次	第7次	第8次	第9次	第10次
发稿地点统计	4	4	7	4	4	2	2	4	3	1

在第一次峰会的报道中，合众国际社发稿地点有4个，发稿最多的是会议主办地华盛顿，英国伦敦、南非约翰内斯堡和德国法兰克福均有报道发出。

在第二次峰会的报道中，合众国际社发稿地点仍旧有4个，发稿最多的是会议主办地英国伦敦，中国北京、美国华盛顿、德国柏林均有报道发出。

在第三次峰会的报道中，合众国际社的发稿地点有所增加，有7个，发稿最多的是会议主办地美国匹兹堡，美国华盛顿、澳大利亚堪培拉、中国上海、韩国首尔、德国柏林、比利时布鲁塞尔均有报道发出。

在第四次、第五次峰会的报道中，合众国际社的发稿地点均有4个，分别为：多伦多、纽约、亨茨维尔、华盛顿；首尔、渥太华、柏林和日内瓦。

在第六次峰会的报道中，合众国际社的发稿地点以美国华盛顿为主，其次是法国戛纳。

在第七次峰会的报道中，合众国际社发稿地点有2个。其中，发稿最多的是峰会主办地墨西哥洛斯卡沃斯，其次是美国华盛顿。

在第八次峰会的报道中，合众国际社发稿地点有4个。其中，发稿最多的是峰会主办地圣彼得堡，共有5篇稿件发出。

在第九次峰会的报道中，合众国际社发稿地点有3个。其中，发稿最多的是布里斯班，共有3篇稿件发出。

在第十次峰会的报道中，合众国际社的发稿地点只有1个，为会议的主办地安塔利亚。

（二）报道类型与新闻体裁

本文对合众国际社G20峰会报道的栏目归属情况进行统计，因为合众国际社的报道数量相较美联社与新华社两家通讯社少，因此在这里只将其分为硬新闻和软新闻两大类。合众国际社G20峰会报道的栏目设置与报道数量见表3。

表3　合众国际社G20峰会报道的栏目设置与报道数量

	硬新闻		软新闻	
第1次	3	60.0%	2	40.0%
第2次	26	72.2%	10	27.8%
第3次	22	73.3%	8	26.7%
第4次	18	90.0%	2	10.0%
第5次	14	93.3%	1	6.7%
第6次	4	100.0%	0	0.0%
第7次	3	75.0%	1	25.0%
第8次	8	100.0%	0	0.0%
第9次	4	80.0%	1	20.0%
第10次	2	66.7%	1	33.3%

合众国际社对历次峰会的报道数量比较少，从报道类型上看，以硬新闻为主。在第一次峰会的报道中，硬新闻3篇，两篇软新闻为专栏，以述评的形式对峰会议题和特点进行解读，长达千余字，态度观点明确，颇有特色。

在第二次峰会的报道中，合众国际社以消息稿居多，这些消息稿包括各国首脑和官员的言论、国际组织关于峰会的观点。

在第三次峰会的报道中，合众国际社的新闻以硬新闻为主，报道长度在 200 字左右，稍长一点的解释性新闻仅 300 字左右，为数较少的评论包括对 G20 在未来全球经济中作用的评价、中国的经济崛起。

在第四次、第五次峰会的报道中，合众国际社的整个报道中分别有 18 篇短消息、2 篇快讯和 14 篇短消息、1 篇快讯。这种快讯是以 G20 为背景，其中提到过 G20 的一些信息。

在第六次峰会的报道中，合众国际社的 4 篇新闻均为硬新闻。议题主要围绕债务危机，还有美联储的货币政策和美国对外的国际援助。比如，比尔·盖茨号召美国对第三世界国家投入更多援助。

在第七次峰会的报道中，合众国际社的报道中 3 篇为硬新闻，1 篇为软新闻。

在第八次峰会的报道中，合众国际社的 8 篇新闻均为硬新闻，其中 6 篇为政治新闻。

在第九次峰会的报道中，合众国际社的硬新闻占到 80%。与其他两家通讯社一样，就政治和经济新闻报道数量而言，政治新闻的比例基本在六成或七成以上，远超经济新闻（都保持在二成至三成）的比例。

在第十次峰会的报道中，合众国际社的 3 篇报道均是一般消息，其中 2 篇是硬新闻，另外 1 篇是软新闻。

（三）新闻内容与报道技巧

1. 议题选择

通过对合众国际社报道文本的具体分析，可以看到其对议题的关注和讨论上的侧重点。

在第一次峰会的报道中，合众国际社报道数量偏少，在题材上主要关注峰会关于全球金融危机的对策。此外，由马丁·沃克撰写的专栏也同样对 G20 解决全球金融危机的有效性等相关方面进行了讨论。

在第二次峰会的报道中，合众国际社以消息稿居多，这些消息稿包括各国首脑和官员的言论、国际组织关于峰会的观点，比如"奥巴马提出要加强对银行体系的管理"、"法国总统称如果峰会没有提出可持续的管理办法将退场"、"中国称 IMF 的管理应进行改进"以及"巴西总统称西方大国应对全球金融危机负责"。在议题方面,合众国际社关注会议预热期各国的意见倾向、英国伦敦的街头抗议、抗议者与警察之间的冲突。在信息源方面,合众国际社既涵盖了政府首脑、官员,也涉及民众和学者。

在第三次峰会的报道中,合众国际社报道数量太少,议题明显少于美联社,主要集中在抗议事件和安全问题上,除此之外,报道主要关注全球不同经济体在 G20 的发声,对经济复苏的不同意见。信息源不如美联社丰富,主要是政治人物和学者等。

在第四次峰会的报道中,合众国际社特别关注赤字削减以及抗议示威问题。抗议示威是近年来国际大型会议召开时常遇到的问题,稍有不慎就会对会议的顺利召开造成影响,但是国内媒体对此报道甚少,国外媒体对此报道较多主要是这些示威人群反映了普通民众的心声。

在第五次峰会的报道中,合众国际社特别关注奥巴马在本次峰会上的言论,比如他要求各国不要过分依赖美国在全球经济复苏中的力量,奥巴马同时指责中国在贸易不平衡中扮演的角色。

在第六次峰会的报道中,合众国际社的 4 篇新闻,均为经济类新闻,议题主要围绕债务危机,还有美联储的货币政策以及美国对外的国际援助。比如,比尔·盖茨号召美国对第三世界国家投入更多援助。

在第七次峰会的报道中,合众国际社的新闻发稿量少,议题比较分散。新闻关注了欧洲经济、美俄谴责叙利亚暴行、美国能源与欧洲和墨西哥的对比。

在第八次峰会的报道中,合众国际社对 G20 本身和中国相关议题关注度与世界其他国家或地区保持一致。叙利亚危机和俄罗斯人权议题反而被冷落。

在第九次峰会的报道中,合众国际社与美联社和新华社不同的是,其并未触及 G20 和澳大利亚议题本身,仅仅将少量的目光投向了俄罗斯问题及俄乌危机、中国议题、反恐议题和气候议题。

在第十次峰会的报道中,合众国际社的报道数量只有 3 篇,其中 2 篇是关于此次巴黎的恐怖袭击在 G20 峰会上引起的关注和讨论,另外一篇讲述的是几只流浪猫闯入会场内,娱乐性较强。

2. 表达方式与语言风格

本文发现,合众国际社在消息报道上语言简练,而在专栏上则凸显鲜明的记者个人风格。

在合众国际社对第一次峰会的报道中,专栏的篇数占比较大,其具有鲜明的记者个人风格，因评述内容较多，且多采用批判性的语调，因此表达风格与硬新闻截然不同。

在第二次峰会的报道中，合众国际社语言更加简洁，形容词副词的使用较少，主要以事实报道为主，评论较少。合众国际社同样在硬新闻的写作上注重使用中性客观的语言，评论性语言都出现在引语中。

在第三次峰会的报道中，合众国际社的高频词为"global、financial、economic、international、nuclear"，结果和美联社高度相似。同样，合众国际社的报道中也出现了"strong"这样的评价性词语。例如："Canada has been a strong participant at these summits because our country brings a strong economic record to the table," he said. The decision "brings to the table the countries needed to build a stronger, more balanced global economy, reform the financial system and lift the lives of the poorest," the document said. 经过分析发现，这种评价性词语都出现在引语或者文件中。

在第四次、第五次峰会的报道中，"economic""financial""global"这3个词在报道中排名相对比较靠前，这也就说明合众国际社比较关注与议题相关的全球经济问题。

在第六次峰会的报道中，合众国际社的高频词按照出现频率排列分别为"European、financial、economic、global、Greek、political、French"等。由此可见，合众国际社的新闻追求客观，在形容词副词的选择上都是中性词，而且从中能够反映其关注的主要议题如欧洲的债务危机、希腊的债务等。

在第七次峰会的报道中，合众国际社的高频词按照出现频率排列分别为"renewable、financial、sovereign debt、European、economic"等。这些高频词在一定程度上与美联社报道有所区分，体现了UPI关注议题的不同，除了反映欧债危机的"financial"、"economic"和"sovereign debt"，"renewable"体现了UPI对美国能源问题的报道。合众国际社也倾向于使用中性形容词，依然追求的是客观报道。

在第八次峰会的报道中，"international"、"economic"、"global"和"military"等中性词出现频次最高，印证了合众国际社报道多为政治经济类的硬新闻和短新闻。

在第九次峰会的报道中，由于新闻样本仅有5篇，"俄罗斯的"（Russian）频次排名较高，位列第四，出现5次，说明了合众社对于俄罗斯议题的较高关注度。

在第十次峰会的报道中,因为合众国际社的报道数量只有3篇,分析样本过少,且其高频词也集中在"Islamic、Syrian、global"等中性词上,这并不能充分代表整个通讯社的写作风格和语言风格。

(四)涉华报道与中国形象分析

本部分主要探讨峰会报道中对中国话题的涉及,以及对中国形象的塑造。从另一个层次讲,考察结果某种程度上反映了通讯社的舆论控制力。合众国际社G20峰会涉华报道数量及比例见表4。

表4 合众国际社G20峰会涉华报道数量及比例

	报道总数	涉华报道数量	
第1次	5	2	40.0%
第2次	36	5	13.9%
第3次	30	5	16.7%
第4次	20	1	5%
第5次	15	7	46.7%
第6次	4	0	0.0%
第7次	4	0	0.0%
第8次	8	4	50.0%
第9次	5	1	20.0%
第10次	3	1	33.3%

在第一次峰会的报道中,合众国际社涉华报道共有2篇,共3次提及中国。与美联社报道相似,合众国际社将"China"(中国)与巴西、印度等发展中国家一概而论,主要语境是中国和其他发展中国家作为崛起的经济体有实力去挑战现行的G7秩序,它们共同加入G20有利于世界经济发展。这表明合众国际社对中国的国际作用持积极肯定的态度,对于中国的发展尤其是经济实力前景看好。

在第二次峰会的报道中,合众国际社36篇报道中有5篇提到了中国,占比达到13.9%。通过对文本进行分析,可以发现,合众国际社将中国与印度、沙特阿拉伯等新兴国家一并提及,肯定了这些国家经济发展之快。另外,合众国际社有一篇关于中国国家主席胡锦涛的观点消息稿,倡导G20进行改革,也单独有一篇讲述中国呼吁世行进行管理上的改变。

在第三次峰会的报道中，合众国际社的报道写道："The G20 includes the world's biggest industrial powers, including fast-growing economies such as China, India and Brazil."通过对文本进行分析，还可以发现，合众国际社强调了中国快速增长的出口对全球贸易不平衡造成了极大影响，比如"一些经济学家称目前的经济结构容易产生泡沫，这主要源于美国消费者大量购买国外的廉价商品，许多财富流到国外，比如中国"。同时，合众国际社有一篇由马丁·沃克（Martin Walker）撰写的专栏，对中国目前经济的发展从各个维度进行了评析，称中国在经济方面取得了巨大的进步，但是与美国相比还是望尘莫及。具体来说，一方面，中国有着巨大的贸易顺差，另一方面，中国面对着前所未有的信贷增长，这主要来自政府的刺激性经济政策。

在第四次峰会的报道中，只有1篇涉华报道，该文章主要涉及中国的货币政策，人民币对美元汇率上涨0.42个百分点，增加了人民币有限的灵活度。另外，文章还提到中国经济的优势和良好的贸易形态使它的邻国处于劣势，对中国的评价和态度稍显消极。

在第五次峰会的报道中，新闻报道主要涉及中国的货币政策，特别是中国人民币的贬值对美国的影响，而美国和欧洲都希望人民币升值以利于其贸易。

"The United States and the European Union have been pressuring China to let its currency rise against the dollar."

"The president, speaking at a news conference in Seoul, suggested China bears much of the blame for global trade imbalances, *The New York Times* reported."

"The United States blames its trade deficit partially on China's devaluation of its currency and pressed the G20 to address the matter by setting limits on account surpluses and deficits at 4 percent of the gross domestic product."

"Whether China and Germany, the two powerful surplus economies, would work to curb their reliance on exports, their high rates of savings and their relatively low consumption, remains to be seen, the Times said. Officials from both nations criticized the Fed's actions."

"Several countries, led by China, have accused Washington of currency manipulation and the U. S. credibility is damaged because of this, *The New York Times* reported Wednesday. "

在第六次、第七次峰会的报道中，因合众国际社的报道并未涉及中国，因此不予讨论。

在第八次峰会的报道中，涉华报道中将中国作为报道主体的数量偏少，多作为一两句话的背景介绍，至多强调对中国稳定世界经济的期望和避免过度干预叙利亚的言辞。

在第九次峰会的报道中，合众国际社在唯——篇涉华报道（中俄合作）中将中国和俄罗斯并列为同等的报道主体。合众国际社在其 G20 峰会报道中给予了中国不多的关注度，仅仅将中国作为其他议题的背景材料。从语言塑造的层面上可以看出，G20 圣彼得堡峰会期间该社报道中的中国形象较为模糊宽泛。

四　结论和讨论

本文旨在考察世界性通讯社合众国际社对于 G20 峰会的新闻报道策略，并探讨其在议程设置和新闻框架等方面的特点，有助于我们加深对国际舆论传播机制的理解。

（一）集中资源主打本土报道

合众国际社近年来受经济实力所累，在报道战线上全面收缩，海外分社陆续关闭。但从其发稿地看出，对于峰会报道，合众国际社作为美国的第二大通讯社，采取同美联社一样的策略，坚持做好"主场报道"，集中有限资源报道大量从本土视角进行采写的新闻。不过，作为一家国际通讯社，它报道了世界主要城市如德国柏林、英国伦敦、中国北京等对 G20 这场国际经济治理峰会的反应和影响，体现了其一定的国际覆盖率。

（二）力推专栏凸显"意见领袖"效应

合众国际社的 G20 峰会报道中，硬新闻虽占据了较大比例，但其专栏也大放异彩。首席国际专栏作家马丁·沃克在以其姓名命名的专栏 Walker's World 中，持续对峰会发表评论，具有鲜明的个人写作风格，产生了较好的名记者、名专栏效应，传播率较高。这位资深的名专栏作家成为合众国际社的"意见领袖"，对国际舆论的形成产生了一定的影响。

（三）凸显经济结果和冲突框架

由于合众国际社报道力量的收缩，其在新闻议题上的选择也随之发生了变化。根据数据分析可以看出，其侧重于金融、能源、场外抗议、叙利亚危机等议题，并由此凸显了相关的报道框架——这也与其新闻业务产品的发展方向相符。具体而言，对于金融和能源议题，其大多采用经济结果的报道框架；而对于场外抗议和地区安全等议题，它则多采用冲突框架。

（四）中国镜像的"边缘化"

在峰会报道中，合众国际社强调了中国巨大的贸易顺差、刺激性经济政策、中国制造的产品等对全球贸易不平衡尤其是对美国的影响。在其报道中，中国被描绘成一个经济发展迅速、对现有世界经济秩序产生挑战的国家形象。然而，相比较而言，合众国际社中的涉华报道比例不高，极少对中国议题进行专篇报道，"中国"大多作为全球经济生态圈中的普通一员出现。

A Study on UPI's Coverage of G20 Summits

HU Jie, ZHANG Quan

Abstract: This article attempts to examine the reporting strategies, agenda setting and media frames in the UPI news reports on G20 summit between 2008 and 2015. The results showed that UPI has attached much weight to the domestic reports by intensively using the economic consequences and conflict frames, and its columns strengthened the effect of opinion leaders. Besides, China issue is not a prominent topic in UPI news reports.

Keywords: UPI; International News Agency; G20 Summit

塔斯社 G20 峰会报道研究

李 暖 孙 磊[*]

摘要：塔斯社是俄罗斯中央新闻通讯社，在努力打造面向俄语国家的俄语信息场的同时，在国际传播体系中也具有较大的影响力。塔斯社对 2008～2015 年 G20 峰会历次会议的报道中，通过特色鲜明的新闻报道框架和话语策略，塑造了 G20 峰会语境下的俄罗斯视角；并通过"经济危机"和"国际关系"为核心词的系列报道，构建了涵盖新秩序、大国关系、安全局势等维度的隐含框架，呈现了国际关系网中的俄罗斯形象。

关键词：塔斯社 G20 峰会 俄罗斯形象

二十国集团（G20）由中国、俄罗斯、美国、英国、印度、印度尼西亚、巴西等发达国家和发展中国家以及欧盟共二十方构成。在 2008 年全球金融危机背景下，二十国集团发展为旨在推动国际金融改革、促进经济稳定的领导人峰会。俄罗斯是 G20 的主要成员国之一，在集团和峰会中发挥着重要作用，同时也将 G20 峰会视为实现国内经济稳定和实施国际战略的重要平台。塔斯社将 G20 峰会视为重大国际事件，对历次峰会进行了密切的追踪报道，形成了较为完整的新闻报道框架和独特的话语策略、叙述风格。

本文主要通过研究塔斯社对 G20 峰会历次会议的报道，对塔斯社报道策略、叙述框架做出整体把握，通过对历次会议报道的关键词、议题侧重点

---

[*] 李暖，北京外国语大学俄语学院博士研究生，俄语语言文学专业；孙磊，北京外国语大学俄语学院讲师，俄语语言文学专业。

的分析，审视塔斯社的话语策略与国际关系语境、国际舆论影响之间千丝万缕的联系。

一　文献综述与研究问题

（一）塔斯社的报道风格

塔斯社（ТАСС）是俄罗斯中央新闻通讯社，正式成立于1925年，主要负责发布俄罗斯及国外的政治、经济等方面的严肃新闻。迄今塔斯社已发展为一个世界性通讯社，在国际上发挥着重要作用。塔斯社的新闻报道有以下几个主要特色。[1]

第一，以俄语为主要传播语种，主要面向俄罗斯及独联体俄语国家，目的是以俄罗斯为中心构建可靠的、结构完整的信息系统，并形成一个统一的俄语信息场。因此塔斯社的新闻报道非常注重信息传播对俄语国家的凝聚力。

第二，稿件不仅面向国内外普通受众，还传递给俄联邦总统办公厅、俄联邦政府、联邦会议、安全委员会、地方政府机构等。因此，权威性、可靠性和精准性是塔斯社新闻报道的最主要特征。

第三，塔斯社是世界主要通讯社之一，具有很强的国际性。除俄语外，还用英、法、德、阿拉伯语等7种语言对外发稿。1995年，塔斯社开发出自己独特的综合信息库（Единая информационная лента），按时间脉络将塔斯社国内外的时事新闻汇成一条"时事经纬"，使国内和国际报道有机结合。

第四，塔斯社注重新闻的品牌效应，力求及时获得多样化的信息来源，在完整的信息图景的基础上对时事形成客观的认知，形成注重细节和实效性的"时事日记"[2]。

塔斯社既是信息传递的平台，也是塑造俄罗斯大国形象的有力武器。以俄语为传播语种的新闻报道主要将焦点集中在G20峰会中的俄罗斯，报道了俄罗斯总统在峰会上的言行举止，以及俄罗斯在峰会中的立场和角色；此

---

[1] Тасс сегодня. История и бренд. http://tass.ru/tass-today.
[2] Дэвид Рэндалл. Универсальный журналист [M]. Великий Новгород, СПБ: Кириллица, 1999: 14.

外，塔斯社秉承信息权威、可靠和客观的风格，将对领导人和专家学者的高端采访集中于每个具体议题之下，力求全方位展现各国立场和峰会内容。

塔斯社的报道风格促使我们进一步思索以下问题：

1. 塔斯社关于 G20 峰会的历次报道塑造了怎样的俄罗斯形象？

2. 塔斯社关于 G20 峰会的历次报道以怎样的策略体现了怎样的俄罗斯视角？

（二）媒体国家形象

俄罗斯学者加卢莫夫（Галумов Э. А.）在 2005 年出版的专著《镜像与镜像的对抗》中指出国家形象对媒体话语和媒体研究的重要作用："国家形象的塑造与巩固一个国家的国际威望和公民信任密切相关，它以公民与世界各国的连通为旨归，使政治、经济、民族、文化、民主等议题紧密相连，构建了一个以国家发展和民众的舆论自觉为基础的动态国家镜像体系，并深刻影响国际舆论自觉，影响国家与世界各主体的相互关系。"[①] 俄罗斯政治形象理论研究家舍斯托帕尔（Шестопал Е. Б.）提出："'形象'首先是国家首脑（也包括政党、组织）在大众和个体意识中的映像，它受个体（包括国家首脑、政党、组织等）的影响和调节，因此是可分析的。"[②] 波切普佐夫（Почепцов Г. Г.）进一步提出形象分析的方法，认为国家完整性的界定不仅在于国家的疆界和宪法的边界，也在于话语和词语的架构，因为它是信息的武器。[③] 此外，瓦尔塔诺娃（Вартанова Л. В.）、梅尔尼克（Мельник Г. С.）等学者也提出了国家形象研究对于俄罗斯媒体研究的重要性，并总结出"形象"分析的几个关键要素：镜像、议题、标签、语词等。[④]

在上述理论成果的基础上，本文将探讨塔斯社报道中反映的俄罗斯形象和俄罗斯视角的具体维度：塔斯社对历次 G20 峰会的报道选取了怎样的议题？通过哪些高频词、关键词为国家形象设置了怎样的标签？塑造国家形象时采用了怎样的话语策略和叙述框架？

---

① Галумов Э. А. Имидж против имиджа [M]. М.：Известия, 2005：371.

② Шестопал Е. Б. Образы государств, наций и лидеров [M]. М.：Аспект Пресс, 2008：12 - 13.

③ Почепцов Г. Г. Информационные войны [M]. М.：《Рефл - бук》, 2000：391.

④ Гравер А. А. Образ, имидж и бренд страны：понятия и направления исследования [J]. Вестник Томского государственного университета. 2012, 3：29 - 45.

二 研究方法

本文的研究对象是塔斯社对 2008~2015 年间 G20 峰会 9 次会议的报道（2013 年在俄罗斯举办的 G20 圣彼得堡峰会除外），旨在通过文本的内容分析和话语分析，研究俄罗斯在 G20 峰会中的非东道国视角和该视角体现出的国家形象。

本文的大部分研究样本来源于塔斯社官方档案库 ИНФО-ТАСС 和美国权威数据库 Factiva，以"G20"、"Саммит Двадцатки"为关键词，获取有效样本总计 459 篇，涵盖了 9 次会议的报道。文本数量相对充足，基本上可较为全面地反映出塔斯社对 G20 峰会历次会议报道的总体特征、阶段性特征和总体变化趋势，并从中可以看出俄罗斯作为非东道国对历次会议的评价态度和基本立场。样本时间分为三个阶段，即历次 G20 峰会会前 14 天、会中、会后 14 天。

在高频词、关键词分析和数据统计方面，笔者主要使用北外语料库检索工具 BFSU PowerConc，以及俄罗斯"国家俄语语料库"（Национальный корпус русского языка）等。塔斯社审视 G20 峰会时有哪些主要关注点、国家形象塑造是否有意为之、意图性是否明显等问题的探讨均建立在高频词分析的基础上；并通过界定立场标记语，对新闻报道基调进行统计分析，进一步挖掘塔斯社视角的倾向性和价值取向。

三 数据分析和研究发现

本文从新闻选择、价值判断、叙述框架等层面出发，通过研究样本的报道态势、议题设置、关键词、语言表达和叙述结构等，集中探讨以上要素反映出的俄罗斯视角和国家形象塑造策略。

（一）报道态势

1. 报道总量分析

本文采用的有效样本为 459 篇，根据新闻样本统计，塔斯社历年 G20 峰会报道走势和历次 G20 峰会的报道篇数如图 1、表 1 所示。[1]

---

[1] 本文中所有图表均由笔者根据 459 篇新闻抽样文本统计所得数据而制作。

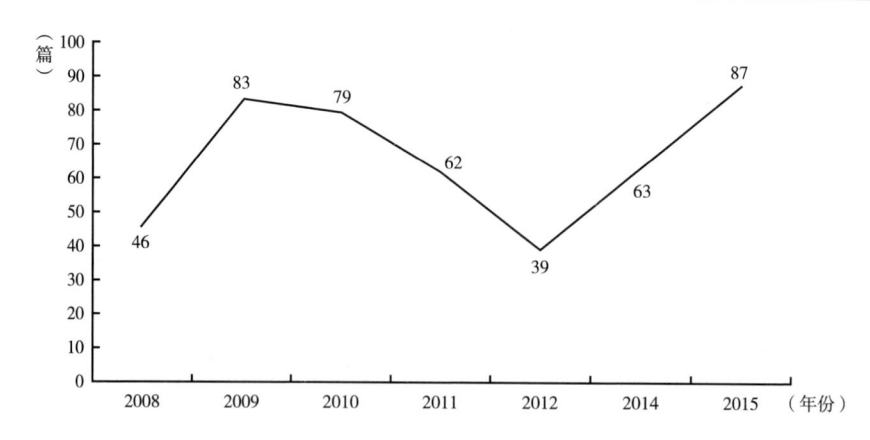

图1 塔斯社历年G20峰会报道数量走势（纵轴为报道篇数，横轴为报道年份）

表1 塔斯社历次G20峰会会前、会中、会后报道篇数

	会前	会中	会后	总计
2008年11月华盛顿峰会	18（39%）	17（37%）	11（24%）	46（100%）
2009年4月伦敦峰会	17（39.5%）	15（34.9%）	11（25.6%）	43（100%）
2009年9月匹兹堡峰会	24（60%）	9（22.5%）	7（17.5%）	40（100%）
2010年6月多伦多峰会	20（35%）	17（30%）	20（35%）	57（100%）
2010年11月首尔峰会	14（64%）	6（27%）	2（9%）	22（100%）
2011年11月戛纳峰会	28（45%）	27（44%）	7（11%）	62（100%）
2012年6月洛斯卡沃斯峰会	25（64%）	5（13%）	9（23%）	39（100%）
2014年11月布里斯班峰会	19（30%）	31（49%）	13（21%）	63（100%）
2015年11月安塔利亚峰会	12（14%）	52（60%）	23（26%）	87（100%）

塔斯社对历次G20峰会报道的总量于2015年安塔利亚峰会形成峰值。对2010年的韩国首尔峰会和2012年的墨西哥洛斯卡沃斯峰会的报道相对较少。每次会议的会前报道数量较为平均，平均值为20篇。会中和会后报道平均篇数分别为20篇和11篇。会中、会后报道篇数年度起伏较大，这与当年峰会达成的成果、会议过程中突发事件的多少以及塔斯社对峰会的关注程度有很大关系。如2014年布里斯班峰会取得了较为显著的成果，2010年加拿大多伦多峰会期间发生群众游行示威、恐怖袭击、伊朗核问题、朝鲜问题以及地震、蚊虫灾害等事件，2015年土耳其安塔利亚峰会受塔斯社关注程度较高，这些因素促使会中报道篇数接近或超出平均水平。而2010年韩国首尔峰会与多伦多峰会在同一年召开，会议的成果远远少于期待，会议期间

的报道也以突发事件和插曲、轶事为主，导致会中和会后报道篇数出现低谷。

报道的数量和频率还受到会议召开时国际局势的巨大影响，从而反映出时代的脉搏。对国际新闻而言，对象国发生的冲突越大、与本国利益关系越大，报道的数量就越多。

第一，在 2008 年全球金融危机的背景下，2009 年伦敦峰会是最受世界瞩目的一次峰会，同年举行的匹兹堡峰会则取得了实质性的成果。这两次峰会曾被认为代表着"新秩序"的形成和新阶段的开始，因此格外受到瞩目。第二，2010 年是全球"后金融危机"阶段的第一年，"复兴与新起点"成为这一年峰会的口号，同 2009 年一样，这一年峰会共举行两次，分别在加拿大多伦多和韩国首尔举行。在群众示威频发、朝韩冲突尖锐的多事之秋，这两个城市也成为各媒体的聚焦之地。第三，2015 年的峰会在土耳其安塔利亚举行。随着二十国集团取得瞩目的成就，其在国际事务中的地位也越来越突出；而作为"新兴十一国"之一的土耳其经济持续繁荣，国际地位提高，吸引了世界各国的关注。俄土关系一直是俄罗斯外交的敏感焦点，对土耳其的报道在一定程度上推动了俄罗斯镜像的进一步形成，因此塔斯社关于土耳其安塔利亚峰会的报道量形成了历年报道中的最高峰，也是本文俄罗斯形象研究的重点。

2. 时间、区域分析

对于国际新闻来说，稿件发布的时间、地点以及报道涉及的国家、区域不仅能够反映出报道的时效性、信息广度和强度，还能对错综复杂的国际关系动态做出暗示，为俄罗斯在国际关系网中定位提供坐标。

从报道的时间来看，会前阶段的报道主要从峰会召开的前两周开始，对会议日程、筹备情况、峰会主办城市发生的事件做陆续报道。会中阶段的报道十分密集，充分体现了报道的时效性。会后阶段的报道以总结的形式陆续分布在会议结束后的两周，其中关于峰会的"总结宣言"一般采取隔天报道的方式；之后以专访的形式报道 G20 主要国家领导人和政府官员对此次峰会成果和发展形势的评价；会后的第二周往往对下一次峰会做出展望，并报道下一次峰会东道国的有关大事。

从发稿地点来看，会前、会后阶段的稿件来自 G20 成员国首都及各大城市，然而各城市分布并不均匀，在兼顾各成员国的基础上，以东道国城市居多，除此之外重要的发稿地还有莫斯科、华盛顿、伦敦、柏林、巴黎、海参崴等；会中阶段所有报道均集中在东道国城市。塔斯社 G20 峰会报道除东道国城市外其他国家主要发稿城市分布见图 2。

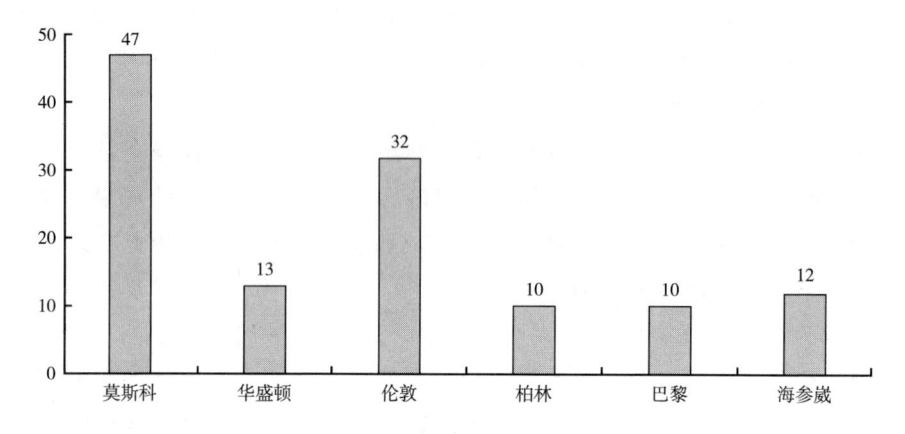

图 2 塔斯社 G20 峰会报道除东道国城市外其他国家主要发稿城市分布

由图 2 可知，塔斯社历次 G20 峰会报道的发稿地除会议东道国城市和本部所在地莫斯科外，主要集中在伦敦、华盛顿、柏林、巴黎和海参崴。

塔斯社对英国、美国、法国、德国的关注首先缘于 G20 峰会以发达国家为主导的格局。尽管 G20 峰会召开的背景是发展中国家主导的国际新秩序运动，然而上述四个国家在峰会中依然垄断着国际经济规则的制定和国际经济组织的话语权。历次峰会，塔斯社都重点报道了英、美、德、法的经济提案和立场纠纷，而驻巴西、印度、印尼、阿根廷等发展中国家的记者发稿相对较少，对发展中国家在峰会中的立场也往往草草带过，并没有给予太多关注。这既显示出国际新秩序建立的受阻，又展现了发达国家在试图制定经济规则时争议不断以致无果的现状，塔斯社借此突显俄罗斯坚定的立场及其在建立国际经济新秩序中的积极作用。

此外，从主要发稿地可以看出以俄罗斯为中心的国际关系动向。自伊拉克战争以来，俄罗斯与美、英、德、法之间就形成较为微妙的关系格局。英国作为美国的盟国，与俄罗斯对峙；法、德则与俄罗斯形成反伊战同盟。从普京执政开始，俄罗斯与美国和欧盟的关系经历了短暂的蜜月期，随后陷入冰点。随着 G8 峰会、G20 峰会的召开，俄罗斯与欧美各国的经济合作又有了较快发展，但政治关系十分复杂。2008 年第一次 G20 峰会召开前夕，俄罗斯与英国的关系骤然改变，双方存在众多利益敏感点。因此，2008～2010 年 G20 峰会报道中，塔斯社对英国十分关注，从英国对新布雷顿森林体系的看法，到英国政党选举，再到英国俄语流散族群论坛的举办，涵盖了峰会前后英国经济、政治、社会和文化的方方面面。而德国、法国作为俄罗斯曾经的盟国逐渐被纳入平衡美国的外交策略中，塔斯社在历次峰会的报道中都对德国和法国的经济提议和经济发展状况给予特别关注，"德国和法国"（Германия и Франция）多次出现在文本中，成为一个高频词组；与之对应的是"英国和美国"（Великобритания и Америка）这一高频词组，常常与反对德法经济政策的内容联系在一起。这显示出塔斯社在五国关系中偏向德法的立场。2009 年的伦敦峰会，塔斯社更是将镜头对准峰会上德、法与英、美的政策冲突，多次报道法国对此次峰会的抗议和《泰晤士报》对德、法的负面评论，并侧面批判了撒克逊自由主义的资本模式。

海参崴成为主要发稿地则与俄罗斯经济政治策略转移有关。以海参崴为发稿地的报道主要集中在 2014 年之后，有 12 篇。2014 年对于俄罗斯来说是经济发展比较艰难的一年，卢布大幅贬值，俄罗斯将经济发展推向远东地区，开始全方位实施开发远东的战略计划，石油运输、油价调整等重大经济决策均以远东为中心。随着经济战略的推行，塔斯社也将目光转向远东地区，并以海参崴分社为基地，开始了一系列远东视角的新闻报道。塔斯社对于 2014 年澳大利亚布里斯班峰会的报道主要集中在海参崴，与普京在远东的一系列经济活动、重大会议和基础设施建设设置在同一语境中，强调普京将布里斯班峰会视为"基础设施建设经验交流平台"的观点。

（二）新闻内容分析

1. 议题类别

我们搜集到的 459 篇报道全部围绕 G20 峰会历次会议展开，我们发现，塔斯社在议题的具体选择和分布上有一定的倾向性。通过对报道议题类别和内容倾向性的分析，我们可以一窥塔斯社对 G20 峰会的主要关注点。

我们把塔斯社 G20 峰会报道的议题类别进行划分。一级议题包括政治、经济、社会、文化、军事五个类别；为更准确地反映出报道的具体内容，在一级议题下又划分出二级议题，分别是会议日程、国际关系、金融改革、税收管理、国际贸易、国际安全、自然灾害等。一级议题主要分布情况如表 2 所示。

表 2 塔斯社 G20 峰会报道一级议题分布情况（不排除交叉分布）

一级议题	篇数	占比(%)
政　治	219	43
经　济	187	37
社　会	95	18
文　化	4	1
军　事	5	1

由上表可知，塔斯社对 G20 峰会的报道中政治议题最多，共 219 篇，占总体的 43%；其次是经济议题，共 187 篇，占总体的 37%；社会议题 95 篇，占总体的 18%（不排除多个议题在同一报道中交叉出现的情况）。这三个维度构成了 G20 峰会报道形象建构的基本依托。而文化议题和军事议题共同占总量的 2%，与其他三个议题相比差别十分明显。

报道一级议题分布情况反映了如下几个基本问题。

第一，时政新闻是塔斯社新闻报道的主要关注点。自全球金融危机爆发以来，国际经济和政治的不稳定因素越来越多，对俄罗斯产生了直接的影响。面对乌克兰危机、叙利亚问题、俄土关系问题等国际局势的变化，俄罗斯开始注重与发展中国家的合作，将 G20 峰会视为处理国际事务和发展国际关系的重要平台。塔斯社作为俄罗斯中央新闻机构充分代表着国家立场和战略视角，对 G20 峰会国际关系和国际政治层面的关注远远大于其他层面。

第二，经济问题是全球金融危机背景下需要解决的首要问题，也是 G20 峰会召开的基本宗旨，因此经济议题在报道中也占有相当大的比例。2008 年爆发的全球金融危机使二十国集团走向台前，全球经济合作和经济调控机制的发展成为二十国集团经济政策的关键词。G20 峰会呈现出错综复杂的国际关系和政治局面，问题的核心是经济发展和利益诉求。在这样的背景下，塔斯社对 G20 峰会经济议题的解读立足于国际关系，突出大国协调机制，注重对各国经济立场的呈现，详细报道了诸如国家调控、银行征税、特别提款权等具体议题引发的争议。

第三，社会议题与政治和经济议题紧密相关，涉及社会稳定、国际安全，在经济形势严峻的情况下，群众游行、恐怖袭击也愈演愈烈；失业率攀升、社会局势动荡、政府公信力降低是金融危机引发的比经济倒退更为严重的后果。因此以社会议题为主的报道揭示的是经济动荡对整个国家、整个社会的深度影响。塔斯社对社会动荡事件的报道暗示着政府作为问题。例如，2009年伦敦峰会是第一次出现恐怖袭击事件的峰会，峰会期间的示威游行和恐怖袭击事件是经济危机的重要反映和直接后果；加拿大多伦多峰会期间大规模游行、抗议和静坐示威活动明显地揭示出政府的不作为；土耳其峰会的报道侧重于对巴黎恐怖袭击事件的讨论，显示出经济危机与种族、移民、就业和阶层分化等社会问题的密切联系。塔斯社G20峰会历次会议报道议题变化趋势见表3。

表3 塔斯社G20峰会历次会议报道议题变化趋势

	政治	经济	社会	军事	文化
2008年华盛顿峰会	16	24	3	0	0
2009年伦敦峰会	11	31	4	0	0
2009年匹兹堡峰会	7	19	6	4	0
2010年多伦多峰会	32	48	21	1	1
2010年首尔峰会	3	18	2	0	0
2011年戛纳峰会	11	55	19	0	0
2012年洛斯卡沃斯峰会	14	23	0	0	0
2014年布里斯班峰会	32	22	6	0	0
2015年安塔利亚峰会	42	5	36	4	0

由上表可知，塔斯社G20峰会报道一级议题总体分布情况是政治＞经济＞社会，但根据上图中的议题逐年变化趋势可以看出，从2008年华盛顿峰会到2012年洛斯卡沃斯峰会，经济议题的报道比例一直高于政治议题。但戛纳峰会之后，经济议题就呈逐年下降的趋势，并在安塔利亚峰会时降到最低。从多伦多峰会开始，社会议题的比例有所上升，首尔峰会社会议题报道仅比政治议题报道少1篇，戛纳峰会社会议题的报道高于政治议题，在经历洛斯卡沃斯峰会和布里斯班峰会的低谷后，在安塔利亚峰会时急剧上升，远远超出经济议题。

这一变化趋势反映出俄罗斯本国对各项议题的关注程度和外交策略的变化：从2000年普京上任到2008年、2009年经济危机，俄罗斯大国战略调整出现明显的"经济化"倾向，努力融入世界经济一体化进程，让经济成为外交策略中捍卫国家利益的基础，让外交为国内经济发展服务。[1] 在危机

---

[1] 黄河：《俄罗斯战略调整的经济化倾向》，《世界经济与政治论坛》2005年第2期，第75～80页。

背景下，为了在支持"经济化"战略的基础上维持大国形象，塔斯社的报道并不回避经济问题，反而重点突出俄罗斯的积极态度和在国际经济上的重要地位。在华盛顿峰会、伦敦峰会、匹兹堡峰会的报道中，称"俄罗斯随时愿意投入到峰会的筹备当中"，"俄罗斯总统一定会对世界金融体制问题给予关注"，"俄罗斯总统制定出一揽子计划，其中包括解决国际金融体制问题应采取的措施"，并明确指出美国金融结构的缺陷。

2010年多伦多峰会和首尔峰会之后，世界经济进入"后危机"时代，欧美经济复苏乏力，俄罗斯国内经济同样陷入窘境未能好转，社会问题频发，俄罗斯将战略重点转向对国际关系的修复和对社会秩序的维护，同时开展能源外交。塔斯社在多伦多峰会、首尔峰会、戛纳峰会上重点关注大国关系、社会情绪、能源合作、反腐问题、气候问题，用政治和社会议题来遮蔽不断暴露的经济问题。例如，在多伦多峰会报道议题中，会议预热期政治类题材和社会类题材多达30%；会中报道社会类、政治类题材多达70%，具体内容包括中国参加峰会的详情、会议期间的示威游行等；会后报道社会类、政治类题材仍占据报道总量的45%，聚焦美日关系、墨西哥总统提出的气候变化问题、伊朗核安全问题等敏感点。2014年布里斯班峰会和2015年土耳其峰会中，俄罗斯站在国际政治的风口浪尖，塔斯社报道的政治类和社会类议题多达60%~80%。具体说来，塔斯社对布里斯班峰会的报道有如下几个议题：第一，澳大利亚财政部部长发言中反映出的世界经济形势；第二，欧盟外交部官员对乌克兰事件的看法；第三，普京、梅德韦杰夫眼中的西方制裁与反制裁；第四，俄罗斯在对抗埃博拉病毒方面的努力。安塔利亚峰会的主要议题则包括：第一，世界经济格局中俄罗斯的双边或多边经济合作；第二，法国巴黎巴塔克兰剧院恐怖袭击事件及俄罗斯对该事件的看法；第三，各国领导人对法国恐怖袭击事件的看法及欧洲反恐问题。

2. 主要关键词分析

新闻报道中的关键词分布情况是对一级议题分布情况的补充，能更为准确地揭示出一级议题下的具体问题和新闻报道的主要关注点。我们将塔斯社关于G20峰会历次会议的所有报道文本正文中词频大于40次的词语定义为主要关键词，经统计得到的结果如图3所示。

统计出的22个关键词分别属于经济议题、国际关系和国际安全，其中国际关系议题下的高频关键词最多，远远超出了经济议题和国际安全议题的比例。其中"俄罗斯"出现的频率最高，显示出塔斯社把对各国的报道都纳

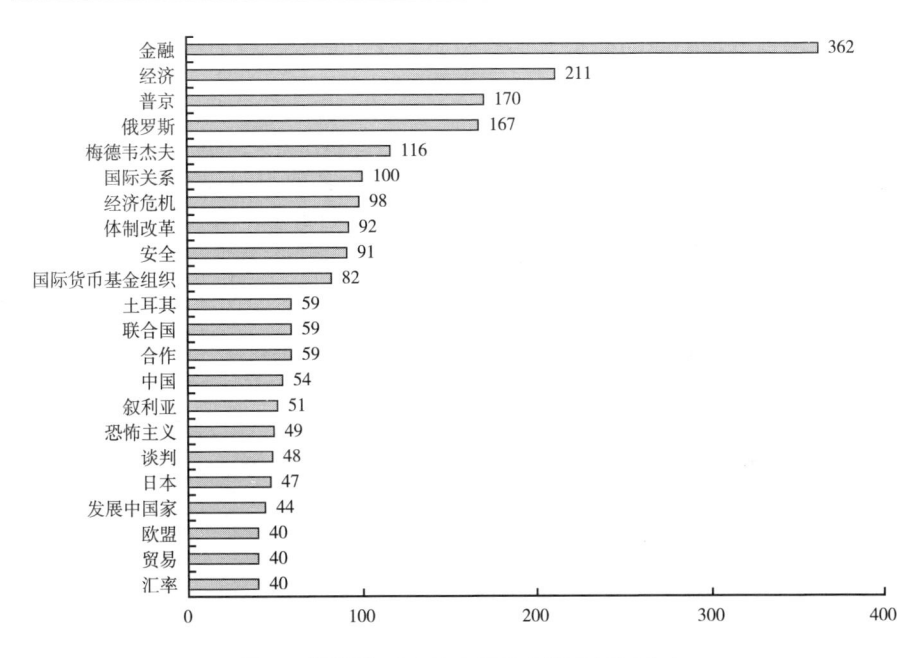

关键词	频次
金融	362
经济	211
普京	170
俄罗斯	167
梅德韦杰夫	116
国际关系	100
经济危机	98
体制改革	92
安全	91
国际货币基金组织	82
土耳其	59
联合国	59
合作	59
中国	54
叙利亚	51
恐怖主义	49
谈判	48
日本	47
发展中国家	44
欧盟	40
贸易	40
汇率	40

图 3 塔斯社 G20 峰会报道主要关键词分布

入了俄罗斯国际关系的战略视角；此外，塔斯社非常关注土耳其、日本、叙利亚和中国的动向，这些国家在文本中屡次被提及，是俄罗斯国际关系和对外政策的焦点；塔斯社对其他发展中国家的具体情况则关注不足，虽然"发展中国家"一词出现44次，但塔斯社明显从俄罗斯国家战略视角出发，更倾向于将发展中国家视为国际关系中的一股整体力量来审视其对俄罗斯的影响。

尽管国际关系相关的关键词占比最大，但出现频率最高的两个关键词仍属经济领域，"金融"（финансы）和"经济"（экономика）分别出现362次和211次。这暗示了塔斯社对G20峰会报道的着眼点和落脚点仍是经济问题。经济议题下的二级议题划分也是最为详细的，这从几个关键词就可看出："体制改革"、"谈判"、"贸易"和"汇率"分别概括出了峰会上各国讨论的具体方向，构成了经济报道框架下的几个主要分区。经济类关键词的具体化强调了G20峰会职能的集中性和专属性。各国对G20峰会职能的判断意见不一，有些国家倾向于将峰会发展为一个处理所有全球性议题的平台，提倡峰会的"功能溢出"。由此可以清晰地看出塔斯社对G20峰会的功能判断和期待：尽管随着时间的推移，G20峰会议题呈现出扩大化和泛化的趋势，但塔斯社的焦点始终没有偏离峰会在经济金融领域的功能，倾向于将峰会视为金融领域的专属平台。

3. 新闻报道基调变化

由表4可知，塔斯社对华盛顿峰会和伦敦峰会的报道以正面报道为主，负面报道较少。从匹兹堡峰会开始，中性报道比例显著上升，负面报道的比例也有所增加，正面报道的比例明显减少。

表4 塔斯社G20峰会历次会议报道基调统计

单位：%

	正面	中性	负面
华盛顿峰会	72	22	6
伦敦峰会	60	25	15
匹兹堡峰会	3	87	10
多伦多峰会	26	61	13
首尔峰会	0	86	14
戛纳峰会	6	94	0
洛斯卡沃斯峰会	22	55	23
布里斯班峰会	23	60	17
安塔利亚峰会	25	67	8

华盛顿峰会作为第一次G20峰会，在经济局势紧张的情况下为世界主要大国首次提供了商讨金融体制改革问题的平台，无疑具有增强信心的意义。塔斯社的报道中，用"历史性"（исторический）、"有益"（полезный）、"开放性"（открытый）、"前所未有的盛况"（беспрецедентное мероприятие）等正面词语来形容这次峰会，并用"正面肯定"（позитивно оценивать）来形容英美等大国对这次会议的评价。俄罗斯对此次峰会的态度也十分积极，反复使用"积极参加"（активно принять участие）、"随时准备"（всегда готов）、"支持"（поддерживать）、"俄罗斯领导力"（воля российского руководства）、"俄罗斯首创性"（инициативы России）等词语来形容俄罗斯国家领导人和代表团的作为。

伦敦峰会的报道同样以正面报道为主，大部分正面词语出现在各国领导人的引语之中。塔斯社认为这次峰会更注重实质性举措，称峰会"用实际行动而非空谈为全球经济复苏出力"。美国当时的新任总统奥巴马承认了美国对经济危机的责任，称赞此次峰会具有历史意义，是全球经济的转折点；

塔斯社对奥巴马的言谈举止持肯定态度。法国和德国也表示，会议成果超出预期，为市场指出了明确的方向。法国总统萨科齐明确指出，针对盎格鲁－撒克逊金融模式的改革已经"翻开新的一页"。

然而，匹兹堡峰会之后，对奥巴马团队的承诺和对二十国集团大国决策的不信任逐渐升级。多伦多峰会和首尔峰会会前、会后的报道形成了反讽式对比，在会前阶段大张旗鼓地报道美国、加拿大、英国等欧美大国对世界经济美好前景的预期，无一例外地将峰会称为"历史转折点"；会中和会后阶段则称此次会议是前几次峰会成果的巩固和下一次峰会的准备，"并未达成实质性决议"。这两次峰会的中性报道和负面报道均占有一定比例。

2014年在布里斯班峰会的报道中，正面报道的比例再次出现上升趋势。这与此次峰会新闻内容的选择有很大关系。由前文发稿地和议题分析可知，塔斯社报道中的布里斯班峰会是一次以俄罗斯和普京为核心的峰会，形成了以俄罗斯大国形象和普京领导力为轴心的新闻框架。在对国家领导人的报道中，正面词语频繁出现。对西方国家的冷淡态度和普京提前离开峰会一事采取了一定程度的规避，借此来树立政治僵局中的大国形象。2015年安塔利亚峰会召开之际，俄罗斯和土耳其的外交关系进入"重启"阶段，尽管没有真正恢复到稳定的利好形势，却在能源合作和反恐合作上达到了新高度。塔斯社对这次峰会的正面报道也主要是针对能源合作议题和反恐议题。

（三）语言风格和叙述框架

塔斯社对G20峰会历次会议的报道在宏观话语结构上信息量大，信息具有显著性、全面性，不刻意追求新闻的趣味性和接近性等特点，更主要的是通过信息结构的优化来增强可读性，形成了客观、中性、去宣传化的整体话语基调。新闻报道中信息结构的安排会直接影响新闻报道的立场和价值取向，从而影响受众对内容的认知，影响国家形象的建构。塔斯社新闻报道的具体叙述框架主要包括：整体叙述框架的使用，即新闻内容、议题和视角的总体编排特色；话语策略，即新闻立场与词语、句法的关系，以及其他表达策略。

1. 整体叙述框架

会议新闻整体叙述框架的选择对新闻的价值和传播效果影响很大，清晰的框架能够增加新闻编码的清晰度，让读者更好地理解和接受新闻报道的立场和主张。塔斯社对G20峰会历次会议的报道基本遵循以下几种叙述框架。

（1）会前阶段：全景铺排

全景铺排式指新闻报道在编码时以提供会议完整信息为视角，面面俱到。这种叙述框架重点虽然不突出，但能够给受众留下全方位的完整印象，因此在会议紧锣密鼓的筹备阶段，这样的叙述框架无疑十分适合。以2010年多伦多峰会的会前阶段为例，20篇报道分别从会议日程、住宿、交通、天气、安保、参加国、与会记者、会前活动、突发事件、主要国家领导人寄语、城市文化历史等十几个角度切入，包括交通工具数量、交通预算、安保预算、到场记者数量、会议"安全区"和"自由区"地点等具体数据和详细情况，为读者展现了峰会准备阶段的立体全景。新闻标题的主位具有多样性，包括加拿大、多伦多、各国代表团、专门网站、游行群众、贸易自由、军事演习等，塔斯社尽量避免标题中出现主位雷同，使受众一眼就看出内容的丰富程度。

（2）会中阶段：冲突对立

冲突对立式的叙述框架以冲突性事件和冲突、对立的信息为主，强调时局中的矛盾性和冲突性，以及不同观点的交锋和对抗。会中阶段的主要事件往往比较单一，以领导人会晤、各国首脑会谈为主，如果依旧采取全景铺排式的框架，难免会淹没会议信息的重点，让报道趋于雷同。相反，在冲突对立式框架下，各国领导人的言谈举止就变成了具有鲜明立场的话语，不同话语之间的冲突往往更能够突出会议的主题，而冲突之下达成的共识也更能突出会议成果的意义。例如，2009年伦敦峰会会中阶段的报道中有四种主要观点：第一，以布朗为代表的英国一方盛赞峰会的各项成果，认为"峰会是经济史上的转折点"，"成果非常丰富"，"英国在峰会上制定出六项应对措施"；第二，以澳大利亚总理为代表的一方，认为"峰会并没有解决所有问题"；第三，以加拿大总理和俄罗斯财长为代表的一方给予中性评价，认为峰会虽未能解决所有问题，但"增强了信心"，"迈出重要的一步"；第四，以印度为代表的发展中国家呼吁加强印度、中国等发展中国家在峰会中的地位。对伦敦峰会结果的报道也充分突出"求同存异""勉强达成共识"的特点，使用"妥协的解决方案"（компромисный вариант）、"得以"（удалось）等词语，暗示出意见分歧之多，达成共识过程之艰难。

（3）会后阶段：焦点延伸

焦点延伸即报道选择一个最主要的焦点，围绕这个焦点详细回答"是什么"、"为什么"、"怎么样"的问题，提供必要的背景信息和信息解读。

会后阶段的报道一般有两个主要焦点，一是峰会宣言的详细内容，二是下一次峰会的准备情况。围绕第一个焦点，塔斯社的报道中往往会有一篇或两篇报道综合介绍峰会宣言，如伦敦峰会会后阶段出现一篇题为《G20峰会制定出由29条要点构成的总结宣言》，文中对宣言的结构和各国领导人的评价做了概述。其余报道通常选取总结宣言中的一个要点进行信息拓展和详细解读。如多伦多峰会会后报道的主题有："峰会宣言指出G20将为全世界增加520万个工作岗位"、"二十国首脑就金融领域各项改革方案达成一致"、"峰会宣言决定成立反腐败小组"等。会后阶段的报道将峰会总结宣言的各项议题具体化，并为下一次峰会的内容做了铺垫。围绕第二个焦点，塔斯社的报道一般会聚焦受众最关心的问题，指出下次可能举办峰会的城市、会议日程方面的改进、即将讨论的议题等。

2. 话语策略

新闻报道和评论的话语策略与立场的表达密不可分。话语策略围绕着立场展开，而从话语策略和语言手段中同样也能窥见新闻的立场和价值取向。经分析，塔斯社关于G20峰会历次会议的报道总体话语策略包括以下几个要点。

（1）立场标记语的选择

典型的立场标记语主要分为：确定型，即明确表达事实发生的可能性和不可能性；模糊型，对事实和立场持不确定态度；言据型，与引语标记语重合之处很多，即表明立场为他人立场；情感型，明确表示喜悦、悲伤、遗憾等情感态度；评价型，对事件做出明确的正面或负面评价。通过对塔斯社G20峰会报道中的立场标记语分析，可以看出塔斯社在表达话语立场上的主要风格，并为判断新闻基调提供依据。立场标记语举例见表5。

表5　立场标记语举例

确定型	Наверняка(5)，обязательно(7) невозможно(7)	确实；一定；不可能
模糊型	Наверное(4)，может быть(13)	可能，也许
言据性	Согласно(27)，сказал(253)，считает(83)	正如……；……说；……认为
情感型	(Путин) выразил сожаление(4)，рад(4)	(普京)表示遗憾；表示高兴
评价型	Важно(17)，поддержать(106)，способствовать(28)，иметь значение(27)	重要的；支持；促进，有助于；有意义

注：括号中数字为词语在抽样文本中出现的总次数。

由表格中显示的抽样结果可知，五个典型标记语类型在塔斯社报道中均有涉及，但所占比重很不均衡。其中，情感型标记语出现最少，表达遗憾和高兴的情感类型各出现了 4 次，情感表达主体为俄罗斯总统普京和德国总理默克尔。"高兴"（рад）一词主要用于默克尔对俄罗斯与欧盟合作的评价，表示"俄罗斯与欧盟合作的发展十分令人高兴"。"遗憾"（сожаление）一词的使用均出现在普京向日本首相表示"两国贸易周转出现问题，令人遗憾"的情境中。在情感表达上，塔斯社的报道总体十分内敛，情感型标记语使用的频率一方面和领导人的语言风格有关，另一方面折射出被标记的事件在俄罗斯媒体眼中的重要性。

模糊型、确定型和言据型标记语是新闻报道正面表明立场、塑造新闻隐含人格形象的主要手段。由表格分析可知，模糊型标记语和确定型标记语在塔斯社报道中出现的频率同样不多，而且大部分出现在引语中。表达立场和塑造形象主要依托的是言据型标记语。其中"……说"（сказал）与"……认为"（считает）出现频率很高，多达 253 次和 83 次。这说明新闻文本的引文以直接引语为主，准确引用国家领导人及政府官员的发言，新闻观点和立场与发言人立场基本一致。权威人士的话语增强了信息的可靠性。

评价型标记语大部分出现在直接引语中，结构较为复杂，主要表达"支持"、"反对"、"认为有意义"、"认为有害"等立场，但表达形式非常丰富。对评价型标记语的使用，下文将做进一步分析。

综上所述，塔斯社的报道总体有着"作者隐身"的特点，很少直接表达情感，甚至很少标记立场的确定性。即便是评价色彩较为鲜明的文章也以大量直接引语为支撑，将评价色彩建立在观点的客观呈现的基础上。

（2）新闻基调与评价型标记语

评价型标记语的表现形式具有明显的多样化，其中最常见的有"合作"（сотрудничество）、"前景"（перспективы）、"达成一致"（добиться согласия）、"赞同"（одобрить）、"使遭受"（подвергать）、"批评"（критика）、"拒绝"（отказ）等典型词语。具体使用方法举例如表 6 所示。

评价型标记语的广泛使用使塔斯社对历次峰会的报道脱离了简单陈述的框架，具有较强的评价性。塔斯社借助较为鲜明的评价观点把控会议报道的整体立场，与俄罗斯的国际关系立场和外交策略相结合，成为反映大国关系的一面镜子。

表6 评价型标记语举例

议题类型	时间	案例	措辞	释义
社会	2008年11月15日	G20峰会没有吸引反全球化分子、无政府主义者和和平主义者的关注	Саммит двадцатки не привлек внимания антиглобалистов, анархистов и пацифистов, старающихся не пропускать подобные международные форумы, чтобы шумно выразить свою позицию	用"努力不放过机会""大肆宣扬自己的观点"等带有讽刺意味的表达方式,暗示出对反全球化人士、无政府主义者示威游行的反对和讥讽
社会	2015年11月13日	英国和印度就安全领域合作达成一致	Договориться о сотрудничестве	用"合作"这一带有正面色彩的词语表现G20峰会召开前各国在安全领域的关系已经向合作方面迈出新的一步
政治	2011年11月2日	梅德韦杰夫称:俄韩关系有广阔的发展空间	Большие перспективы развития	"广阔的发展空间"是十分常用的正面评价标记语,表现出俄方对俄韩关系的进一步发展充满期待和信心
政治	2012年6月2日	俄美总统将在墨西哥G20峰会前商讨有关反导系统的问题	Категорический отказ(断然否决) Никакого документа не готовится(没有准备任何文件) Не хотят ни на дюйм отойти (分毫不让)	含贬义的词语和暗示立场的句法结构 ни...не...(什么都不,无论如何都不),表达对美国的谴责,起到引导舆论的作用
经济	2010年11月10日	默克尔在峰会前接受采访,炮轰美国货币宽松政策	Подвергнуть(使遭受……) Критика(批评)	由于美国经济久未复苏,美联储可能启动第三轮货币量化宽松政策。这一消息加剧了峰会召开前的对立气氛,遭到了默克尔的指责
经济	2008年11月8日	"国际货币基金组织执行董事:不应指望建立新的布雷顿森林体系"	Не следует ожидать(不应期望), выразил сомнения(表示怀疑), За один день ситуация не изменится(形势在短期内无法改变)	对G20峰会能取得多大的成效表示怀疑

(3) 引语和相关性结构

引语是新闻话语微观结构中的重要部分,主要分为:直接引语,即引用原话，并用引号标记；间接引语，即以转述的方式将引语嵌入句子当中。在塔斯社关于 G20 峰会的全部报道中，使用引语的新闻占全部新闻的三分之二，直接引语使用达 1560 多例，大部分情况下引用来源、时间、场合明确，确保了报道的权威性和可靠性。引语主要来自国家首脑和政府官员，国别、职务、人名一应俱全，如"俄罗斯总统普京"、"俄罗斯外长拉夫罗夫"等。直接引语的大量应用有助于控制叙述角度和叙述节奏并塑造领导人形象，进而塑造国家形象。例如，伦敦峰会之前引用法国总统萨科齐的话，声称"如果伦敦峰会不通过调控金融体制的决议，法国就会放弃参加峰会"，突出了法国在金融体制改革和国家调控议题上的强硬态度。首尔峰会上引用英国首相卡梅伦的话，"参加峰会只是为了睡个好觉"，带有轻松幽默的语气，既体现了英国首相的风趣，也暗示了英国在首尔峰会上的大国姿态。

以综合性话题为主的会议新闻有着叙述和评价两种基本元素，两种元素组合在一起，构成一篇完整的报道。引语往往既有叙述功能也有评价功能，组成了一篇新闻报道各个命题的主体。然而，新闻文本中主题的呈现有着典型的"组装性"，某个主题只在报道的某一部分出现，而不贯穿整个文本；同一篇新闻中出现的引语也很有可能分属两个以上的主题。引语信息之间的相关结构也成为塔斯社报道立场的主要传达手段。塔斯社的报道均紧紧围绕会议重大议题展开，报道立场较为客观和集中，通常就一个议题表达一方或两方的立场；但同一篇报道中各段引文之间存在因果、递进等逻辑关系，有时甚至会转换主题的中心。例如，一则名为《二十国集团将迅速成为能够解决世界经济难题的关键组织》的新闻，文本的基本构成分为两部分，第一部分介绍二十国集团发展情况及成员国，第二部分为关于二十国集团成就和地位的评价。第二部分中出现了英国首相布朗的四段引语。

①英国首相布朗称峰会将主要完成四个任务；

②布朗认为英国作为伦敦峰会主办方的首要任务是增强世界经济的活力；

③英方认为应当继续与贸易壁垒做斗争；

④应当严厉打击"避税天堂"。

这四段引语从二十国集团的共同主张逐步过渡到英国本国的主张，从具有"共同性"特点的主题过渡到以表达英国立场为主的主题。第一段引语中，英国首相只是陈述二十国集团的共同任务和宗旨，紧密承接新闻标题和文本第一部分对二十国集团的整体介绍；第二段引语和第一段引语具有从概括到具体的关系，表达了英国与二十国集团总体任务的共同之处，强调英国的责任；第三段引语将"增强世界经济的活力"的任务进一步具体化为"与贸易壁垒做斗争"，依旧符合二十国集团的整体主张；然而最后一段引语中的"避税天堂"是英国在伦敦峰会上特别提出的，与"黑名单"一道成为英国强硬措施的一部分，这一主张并未得到二十国集团的一致通过，各国在打击方式和打击力度上存在很大分歧。通过不同语义范围的多段引文的过渡，塔斯社这篇新闻以介绍二十国集团立场为出发点，最终仍然达到了表达英国立场的目的，暗示了二十国集团目标一致的表象下隐藏的分歧。

结语：俄罗斯视角下的隐含框架

根据麦库姆斯的新闻框架理论，框架不仅是核心议题，而且是议题的核心思想，是统摄报道思想和行为的主线，渗入到每一篇报道中，同时又表现为统一的立场和视角。

通过对报道态势、一级议题分布、关键词分布等方面的研究，可以清晰地看出，"经济危机"和"国际关系"这一组核心词密不可分，成为统摄塔斯社整个G20峰会报道的主导性框架，从总体上奠定了报道的基调、方向、视角和主旨。"经济危机"和"国际关系"框架的深层结构包括以下几条脉络。

1. 新秩序

自2008年华盛顿峰会起，"新秩序"概念的提出、形成、构建和发展过程就成为塔斯社对G20峰会经济议题报道的隐含线索。在2008年全球金融危机和发展中国家呼吁重建世界经济新秩序的背景下，G20峰会的召开以体制改革和秩序重建为目标，重新提振世界经济的信心。塔斯社对"新秩序"的关注不仅符合峰会召开的宗旨，同时还较为准确地反映出国家实际行动与二十国集团初衷的符合程度。

塔斯社对"新秩序"的呈现基本上从危机局势下俄罗斯的外交思路出发，与发展中国家新秩序运动中的理念有一定出入。金融危机以来，俄罗斯对世界局势和所谓"新秩序"做出如下判断：一是世界战略力量重组，出现新的金融中心；二是美国单边秩序开始瓦解，必须与更多的国家开展外交合作；三是新的地缘政治格局开始形成，继续解决俄罗斯周边的地区问题，调节地区危机。[①] 发展中国家构成世界经济的主要力量，在金融危机中承受着更多风险和损失，理应是"新秩序"框架下的核心部分。2009 年伦敦峰会高度肯定了发展中国家在制定经济规则中的作用和力量，并对巴西、阿根廷等拉美国家领导人做了特别采访。然而，从匹兹堡峰会和多伦多峰会起，塔斯社的报道就明显呈现出发达国家主导话语权的趋势，显示出对俄罗斯而言"新秩序"其实是世界主要大国在"旧秩序"基础上做出的局部调整。

2. 金融体制改革

"金融体制改革"的脉络是"新秩序"线索的具体化，从经济层面和峰会具体议程的变化来展现新秩序构建的动向和世界主要金融中心的态度。从塔斯社新闻报道的具体内容来看，G20 峰会对金融体制改革问题的讨论集中在以下几个层面。

第一，金融市场稳定和全球金融安全网的建立。该议题在历次峰会的报道中受到格外重视，报道中反复提及"稳定"和"安全"等关键词，并出现大量有关该议题的引语。借德国总理默克尔之口，指出该议题是 G20 峰会自始至终的首要议题，对其他问题的讨论都不能超越对"稳定"和"安全"的重视。

第二，国际货币储备制度改革和汇率调整问题。报道中重点突出该议题实施的困难。该议题仅以"交换意见"的形式进行，展开过程中困难重重，并未达成一致结论，且峰会对美元角色转换问题采取"规避"态度，具体国家单方汇率调整的提议遭到拒绝和抗议。

第三，国际金融组织运行机制改革问题，包括金融事务和银行业务全球统一征税问题。报道格外强调美国对金融组织运行机制的态度，暗示由于美国的原因，机制改革进行并不顺畅。与此同时，多次报道德国、中国等国在改革问题上的意见不一，将机制改革问题诠释成各国纠纷的焦点。而对于俄罗斯的态度则重点强调"做"和"落实"，而不正面表明立场，以打造俄罗斯"务实"的国际形象。

3. 大国关系

塔斯社关于 G20 峰会的报道中，大国关系隐藏在经济问题的表象之下，

[①] 冯玉军等：《俄罗斯在危机中调整发展思路》，《现代国际关系》2010 年第 3 期，第 38~44 页。

却是报道内容的重中之重，形成了以大国关系为主导的隐含框架。报道的侧重点主要为俄罗斯"用外交推动经济发展"的策略服务，重点关注被纳入危机时期俄罗斯外交新策略的国家。

首先是美国。俄罗斯在陷入严重危机以后，逐渐意识到短期内无法与美国平起平坐，于是努力缓和与美国的关系。历次峰会报道给予美国总统奥巴马以较长的篇幅，展现奥巴马言谈举止中积极的一面，表达了对美国在峰会中和在经济秩序中角色和地位的充分尊重。但就像梅德韦杰夫所说的，"不讨好，也不需要去适应"，塔斯社对美国在金融体制改革中努力维护霸权的行为并不回避。

其次是欧洲。从2009年开始，俄罗斯与欧洲谋求新的战略对话，达成新的伙伴关系，强调"共同安全"和"合作互助"，多次报道了欧盟帮助希腊、西班牙、意大利、海地度过危机的计划，突出了欧盟国家合作、友好的关键词。随着欧盟"东部伙伴关系计划"的推行和乌克兰危机的加深，尽管俄罗斯与欧盟存在利益纠纷，塔斯社却重点报道欧盟国家在乌克兰债务问题上与俄罗斯的共同立场，指出欧盟"尽管在乌克兰、叙利亚问题上与俄罗斯意见不一，却仍然大力支持与俄罗斯的合作"。

再次是努力报道中俄合作关系的光明面，将中俄友好关系作为强国战略的支撑。不仅详细转述了中国领导人对峰会的美好寄语，而且报道了中国对金融体制改革做出的具体计划，对"中国制造"持肯定态度，并多次提及中俄合作的下一步计划。报道思路基本上与塑造俄罗斯形象的思路一致，突出中国在峰会框架下的务实作风。

最后是在国际新闻涉及的地区上，塔斯社将上述国家之外的G20其他国家作为一个整体看待，对亚太地区和土耳其尤其关注，对拉美国家和南非则关注不够。俄罗斯虽横跨欧亚，但始终倾向于向欧洲国家靠拢，将亚太地区视为美国、欧盟之外的第三方力量。塔斯社对美日关系、日韩关系、日印关系都做了较为详细的报道。此外，在土耳其问题上立场坚定，尽量粉饰与土耳其的冲突，努力谋求经济合作，认为土耳其是俄罗斯"善良友好的邻居"，提出"尽管在叙利亚问题上意见不一，但两国冲突其实是一种误读"。

4. 安全局势

自2009年伦敦峰会开始，G20峰会期间恐怖袭击和群众示威就一直存在。塔斯社一直对群众游行示威、暴力袭击的题材保持关注。从2009年开始，俄罗斯国内的极端情绪和不稳定因素就急剧增长，社会紧张程度在经济衰退局势下不断加剧，社会骚乱频繁发生。在这样的背景下，塔斯社对各国示威游行态势的报道有着打造整体危机语境的意图，将社会动荡提升为世界性问题，不仅能够引发对社会安全问题的人道主义关注，而且能够起到淡化俄罗斯国内动荡局势的作用。此外，恐怖主义问题与俄罗斯对中东国家的军事策略密不可分，既是俄罗斯与土耳其、欧洲国家的争议点，又是最容易达成共识的议题。随着俄罗斯对叙利亚军事策略的扩张，应对恐怖主义在土耳其峰会上成为一项重要议题。在这次峰会的报道中，塔斯社对"伊斯兰国"问题和普京与土耳其总统埃尔多安关于叙利亚问题双边探讨的重视程度远远超过了对峰会经济问题的关注。

综上，在459篇报道中，塔斯社最为关注的并非G20峰会各项经济决议所达成的实际成果，也绝不限于对经济危机本身和世界经济局势的预测，而是始终致力于分析、强调经济危机和国际局势的相互影响以及危机背景下以俄罗斯为中心的错综复杂的大国关系，以及俄罗斯在框架深层结构中的地位和作用。历次峰会前后的政治、经济、社会、文化等各方面的问题都被纳入这一报道框架，语言组织和叙述策略的选择也主要围绕核心词进行，形成了独特的俄罗斯视角。

A Study on TASS's Coverage of G20 Summits

LI Nuan, SUN Lei

Abstract: As Russian central news agency, TASS has great influence in the international communication system while trying to build a Russian-language information field for Russian-speaking countries. TASS reporting on G20 Summit from 2008 to 2015 has shaped the Russian perspective in the context of the G20 Summit through distinctive news framework and discourse strategy; and through the "economic crisis" and "international relations" as the core word series, TASS reporting on G20 Summits builds a hidden frame, presenting the image of Russia in the international network, in which the security situation in the new order, the relations between big powers, and many other dimensions are included.

Keywords: TASS; G20 Summit; Image of Russia

新华社 G20 峰会报道研究

胡洁 张权[*]

摘要：新华社作为中国共产党最早创办的通讯社，是中国最重要的舆论宣传机构和对外传播机构。本文旨在探讨新华社在 G20 峰会报道中的报道策略、议程设置能力和媒介框架呈现特点。研究发现，新华社在对 G20 峰会的报道中，集中关注世界经济合作发展、世界经济秩序建立等议题，同时在国家形象的"自塑"上重点发力，意在向国际社会展示中国作为世界第二大经济体的负责任、有担当的大国形象。

关键词：新华社 G20 峰会 话语权

新华社是中国最重要的舆论宣传机构和对外传播机构。目前新华社在世界各地有一百多个分社，同时使用中文、英语、日语、法语、西班牙语、俄语、阿拉伯语以及葡萄牙语八个语种播发新闻稿件，是当下国际传播体系举足轻重的新闻媒体之一，在国际传播活动中具有不可忽视的话语权和影响力。经过半个多世纪的发展，新华社已跻身当今世界四大通讯社之列。[①]

---

[*] 胡洁，北京外国语大学国际新闻与传播学院博士研究生，主要研究方向：全球传播、政治传播、媒介融合、新媒体与社会；张权，北京外国语大学国际新闻与传播学院硕士研究生。北京外国语大学国际新闻与传播学院硕士研究生黄家骏、芦依、于子钧、李天洋参加了本文的数据收集和数据分析工作，在此一并致谢。

[①] 新华社官网，http://203.192.6.89/xhs/static/e11272/11272.htm，2018 年 5 月 17 日。

本文的首要研究目的是考察新华社在 G20 峰会报道中采用了怎样的报道策略从而对国际社会施加舆论影响力。借此，本文将集中探讨新华社在新闻报道中的议程设置能力和媒介框架呈现特点，以此为我国其他新闻机构的国际大型会议报道提供参考。

一 文献综述与研究问题

（一）新华社的崛起

新华社全称为新华通讯社，英文名是 Xinhua News Agency，是中国共产党最早创办的通讯社。新华社的历史可追溯到 1931 年中国共产党在江西瑞金创立的红色中华通讯社（红中社），1937 年在延安更名为新华社。1944 年新华社开办了对外英语广播，进入了国际传播角力场。

目前，新华社在国内外建立了 230 多个分支机构，拥有一支 4000 多人的记者队伍，通过中、日、英、法、西、俄、阿、葡八个语种，向全世界 6 万多家用户提供文字、图片、图表、音频、视频等新闻信息产品，日均播发各类稿件 6800 余条。

毛泽东曾指示新华社"要把地球管起来。要让全世界听到我们的声音！"[①] 这是在特定的历史时期，为争取国际话语权提出的口号和发展目标。随着半个多世纪的发展，新华社已经成为国际传播体系中具有广泛舆论影响力的新闻机构，但同时也正是这句话所造成的"刻板"印象，往往让西方社会认为新华社的国际报道意识形态过强。因此，本文提出以下研究问题。

研究问题1：新华社在 G20 峰会的报道中，呈现出怎样的报道特点？

研究问题2：新华社在 G20 峰会的报道中，刻画了怎样的中国镜像？

（二）议程设置

议程设置（Agenda-Setting）源于李普曼的"拟态环境"理论。1972年马克斯维尔·麦库姆斯和 D. L. 肖在《大众传播的议程设置》中，首次提到大众传播具有一种为公众设置"议事日程"的功能。他们发现，大众媒介

[①] 中共中央文献研究室、新华通讯社：《毛泽东新闻工作文选》，新华出版社，1983，第182页。

通过对新闻的选择和发布影响了受众对于重要议题的判断，新闻媒体的优先议题也相应成为公众的优先议题。[①] 传媒机构的新闻报道往往会赋予各种"议题"不同程度的重要性，以此影响人们对周围"大事"的重要性判断。也就是意味着大众传媒机构不一定能告诉人们应该怎么想，但是能很有效地告诉人们想什么。因此，根据议程设置理论，新闻媒介的报道不仅能影响受众对世界图景的认知，还能为受众过滤、排列"重要事件"。

基于此，本文提出研究问题3：新华社对G20峰会的报道是在怎样的议程设置下展开的？

（三）框架理论

1974年，戈夫曼在《框架分析》一书中提到，框架是指人们用来认识阐释外在客观世界的认知结构。人们对于现实生活经验的归纳与阐释都依赖一定的框架。[②] 如果议程设置是从微观角度出发，研究媒介机构对受众信息接收的编排，那么框架理论就是从宏观角度出发，站在传者的立场，来研究传媒的内容话语，着眼于新闻报道的意识形态。

新闻框架的建构能够消除声音并削弱观点，媒体可以在没有明显偏袒的情况下以有利于一方的方式建构框架。根据媒介框架理论，在媒介框架的指引下，受众受到认知框架的影响从而形成对事物的理解。

本文将从功能层面、态度层面和内容层面对新华社在G20峰会报道中呈现的媒介框架进行探讨，并提出以下研究问题。

研究问题4：新华社对G20峰会的报道使用了怎样的新闻框架？

二 研究方法

本文旨在探讨分析新华社历次G20峰会的报道传播，研究时间从2008年至2015年，研究对象为十次G20峰会的媒体报道，采用内容分析法和基于自建语料库的话语分析方法相结合的研究方法展开研究。

[①] 〔美〕马克斯维尔·麦库姆斯：《议程设置：大众媒介与舆论》，郭镇之、徐培喜译，北京大学出版社，2008，第6页。

[②] Goffman, E., *Frame Analysis: An Essay on the Organization of Experience*, Boston, Northeastern University Press, 1986, pp. 10–11.

（一）样本数据

样本时间分为三个阶段，即历次 G20 峰会的会议预热期（会前 7 天）、会议开幕期（会中）、会议闭幕期（会后 7 天）。笔者在 LexisNexis 数据库中选择样本。结合英文的文本特征和写作技巧，"G20"与"Group of 20"含义等同，本文将搜索关键词确定为"G20 or Group of 20"。为凸显关键词反映内容的集中度，本文仅考察以关键词作为主题词（subject terms）出现的样本，经过系统对相似样本自动进行合并后，最终获取有效样本 1510 篇。

（二）语料库搭配强度数据

在微观层面上，本文通过自建语料库，对高频词和关键词的搭配强度进行比较和索引行分析，从而对样本进行进一步分析。

本文使用的搭配检索软件是汇智明德与柯林斯、外研社联合推出的"语料云"。由 1510 篇样本形成自建语料库，共包含 606361 个英文单词。对于新华社每一次峰会的报道样本，相应生成子库。

关于新华社的表达方式和语言风格，本文将借助语料库的高频词用语分析，并引用原文中的具体实例来具体阐述。对于高频词用语分析，主要考察形容词和副词两类词语的使用频次，以"#adj | #adv"进行定位搜索，并采用 Lemma（原形及变化形式合并）统计模式，对检索结果按总频次由高至低排序。

此外，为探讨峰会报道中对中国话题的涉及，以及新华社对中国国家形象的自塑，笔者以"China"作为关键词在新华社的新闻报道样本中进行二次搜索，搭配词主要考察名词、动词、形容词和副词四类实义词，搭配的范围主要集中在关键词前后 5 个词之间。以"#n | #v | #adj | #adv"对以上四类实义词进行定位搜索，并采用 Lemma 统计模式，对检索结果按对数似然比（LLR）由高至低排序，从而对关键词"China"进行搭配强度和索引行分析。

三　数据分析和研究发现

本文集中探讨样本在新闻选择、价值判断、叙述框架和话语分析上的异同，主要从四个方面——报道态势与议程设置、报道类型与新闻体裁、新闻内容与报道技巧、涉华报道与中国形象分析展开研究。

（一）报道态势与议程设置

1. 报道数量

对于新华社的 G20 峰会报道数量，本文确定的有效样本为 1510 篇。如图 1 所示，根据总的报道态势来看，新华社对第十次 G20 峰会的报道数量相对处于历史低点。不过，对于第五次峰会，新华社投入了大量的报道力量，新闻报道的数量骤然攀升，该次峰会于 2010 年在首尔举行，主要议题涉及汇率、全球金融安全网、国际金融机构改革和发展问题。第五次峰会也是首次在亚洲国家举办的峰会，因此亚洲各经济体受到了世界主流媒体的关注。从第五次峰会开始，新华社对于 G20 峰会的报道数量开始下降。

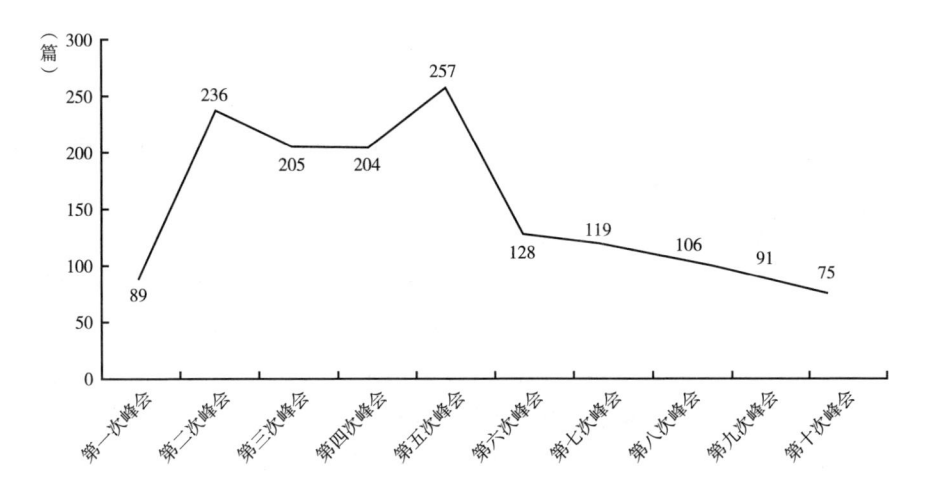

图 1 新华社 G20 峰会的报道数量

通过表 1 可以看到，新华社在对 G20 峰会的报道中，会议开幕期报道数量相对较多，报道数量占到 45.9%，会议预热期报道数量接近于会议开幕期报道数量，占到 43.8%，会议闭幕期则数量较少。

在第一次峰会中，新华社的实际发稿周期从巴西圣保罗当地时间 7 日（北京时间 8 日）到新西兰惠灵顿当地时间 20 日（北京时间 20 日），共计 13 天，预热期和开幕期均是报道集中期。从安排报道的时间上可以看出媒体对新闻事件报道的议程设置，这也是媒体发挥其影响力的主要策略和手段之一。

表1　新华社 G20 峰会报道区间和报道数量

	会议预热期		会议开幕期		会议闭幕期		合计	
第一次峰会	42	47.2%	37	41.6%	10	11.2%	89	100.0%
第二次峰会	144	61.0%	50	21.2%	42	17.8%	236	100.0%
第三次峰会	56	27.3%	129	62.9%	20	9.8%	205	100.0%
第四次峰会	65	31.9%	123	60.3%	16	7.8%	204	100.0%
第五次峰会	118	45.9%	126	49.0%	13	5.1%	257	100.0%
第六次峰会	73	57.0%	43	33.6%	12	9.4%	128	100.0%
第七次峰会	49	41.2%	57	47.9%	13	10.9%	119	100.0%
第八次峰会	40	37.7%	53	50.0%	13	12.3%	106	100.0%
第九次峰会	50	54.9%	36	39.6%	5	5.5%	91	100.0%
第十次峰会	25	33.3%	39	52.0%	11	14.7%	75	100.0%
总计	662	43.8%	693	45.9%	155	10.3%	1510	
平均	66		69		15		151	

在第二次峰会中，当年的3月26日至4月1日为预热期，4月2日为开幕期，4月3日至9日为闭幕期。新华社对此次峰会预热期的报道相当重视。

第三次峰会于2009年在美国匹兹堡举行。在本次峰会中，9月17日至23日为预热期，9月24日至25日为开幕期，9月26日至10月2日为闭幕期。新华社对会议开幕期的报道尤为重视，报道比例高达62.9%。

在第四次峰会中，新华社仍然是将工作重点放在对会议开幕期的报道上，会议开幕期报道数量占总报道数量的60.3%。

从报道内容来看，新华社的报道涉及各国在 G20 峰会前后的经济政策，G20 峰会本身的议题和达成的共识，中国领导人在 G20 峰会上的讲话和倡议，特别涉及中韩、中俄、中美、中国与印尼在经济领域的一些合作，对发展中国家特别是贫穷国家的关注较多，也广泛报道了削减赤字问题，以及一些针对抗议者的活动、人民币的汇率问题等。

新华社对第五次峰会的新闻报道，主要集中在会议开幕期和会议预热期，报道数量占比分别为49.0%和45.9%。本次峰会召开的历史背景为美国实行量化宽松措施、克制竞争性货币贬值等。峰会以汇率、全球金融安全网、国际金融机构改革和发展问题为四大主要议题。四大议题中，最引人关注的是二十国集团财长和央行行长庆州会议就解决汇率争议和国际货币基金组织份额改革所达成协议的后续进展,而全球金融安全网和发展两大议题由东道主韩国提出,也成为首尔峰会的亮点。

从报道内容看,新华社的报道涉及的议题非常多,主要包括会议开始前的安保情况,联合国关注的贫困问题,反腐问题,会议进程中的全球金融规则的改革,中国对全球经济复苏所做的贡献,减少贸易保护主义,提倡自由贸易等,会议结束后对中国持续举措的报道。会议闭幕期报道较少。

新华社对于第六次峰会的新闻报道,主要集中在会议预热期,报道数量占比达57.0%。从报道内容看,新华社的128篇新闻,内容主要围绕中国与欧债危机的关系、全球经济复苏等诸多议题。如:中国应如何与各国合作缓解欧债危机,发展中国家对关注更宏大议题的诉求等。新华社还对中国领导人的行程安排、出席会议进行了详细的介绍,以此塑造积极、有担当的领导人形象与国家形象。

在第七次峰会中,新华社在会议预热期报道数量较多,占比达41.2%;在会议开幕期达到高峰,占比达到47.9%。会议闭幕期报道较少。从报道内容看,新华社在报道事件时议题的覆盖面广,与美联社、合众国际社不同的是,新华社对重要领导人的外交动向,尤其是利益相关国家的外交互动给予了关注;此外,对中国领导人及中国的国际角色也进行了相当分量的报道。

在第八次峰会中,开幕期是新华社报道的高峰期,报道数量为53篇,所占比例达50.0%,其次是预热期,报道数量所占比例达37.7%。新华社在会议闭幕期的报道数量仅有13篇,所占比例仅为12.3%。从报道内容看,新华社报道的主要议题还是最为集中在中国议题上,所占比例为37.7%,而叙利亚危机仅次于中国议题,所占比例为26.4%。此外,新华社对世界经济议题、各国领导人访俄、G20会议本身以及美俄、俄日关系都有一定的关注,一定程度上体现了新华社的议题多元度。

在第九次峰会中,新华社在预热期的报道数量超过开幕期,预热期严格意义上才是G20峰会的报道高峰。新华社的91篇稿件中,预热期的报道数量为50篇,占比达54.9%。闭幕期的新闻报道比例极小,仅有5篇。从报道内容看,新华社将最多的目光投向了G20峰会和澳大利亚政治本身,相关新闻报道所占比例为23.1%,而中国议题紧随其后,占22.0%。

在第十次峰会中,新华社在会议开幕期报道数量较多,共有39篇,占到报道总数的52.0%;在会议预热期有25篇报道,闭幕期的报道数量较少。从报道内容看,新华社首先关注的是中国对世界经济发展的促进作用、中国加强与其他国家的贸易合作关系以及中国领导人承诺为促进世界经济发展将不遗余力;新华社对恐怖主义议题也有所报道,G20成员将合力打击国际恐怖主义;此外,对中国杭州将举办2016年G20峰会也有所报道。

2. 发稿地点

发稿地点的多样化,能充分体现出一个通讯社的报道实力,也能体现出通讯社对事件的多方位、多层面的报道,有助于体现报道的客观性和通讯社的中立的、客观的报道立场。

根据新华社的发稿地点统计(见表2),新华社的发稿地点数量远多于美联社和合众国际社,这也从一定程度上体现出新华社不断拓宽海外信息采集覆盖网络,努力掌握国际话语权。

对于十次峰会报道,新华社投入的记者站资源最多的是在第二次伦敦峰会和第八次圣彼得堡峰会,均在全球21座城市做了新闻报道。对第六次戛纳峰会也投入了大量的记者资源,有20个地点的记者发回报道。

此外,统计分析新华社历次峰会的发稿地点,可以看到华盛顿、圣保罗、伦敦、匹兹堡、圣彼得堡、洛斯卡沃斯、布里斯班、北京和上海是其在全球重点布局的记者站,也是其观察全球经济政治动向的重要据点。

表2 新华社历次G20峰会报道的发稿地点数量统计

单位:个

	第1次	第2次	第3次	第4次	第5次	第6次	第7次	第8次	第9次	第10次
发稿地点统计	16	21	19	18	16	20	18	21	8	14

在第一次峰会中,新华社的发稿地点为16个,发稿最多的是会议主办地华盛顿,其次是巴西圣保罗、中国北京、中国香港、比利时布鲁塞尔、土耳其安卡拉、新西兰惠灵顿、美国纽约、德国柏林、俄罗斯莫斯科、意大利罗马、韩国首尔、印度尼西亚雅加达、巴西里约热内卢等均有稿件发出。

在第二次峰会中,新华社发稿最多的是会议主办地英国伦敦,其次是中国北京,委内瑞拉加拉加斯、土耳其安卡拉、西班牙马德里、俄罗斯莫斯科、意大利罗马、德国柏林、印度尼西亚雅加达、哥伦比亚麦德林、澳大利亚堪培拉、中国香港、南非约翰内斯堡、智利比那萨玛、智利圣地亚哥、加拿大渥太华、巴西里约热内卢、厄瓜多尔基多、韩国首尔、印度新德里、新加坡均有稿件发出。

在第三次峰会中，新华社发稿最多的是会议主办地美国匹兹堡，土耳其伊斯坦布尔、韩国首尔、联合国、泰国曼谷、美国华盛顿、墨西哥墨西哥城、南非约翰内斯堡、中国香港、英国伦敦、美国纽约、印度新德里、尼日利亚拉各斯、美国芝加哥、澳大利亚堪培拉、日本东京、意大利罗马、比利时布鲁塞尔、俄罗斯莫斯科均有稿件发出。

在第四次峰会中，新华社的发稿地点和以往一样，呈现多样化，雅加达、北京、首尔、东京、渥太华等18个城市均有稿件发出。

在第五次峰会中，新华社的发稿地点包括里斯本、里约热内卢、巴黎、武汉、北京、首尔、伦敦、香港、华盛顿、东京、雅加达、堪培拉、纽约、米兰、约翰内斯堡、曼谷16个城市。

在第六次峰会中，新华社的报道地点以戛纳和北京为主。

在第七次峰会中，新华社的发稿地点为18个，发稿最多的是会议主办地墨西哥洛斯卡沃斯。其他城市还有北京、土耳其首都安卡拉，南非城市约翰内斯堡和开普敦，加拿大首都渥太华、意大利首都罗马、新西兰首都惠灵顿、新加坡、叙利亚首都大马士革、法国首都巴黎、丹麦首都哥本哈根、柬埔寨首都金边、比利时首都布鲁塞尔、韩国首都首尔、墨西哥首都墨西哥城、印度尼西亚首都雅加达以及联合国。

在第八次峰会中，新华社的报道地点主要在俄罗斯的圣彼得堡，发稿量达49篇。此外，位于莫斯科、北京的记者站发稿量也比较多。

在第九次峰会中，新华社的主要发稿地点为布里斯班，发稿数量为55篇，占60.4%。北京是第二大发稿地，发稿数量为11篇，占12.1%。

在第十次峰会中，新华社的发稿地点为14个，发稿最多的是会议主办地安塔利亚，共发出43篇报道，占总报道数的60%；新华社从北京共发11篇报道，占总报道数的15%；华盛顿、马尼拉、杭州、墨西哥城、约翰内斯堡、布宜诺斯艾利斯、巴西利亚以及纽约、东京等地均有报道发出。

（二）报道类型与新闻体裁

本文对新华社G20峰会报道的栏目归属情况进行统计发现，新闻报道主要被置于国际新闻、财经新闻、科技类报道以及国内报道等栏目中，反映出新华社主要在国际事务、国际治理层面讨论G20峰会内容，并且对其经济治理层面的内容给予了极高的关注度。本文将国际层面的政治报道和国内层面的政治报道合并为大类"政治新闻";将国际层面的经济报道和国内层面的经济报道合并为大类"经济新闻";将国际层面的科教文卫报道和国内层面的科教文卫报道合并为大类"科教文卫新闻";另外将未有明确分类的报道标记为"未标注"(unmarked)。具体见表3。

本文还对新华社新闻报道的类型和体裁进一步统计分析,主要辨别其在消息、解释性新闻等方面的重点。一般消息主要是纯新闻,以报道"何事"为重点;而解释性新闻的报道重点则在于通过提供背景性事实材料交代"何因",其中蕴含记者的观点看法,带有比较明显的倾向性,但遵循的仍然是以事实说话的报道原则。

表3 新华社G20峰会报道的栏目设置与报道数量

栏目 峰会	政治新闻	经济新闻	科教文卫新闻	未标注	总计
第1次	66	23			89
第2次	122	74	25	15	236
第3次	147	45	5	8	205
第4次	135	48	11	10	204
第5次	156	82	10	9	257
第6次	61	44	1	22	128
第7次	95	17	1	6	119
第8次	83	23			106
第9次	67	20	4		91
第10次	60	13	1	1	75

在第二次峰会报道中,新华社以软新闻为主,即它不仅报道事实,还涉及各方观点和评论,比如新闻分析、社论、特稿等。

在第三峰会报道中,无论是硬新闻还是软新闻,新华社的新闻字数普遍偏多,纯消息性新闻较少,以解释性新闻和软新闻居多。在会议预热期及会议开幕期,新华社以硬新闻为主,以专访和特稿为辅;在会议闭幕期硬新闻数量开始减少,软新闻增多,主要是对G20峰会取得的成果进行评价和对G20地位进行评析。

在第四次峰会报道中,新华社的204篇新闻报道中,报道类型主要涉及新闻评论、新闻分析、新闻采访、新闻综述等。从报道的内容来看,以政治新闻和经济新闻为主,主要以中国领导人在 G20 会议前后的外事活动,以及在会议上提出的倡议等为主。同时也报道其他国家在这期间的经济活动。

在第五次峰会报道中,新华社的 257 篇报道中,报道类型主要涉及新闻分析、新闻采访、新闻评论、新闻特写等多种体裁。

在第六次峰会报道中,新华社共发出 128 篇新闻,其中以硬新闻为主,共 107 篇,评论有 9 篇,新闻综述有 3 篇,新闻分析有 9 篇。

在第七次峰会报道中,新华社的新闻体裁相较其他两大通讯社更为丰富,硬新闻有 107 篇,新闻综述有 10 篇,评论 1 篇,分析 1 篇。

在第八次峰会报道中,新华社的报道几乎以硬新闻为主,硬新闻占 80.2%,软新闻占到 19.8%。

在第九次峰会报道中,新华社报道以硬新闻为主,占比达 73.6%。

在第十次峰会报道中,新华社除了一般的消息外,还配有多篇的解释性报道、新闻分析以及综述。

(三) 新闻内容与报道技巧

1. 议题选择

总体来看,新华社 G20 峰会报道的议题覆盖面广,与美联社、合众国际社不同的是,新华社对重要领导人的外交动向,尤其是利益相关国家的外交互动给予了关注;此外,对中国领导人及中国的国际角色也有相当分量的报道。

在第一次峰会报道中,新华社的报道有 89 篇,题材与前述分析的报道类型相呼应,首先重点关注峰会关于全球金融危机的对策,其次是 G20 成员应对金融危机的提议和策略。

在第二次峰会报道中,新华社的报道涉及中国的内容较多,包括中国与其他国家领导人的会见、两国关系等,比如"中俄专家讨论创造超国家储备货币""中国领导人号召国际合作共同抵御危机""中国领导人出席 G20""中国在应对全球金融危机上起着重要作用"。此外,也有关于伦敦街头抗议的报道。新华社的信息源主要为高层政府官员和国际组织官员。

在第三次峰会报道中,在会议预热期,新华社最为显著的特征是报道了几乎所有要参加 G20 峰会的领导人行程,包括何时出发与何时到达;另外,中国领导人的行程最为关键,包括与谁会面及讲话内容,中国其他官员如外交部长的行程也是报道重点。在特稿方面，新华社专访了美国经济学家探讨气候变化问题，专访匹兹堡市长讨论匹兹堡的城市特点。在会议期间，新华社仍以硬新闻居多，主要议题包括：第一，G20 讨论的议题（就业、刺激政策、退出机制）；第二，各国（包括发达国家和发展中国家）领导人的观点；第三，伊朗核问题；第四，世界银行将提高发展中国家投票权问题。会议闭幕期，硬新闻主要包含各国（尤其是发展中国家）首脑、官员和国际组织对 G20 峰会的评价，软新闻主要探讨了 G20 峰会的意义、G20 峰会承诺的可兑现性、发展中国家共谋发展等议题。可以看出，新华社对 G20 态度非常积极，同时非常关注发展中国家动向。

在第四次峰会报道中，新华社报道的范围比较广泛，在 204 篇新闻中，对胡锦涛出席 G20 峰会进行了持续的报道，重点报道了在峰会中取得的外交成就，同与会各国取得的共识等方面。

在第五次峰会报道中，新华社报道的范围比较广泛，在 257 篇新闻中，中国在 G20 峰会中发出的呼吁以及采取的决策为主要报道方面，还包括中国与各国合作促进世界经济复苏等问题。

在第六次峰会报道中，新华社的 128 篇新闻，主要围绕中国与欧债危机的关系、全球经济复苏等诸多议题。如中国应如何与各国合作缓解欧债危机，发展中国家对关注更宏大议题的诉求等。新华社还对中国领导人的行程安排、出席会议进行了详细的介绍，以此塑造积极、有担当的领导人形象与国家形象。通过对比得知，美联社的新闻以欧洲为主场，新华社的新闻则以中国与欧洲的联系纽带为出发点，讲述中国致力于全球经济复兴的决心。

在第七次峰会报道中，新华社新闻发稿量大，涉及的议题也丰富多样。在经济方面，主要关注欧债危机，比如 G20 督促欧元区打破主权债务和银行系统问题之间的恶性循环；南非和中国政府为 IMF 投资以防止经济危机蔓延；TPP 相关内容，比如加拿大被邀请加入 TPP，墨西哥就加入 TPP 进行谈判。在政治方面，叙利亚问题成为关注的焦点，美俄对安南的叙利亚和平计划全力支持；希腊大选是欧洲的关注点；在国际事务方面，联合国呼吁 G20 各成员国防治饥荒，关注粮食安全。在国际关系上，中国领导人与俄罗斯、法国、德国、美国、墨西哥等国的领导人都有会面与交流。在中国方面，新华社追踪报道了中国领导人的一系列讲话与出行安排。

在第八次峰会报道中，新华社新闻的主要议题集中在中国议题上，所占比例为 37.7%，而叙利亚危机仅次于中国议题，占 26.4%。此外，新华社对世界经济议题、各国领导人访俄、G20 会议本身以及美俄、俄日关系都有一定的关注。

在第九次峰会报道中，新华社将更多的目光投向了 G20 和澳大利亚政治本身，所占比例为 23.1%，而中国议题紧随其后，占 22.0%。然而，新华社报道中，俄罗斯问题，尤其是俄乌危机，以及文化议题的比例相对较低。

在第十次峰会报道中，新华社报道首先关注的是中国对世界经济发展的促进作用、中国加强与其他国家的贸易合作关系以及中国领导人承诺为促进世界经济发展将不遗余力；新华社对恐怖主义议题也有所报道，G20 成员将合力打击国际恐怖主义；此外，对中国杭州将举办 2016 年 G20 峰会也有所报道。

2. 表达方式与语言风格

在第一次峰会报道中，新华社在用词上具有相对庄重、激昂与严肃的特点。

"necessary" 使用达 41 次，主要对其后修饰的行为界定重要性。例如：

"At the summit, the leaders expressed their resolve to enhance cooperation and work together to restore global growth and achieve necessary reforms in the world financial systems."

"important" 使用达 32 次，同样是对其后名词界定正面性质。例如：

"They reached important consensus on bilateral ties, strengthening cooperation and making common efforts in dealing with the world financial crisis."

"together" 使用达 26 次，主要是对行动一致性予以肯定。例如：

"At the summit, the leaders expressed their resolve to enhance cooperation and work together to restore global growth and achieve necessary reforms in the world financial systems."

在第二次峰会报道中，新华社的高频词结果显示，除了与美联社、合众国际社比较相似的 "financial、global、economic、international、political" 以外，还有 "Chinese、bilateral、positive、joint、regional、effective、necessary、special" 等词语，经过分析比较发现，这主要是由于新华社的部分报道特别关注中国与其他国家之间的交流合作以及区域性合作议题，尤其是与中国有关的问题。例如：

"World pays greater attention to China's role: U.S. expert"，这里的 greater

表明了新华社的倾向性。

"As well as money, developing and emerging powers are seeking a greater say in the running of the world economy." 这里的 greater 表明了新华社对于发展中国家的关注与重视。

在第三次峰会报道中,新华社的高频词检索结果为"Pittsburgh、economic、global、Hu、change、climate、nuclear、trade、development、cooperation"。可以看出新华社以中国为报道主体,没有将中国和金砖国家放在一起进行探讨。另外,时任中国国家领导人"Hu"(胡锦涛)在报道中与 China 的搭配频次高达 185 次,这说明新华社非常注重领导人声音的传递。例如:

(1)"In Pittsburgh, Hu made it clear that though the world has seen positive economic signs, there is a long way to go before full recovery is achieved because there are many uncertainties remaining."

(2)"The following are some notable quotes made during the summit: 'Nuclear proliferation remains a pressing issue and nuclear disarmament a long and arduous task.'—Chinese President Hu Jintao 'To realize a safer world for all, we must first and foremost remove the threat of nuclear war.'"

另外,胡锦涛的行程也是新华社的报道重点,例如:

(1)"Chinese President Hu Jintao left here for home on Friday after attending UN meetings in New York and the Group of 20 (G20) summit here. Hu started his U.S. trip on Monday from New York, where he attended the UN."

(2)"Chinese President Hu Jintao arrived here Monday for a UN climate change summit and other UN meetings. He will also attend a financial summit of the Group of 20."

在第四次、第五次峰会报道中,"economic""financial""global"这 3 个词在新华社的报道中排名相对靠前,这也就说明新华社对与全球经济问题相关的议题关注度较高,这一点与美联社、合众国际社相一致。

在第六次峰会报道中,新华社除了选用"economic、global、financial、international、Chinese、European"等反映主要议题的形容词,还选用了诸如"strong、important、positive"等表示程度、重要性、事件积极性的形容词。

"strong"使用达 49 次,是对其后名词界定重要性。例如:

"As one of the world's biggest regional bloc with an enormous geographical span and huge diversity among its members, APEC should send a strong signal that its members will do everything possible to stave off a global recession and restore confidence."

"important"使用达40次，同样是对其后名词界定正面性质。例如：

"The G20 Seoul Development Consensus for Shared Growth and the Multi-Year Action Plan are important to our efforts to narrow the development gap and promote common growth. We should further unleash the development potential of emerging markets."

在第七次峰会报道中，与"China"（中国）搭配强度最大的两个词为"Mexico"（墨西哥）和"cooperation"（合作）。回到它们的索引行共现语境中，可以看到，中国与墨西哥搭配，体现中国致力于与墨西哥进行合作。而"cooperation"则体现的是中国寻求合作与发展的决心。新华社的报道体现出其致力于塑造一个良好而负责任的中国形象。例如：

（1）"Hu pointed out that under the current international situation of complex changes, deepening strategic cooperation between China and Mexico is of great significance."

（2）"Obama said the United States is ready to strengthen communications, enhance mutual trust and expand cooperation with China so as to explore a new type of relationship between the world's two largest economies."

在第八次峰会报道中，"economic"、"global"、"military"、"political"和"international"等词为最高频次词语，一定程度上出现了与美联社和合众国际社高频词的同质化。值得注意的是，"Chinese"出现频次位列第四，为130次，说明了中国作为主要议题或提及背景在新华社报道中有突出地位。

在第九次峰会报道中，新华社的样本语料库显示，"global"、"economic"和"political"三个中性词为最高频次词语，与美联社样本得出的结果高度相似。值得注意的是，"Australian"（澳大利亚的）和"Chinese"（中国的）出现频次分别为86次和80次，说明了澳大利亚和中国作为主要议题或提及背景在新华社报道中有突出地位。

在第十次峰会报道中，新华社的高频词语为"global、economic、Chinese、financial、international、political"等词（见表4）。相对来讲，这些高频词语也更加正式和严肃，同时这也正与前文所分析的新华社的报道题材和体裁相吻合。作为世界上第二大经济体，中国在世界经济发展过程中有着不可忽视的作用，因此新华社的报道体裁多是世界经济，在报道题材上重点放在了中国对世界经济发展的促进作用和加强国际贸易合作方面。

表 4　2015 年新华社 G20 峰会报道中的高频词语

新华社报道中的高频词语					
词语	global	economic	Chinese	financial	international	political
出现频次	281	251	104	102	78	75

（四）涉华报道与中国形象分析

作为中国的国家通讯社，新华社的报道直接传递官方"声音"。对 G20 峰会，新华社在关注世界各国在国际问题治理上的立场和动向时，"中国"是其开展新闻报道的出发点和落脚点。新华社 G20 峰会涉华报道数量及比例见表 5。

表 5　新华社 G20 峰会涉华报道数量及比例

	报道总数（篇）	涉华报道（篇）	占比（%）
第一次峰会	89	58	65
第二次峰会	236	219	93
第三次峰会	205	120	59
第四次峰会	204	154	75
第五次峰会	257	210	82
第六次峰会	128	86	67
第七次峰会	119	72	61
第八次峰会	106	25	24
第九次峰会	91	54	59
第十次峰会	75	63	84

在第一次峰会报道中，以"China"作为关键词在新华社的样本中进行二次搜索，发现新华社 89 篇样本中有 58 篇提到中国，占比达到 65%。通过搭配词的共现频次分析，并对相同语境下的同类词语进行归类。可以看到，首先，"中国"是被置于 G20 成员国的语境中描述的，与发达国家法国、德国、加拿大、澳大利亚、英国共现的频次偏多，这充分强调了中国在

G20 中的国际地位。其次,"中国"与巴西、俄罗斯和印度共同出现的语境也较多,回归索引行发现主要表明中国作为快速崛起的发展中国家实力不可忽视,这勾勒出中国在发展中国家中领头羊的经济实力。最后,"中国"与"银行"、"经济"、"作用"相搭配的情境较多,回溯索引报道中对于中国当年的救市政策给予肯定,对于中国经济稳定发展及在 G20 中的作用正面评价,这塑造了中国稳定发展的经济形象和负责任的政治形象。

在第二次峰会报道中,236 篇报道中有 219 篇提到中国,占 93%。与"China"搭配的词语主要有"Russia、Australia、Argentina、France、economic、bank"。例如:

"Russia will work with China to further strengthen cooperation in economy, trade and energy, jointly fight the international financial crisis and strengthen cooperation on international and regional issues."

"Calls for a reshuffling of the international financial and currency systems are gaining momentum not only from the euro zone, but also from developing nations such as Brazil, Russia, India and China—known as the 'BRIC' countries."

"Hu expressed his appreciation for Russia's consistent support for China on issues concerning Tibet."

"Australia is China's ninth largest trading partner."

"On Thursday, China signed a contract with Argentina to exchange 70 billion yuan, (10.24 billion U.S. dollars) in their respective currencies for use in trade and investment, so that there is no need for each other's companies to..."

从这些词语所在句子可以看出,新华社很看重中国与其他国家之间的关系,包括政治、贸易关系。

在第三次峰会报道中,检索结果显示与"China"搭配的词语主要有"Pittsburgh、economic、global、Hu、change、climate、nuclear、trade、development、cooperation"。新华社的高频词与另外两个媒体明显不同的是没有巴西、俄罗斯等国家名称,从文本中可以看出新华社以中国为报道主体,没有将中国和金砖国家放在一起进行探讨。另外,时任中国国家领导人胡锦涛(Hu)在报道中与 China 的搭配频次高达 185 次,这说明新华社非常注重领导人声音的传递。例如:

"In Pittsburgh, Hu made it clear that though the world has seen positive economic signs, there is a long way to go before full recovery is achieved because there are many uncertainties remaining."

另外，胡锦涛的行程也是新华社的报道重点，例如：

"Chinese President Hu Jintao left here for home on Friday after attending UN meetings in New York and the Group of 20 (G20) summit here. Hu started his U. S. trip on Monday from Chinese President Hu Jintao arrived here Monday for a UN climate change summit and other UN meetings. He will also attend a financial summit of the Group of 20."

在第四次峰会报道中，从搜索结果来看，与"China"搭配强度最大的两个动词为"is"和"has"。这两个动词出现在"China"后面，也说明新华社非常关注中国所做的决策、中国话语等。搭配强度最大的两个名词为"Canada"和"Hu"。关于 Canada，回到它们的索引行共现语境中，可以看到有些为 G20 成员国家的列举，有些为中国和加拿大决策的相互影响，塑造了中国在本次峰会中所扮演的积极角色。而名词"Hu"则体现了新华社对领导人的关注，报道中国领导人的相关发言，阐述中国的一些建议，塑造了正面的中国形象，展示了中国在本次峰会中积极参与各项决议，发挥自己应有的作用。

在第五次峰会报道中，根据搜索综合整理，与"China"搭配强度最大的两个动词为"be"和"say"。这两个动词在"China"的前后都有，说明新华社非常关注中国所做的决策、中国的话语以及别国对于中国决策和立场的描述等。搭配强度最大的两个名词为"Hu"和"Russia"。名词"Hu"同样体现了新华社对领导人的关注，塑造了正面的中国形象。例如：

"Chinese President Hu Jintao said Wednesday that China was satisfied with its relations with the Republic of Korea (ROK)."

"Russia"多出现在"China"的后面，回到它们的索引行共现语境中，可以看到有些为列举 G20 成员国家，有些为《中俄睦邻友好合作条约》签署 10 周年庆祝活动，中俄在各方面开展交流合作以加强双边关系等，塑造了中国在本次峰会中所扮演的积极角色。例如：

"Chinese President Hu Jintao said here Thursday that China and Russia have reached consensus on the all-round development of their strategic partnership of coordination, which gives impetus to the bilateral ties."

"The Business Summit was the prelude to the G20 Seoul Summit, which would gather leaders of world's major economies, including the U. S., China,

Japan, Russia, France, Britain, Brazil and Germany."

在第六次峰会报道中，根据搜索综合整理，除去句子中必不可少的连词部分，与"China"（中国）搭配强度最大的两个词为"trade"（贸易）和"economic"（经济）。回到它们的索引行共现语境中，可以看到，在其报道中，对中国的报道通常与贸易和经济发展有关。例如：

"China, as the world's second biggest economy and also an emerging economic powerhouse, has kept very close trade ties with the European Union (EU), as the EU is China's biggest trading partner, while China is the EU's second largest one. A stable European economy is in the interest of China."

"The overall situation of China's economic and social development is good, said Hu."

在此，中国与欧盟及其他国家的贸易合作关系被反复提及，中国的经济发展，中国在世界经济复苏的进程中扮演着积极的角色，是新华社想要传达的信息。新华社通过新闻报道树立了中国良好的经济形象，展现了中国作为负责任大国的勇气与担当。

在第七次峰会报道中，根据搜索综合整理，去掉句子中必不可少的连词部分，与"China"（中国）搭配强度最大的两个词为"Mexico"（墨西哥）和"cooperation"（合作）。回到它们的索引行共现语境中，可以看到，这体现了中国致力于与墨西哥进行合作。而cooperation则体现的是中国寻求合作与发展的决心。新华社的报道体现出其致力于塑造一个良好而负责任的中国形象。

举例：

（1）Hu pointed out that under the current international situation of complex changes, deepening strategic cooperation between China and Mexico is of great significance.

（2）Obama said the United States is ready to strengthen communications, enhance mutual trust and expand cooperation with China so as to explore a new type of relationship between the world's two largest economies.

在第八次峰会报道中，与"China"搭配强度最大的实义词是"Russia"。回溯至索引行共现语境中，可以发现，中俄合作和G20峰会本身被新华社塑造为重点议题，中俄两国被频繁提及，尤其是关于中俄在经济安全合作方面具有良好的合作空间。与此同时，"economic"和"trade"作为搭配词出现频率也较高，在新闻文本中多被赋予了对经济的积极展望和克服挑战的意味。此外，"India"也多作为金砖发展中国家与中国联系在了一起。在新华社的涉华报道中，中国议题和相对应的中国形象塑造占有很大一部分，新华社也相应地赋予中国形象更多的肯定和期望的意味——旨在从开放合作和追求互利共赢的角度来塑造一个积极、有担当的中国。

在第九次峰会报道中，中国与"Australia"（澳大利亚）、"G20"和"Summit"（峰会）搭配频次较高，分别达208次、451次和241次，而共现频次分别为19次、9次和7次。由此可见，新华社极为重视中国对G20布里斯班峰会的参与、讨论和合作，中国被塑造成G20峰会中国际争端的调停者与经济合作的推动者。

在第十次峰会报道中，回溯索引行语境，新华社的涉华报道中将"China"多作为行动发出者，中国被塑造为一个充满活力并积极寻求国际合作的负责任大国。例如：

"China is willing to strengthen communication and coordination with Canada."

"China will be contributing to improve global governance."

四　结论和讨论

新华社作为中国第一大通讯社，随着自身的不断发展，现已跻身世界四大通讯社之列。本文旨在考察新华社关于G20峰会新闻报道的特点和策略，通过研究其在G20峰会中的报道传播，探讨其在传播策略、议程设置和新闻框架等方面的特点，有助于加深我们对国际舆论传播机制的理解。此外，通过对新华社涉华议题的报道分析，探讨新华社在国际舆论场上是如何进行国家形象自塑的。

（一）全域报道，延展全球信息采集网

从新华社对历次G20峰会的报道中，我们可以看出新华社的发稿地点始终多元化，历次峰会的报道地点数量位居前列。这是新华社作为一个新闻机构，追求新闻时效性的表现之一，多地发稿能够抢得在第一时间发布信息。

此外，近年来新华社不断对其全球信息采集覆盖网进行延展，在对历次峰会的报道中，注重在全球范围内的全域报道，这也是新华社在国际舆论角

力中，不断增强自身国际话语能力，掌握国际话语权的表现。

最后，在新华社的报道中，来源于中国本土的报道数量及针对中国本土议题的报道，都占有相当大的比例。因此，重"主场报道"也是其报道特点之一，这能够在一定程度上传播中国声音，提升中国在国际社会中的舆论影响力。

（二）大国政治、经济与外交的舆论竞技场

媒体机构往往是各个国家争夺国际话语权的竞技者，是各个国家在政治、经济与外交方面角力的武器之一。因此对于G20峰会此类大型国际论坛，各国媒体始终会保持较高的关注度。这一点体现在议程设置上做到了提前介入。新华社也是如此，在报道议程上重视会前的预热期和会议开幕期的现场报道，在新闻议题上不仅将峰会当成经济事件，将其作为国际经济治理的重要国际事务来报道，更将其上升为涉及与会国利益争端的外交事件来予以报道。

（三）中国国家形象的自塑

新华社作为中国本土通讯机构，不仅承担着信息生产发布的职能，更要在全球范围内对中国国家形象进行塑造。一个国家的国际形象的建设主要源自两个方面，一个是国内媒体的自建，另一个则是外国媒体的他建。而在国际信息流中"西强东弱"的格局造成了西方媒体对中国形象的塑造并不是那么客观中立。因此像在G20峰会这种极具国际影响力的论坛中，中国媒体需要牢牢把握机会，向世界传播中国声音，在国际事件的传播活动中，对中国的国家形象进行矫形。

总体而言，在新华社对G20峰会的涉华报道中，中国经济发展、承担国际责任、推动全球合作等议题构成了新华社的涉华报道框架。与其他国际性通讯社相比，新华社在涉华报道中不仅报道数量庞大而且主题性强，不仅囊括了领导人行踪，还着重报道了中国领导人在国际论坛上的发声与立场，报道倾向上更加偏重合作、交流和展望。

作为中国国家通讯社，新华社报道中的"中国"多是以报道主体出现且报道内容主要为经济议题，报道态度基调相对正面积极。新华社在涉华报道中将中国塑造成一个经济发展有活力、努力寻求国际合作以及积极促进世界经济发展的正面形象，这一点有助于消解国际上"中国威胁论"杂音，从而树立更加客观、全面的中国国家形象。

A Study on Xinhua News Agency's Coverage of G20 Summits

HU Jie, ZHANG Quan

Abstract: As the first news agency established by the Chinese Communist Party, Xinhua News Agency is China's most important publicity and international communication agency. This paper aims to explore the reporting strategy, agenda-setting and media framing in ten G20 Summits reports from 2008 to 2015 represented by Xinhua News Agency. The results revealed that Xinhua News Agency focused its attention on topics such as the development of world economic cooperation and the establishment of a world economic order in its coverage of the G20 Summits reports. It also focused on the "self-portray" of the national image, aiming to demonstrate to the international community that China, the second largest economy in the world, is a responsible player.

Keywords: Xinhua News Agency; G20 Summit; Voice

结　语

回顾与展望

G20 历次峰会报道综合分析及大型
高端会议跨文化传播策略研究

北京外国语大学课题组

作为布雷顿森林体系框架内非正式对话的一种新机制，二十国集团（G20）的宗旨是推动发达国家和新兴市场国家之间就实质性问题进行讨论和研究，以寻求合作，并促进国际金融稳定，促进经济的持续增长。2008年11月，在全球金融危机冲击的背景下，G20 首次峰会在美国首都华盛顿举行。2009年4月，G20 第二次峰会在英国首都伦敦举行。此后，G20 领导人又先后在美国匹兹堡、加拿大多伦多、韩国首尔、法国戛纳、墨西哥洛斯卡沃斯、俄罗斯圣彼得堡、澳大利亚布里斯班、土耳其安塔利亚、中国杭州、德国汉堡举行峰会。从2011年法国戛纳峰会起，G20 每年举行一次峰会，从此步入机制化轨道。

为了借鉴 G20 峰会的传播经验，课题组对历次峰会的传播情况分别进行了研究。根据每次峰会的具体特点，分别选择若干家东道国媒体和世界性通讯社，通过 LexisNexis 数据库、媒体官方网站等渠道筛选对峰会的相关报道，运用数据统计和文本细读方法进行分析，进一步提出可供我国大型会议传播借鉴的策略和建议。

一 G20 历次峰会报道要点分析

峰会传播涉及的内容庞杂，其中最为重要的是媒体对峰会的报道，它不仅在最大程度上体现了主办方传播的思路和内容，更能够较好地反映传播的效果。因此，课题组把研究的重点放在了相关新闻报道上，既包括通讯社、报纸、电视等传统媒体报道，也包括社交网络等新媒体报道。下面从议题选择、消息来源、报道视角、报道立场、文本分析、报道节奏六个方面概述研究的主要发现。

(一) 议题选择

对历次 G20 峰会报道的研究发现，峰会本身的议题、相关的经济和政治话题、会议的召开时间和地点、会议期间的游行等都成为媒体报道的议题。其中，围绕会议本身议题的报道比较集中，其次是观点的交锋和相关话题的延伸。

1. 会前：侧重报道会议筹备情况、会议预期

会议筹备情况是峰会会前报道的一个重点。在对首次峰会即华盛顿峰会的会前报道中，美国媒体重点报道了对本次会议召开时机的讨论；在对戛纳峰会的会前报道中，法国媒体重点关注会议筹办进程；在对杭州峰会的报道中，中国媒体在会前积极备战，动态关注会议筹备进展，同时推出各类专题和系列报道，多角度多侧面预热峰会；在对洛斯卡沃斯峰会的报道中，墨西哥媒体在峰会举行半年前就开始进行议程设置。

会前报道的另一个重点是对会议的预期，即营造舆论氛围。英国媒体在伦敦峰会召开前一周的报道突出体现了这一点。《泰晤士报》的舆论比较谨慎，称 G20 峰会是促进经济开放的机会，但对多大程度上能纠正全球经济不平衡表示怀疑。《卫报》在峰会前一周的报道对 G20 抱有悲观态度，认为 G20 仅仅给改革未来金融体系提供了机会而已。《金融时报》的会前报道也持不乐观态度，认为最大的挑战是"盈余国家"和"盈亏国家"之间的关系，前者需要向后者注资，但这是峰会解决不了的问题。"BBC 全球监测"则比较全面地反映了不同国家对峰会的态度。

在对布里斯班峰会的报道中，会前以澳联社为代表的澳大利亚传统媒体报道了商业团体、工会组织、NGO 等利益攸关方对峰会的期待和立场，并介绍了东道国政府对议题设置的构想，充分反映了各方诉求。由澳大利亚政府及澳大利亚智库罗伊国际政策研究所共同运营的推特账号@G20SC 在会前的推文主要可以分为六类：一是峰会的筹备工作（11.5%）；二是对峰会的评价与期望（34.6%）；三是参会国家间关系（9.1%）；四是会议及边会介绍（19.2%）；五是峰会目标预测与解析（11.5%）；六是峰会配套政策与决议（14.1%）。

2. 会中：集中报道会议议题

各国媒体对历次峰会的会中报道主要集中于会议的议题，以及对议题相关主题和深层次意义的挖掘。

在华盛顿峰会的会中报道中，美国媒体关注了以下几个突出的主题：一是本次峰会上各方的观点冲突以及峰会取得的成果；二是外国首脑对美国政府和小布什本人的批评；三是G20峰会的花絮，基本上是负面的。此外，《华盛顿邮报》报道了G20峰会会场外的抗议活动，这是本次峰会中美国主流媒体唯一关注抗议活动的报道。

在对伦敦峰会的报道中，英国媒体对峰会本身的报道主要聚焦在重要国家、重要人物，以及具体突发事件上。其中，《泰晤士报》选择的焦点议题有：法国和德国对草案的不满；布朗夫人和奥巴马夫人访问癌症中心；萨科齐与胡锦涛的会面；布朗和奥巴马的记者招待会；奥巴马在伦敦的外交活动；美俄核武控制；等等。《卫报》选择的报道议题包括：峰会的主要议题——金融监管、援助、打击保护主义、支持IMF；法国和德国的态度——同意金融监管和打击避税区，但是反对经济刺激政策；等等。

在对多伦多峰会的报道中，加拿大媒体不仅重视对会议的具体内容进行报道，而且将关注点转向更深层次意义的挖掘。例如《环球邮报》的报道包括：对与会人员背景的补充、会议内容的探讨、会议结果的分析、对G20未来发展的预测等。这些信息的挖掘和观点的探讨将G20多伦多峰会更深层次的内涵传递给受众，符合受众的期待。

在对杭州峰会的报道中，中国媒体精心设置议题，向世界传递中国声音。《人民日报》围绕主题，以习主席重大活动为主线，深入解读习主席提出的重要思想和倡议，传播中国关于全球经济治理的政策主张。新华社重点围绕习主席多场重要致辞、主旨演讲和数十场双边会见，聚焦中国方案，突出对外特色。国际台围绕峰会主题，开设"G20杭州峰会"专题，阐释峰会重大意义，介绍中国经济形势和改革发展成就，宣介全球经济金融治理的理念主张。

在对戛纳峰会的报道中，法国媒体在会中更加关注峰会讨论的议题，围绕热点话题进行报道，并将会议进程纳入议题报道的框架内。积极正面的报道数量较少，媒体侧重刻画重重危机笼罩下的G20峰会，并对会议进程中的阻碍因素进行了特别的报道，如会议各方就中东与金融交易税问题产生的分歧等。

在对洛斯卡沃斯峰会的报道中，占主导地位的是墨西哥媒体对相关议题的报道，专题会议类报道也占相当比重，说明墨西哥媒体关注的焦点并不局限于高层会晤，还很重视执行层面的磋商和围绕 G20 峰会经济社会各行业专题会议的动态。

3. 会后：持续报道相关议题

值得注意的是，峰会结束后，关于峰会的报道往往会持续一段时间，相关议题的讨论也会继续进行。

在对圣彼得堡峰会的会后报道中，以塔斯社为代表的俄罗斯媒体更加关注国外新闻，例如叙利亚问题，南非、德国、法国等国领导人的动态等。主要涉及国际经贸关系、各国在经济领域进行的合作、国际经济组织（如国际货币基金组织）的活动、各国领导人对当今经济状况的分析与对未来经济形势的展望。

在对伦敦峰会的报道中，《金融时报》会后一周的报道，有三点值得关注。一是对峰会成果的态度。该报连续发文表示对峰会成果不满，如《全球贸易协议日期还遥遥无期》《伦敦峰会对全球经济影响甚少》《伦敦峰会并没有解决危机》等。二是强调中美力量。强调 G20 的经济政策和双边对话对世界经济的复苏极其重要。三是尤其关注中国的崛起。如《中国逐渐发挥关键作用：开始发出声音，并表示其好恶》《中国谨慎对待 G20 峰会结果》等。

在对戛纳峰会的报道中，法国媒体在峰会后的报道以各方评论文章为主导，且多为负面报道。此外，还对峰会后续工作进行了报道，如将峰会举办权传至墨西哥，同时对 G20 戛纳峰会从筹备至举办再到举办权交接的全过程进行了回顾报道。

（二）消息来源

消息来源是指在新闻引述中提及且可确认的个人、组织和实体。本文将消息来源分为政府机构和官员、专家学者、区域和国际组织、媒体以及一般民众和民间团体五大类。

1. 政府机构和官员

政府机构和官员是峰会报道的主要消息来源。以首次峰会为例，美国媒体新闻来源以政府，特别是发达国家政府为主。统计数据显示，无论是平面媒体还是广电媒体，在报道首次 G20 峰会时均以官方信息为主要消息来源，占全部消息来源的 64%。如果从消息来源所在国家来分析，美国主流媒体在报道首次 G20 峰会时的偏向性就更为明显，在所有 87 处消息来源中，仅有 8 处消息来源是来自八国集团以外的发展中国家（其中 4 处出自《华盛顿邮报》的同一篇稿件），仅占全部消息来源的 9%。

再以第四次多伦多峰会为例。在加拿大《环球邮报》对峰会的 119 篇报道中，政府机构和官员是其中最主要的消息来源，共出现 148 次（约占 39.36%）。政府机构和官员作为消息来源具有权威性和采访的便利性。加拿大广播公司对峰会的 66 篇报道中，政府机构和官员作为消息来源，共出现 67 次（约占 36.81%）。

在第八次圣彼得堡峰会报道中，塔斯社在会前的 30 篇报道中，以俄罗斯国内外政府官员作为消息来源的报道有 24 篇，占所有会前报道的 80%。分析会前、会中、会后三个时间段的消息来源数据可知，塔斯社在会前、会中、会后三个阶段新闻消息的主要来源都为政府官员，并且所占比例较大。俄罗斯第一频道会前的 16 篇报道样本中，选择本国和外国的政府官员、新闻发言人作为消息来源的报道共 13 篇，占到总数的 81.25%。

2. 专家学者

专家学者是峰会报道的另一个重要消息来源，几乎每家媒体都有对专家学者的采访，他们的观点在媒体上得到广泛传播。

以对伦敦峰会的报道为例。对英国《卫报》来说，为公共利益代言的学者是其话语主体，如哥伦比亚大学教授、诺贝尔经济学奖获得者约瑟夫·斯蒂格利茨，谢菲尔德大学的杰米·高夫博士，华威大学的乌蓬德拉·巴克西教授，爱丁堡大学的罗杰·杰弗里教授，威斯敏斯特大学的海库·帕瑞克教授，伦敦政治经济学院的约翰逊·白瑞教授以及 100 多名其他学者。峰会召开当天，《卫报》发表了由以上学者及 130 名其他学者签名的来信，呼吁印度释放被关押的政治犯比纳亚克·森，并呼吁 G20 峰会关注全球人权问题。

国际台在报道杭州峰会时推出《专家学者访谈录》，以国外的专业视角兼容各国诉求心声。特别推出一批中外国际评论，深度引导国际舆论。中方评论队伍播发《习主席开出"三味中药" 标本兼治世界经济》等中文评论 14 篇，《中国是世界经济稳定之锚》等英文评论 8 篇。外方评论队伍统一开设国际在线"G20 峰会老外谈"专栏，调动俄语、法语、德语等涉 G20 语言的外籍员工和海外评论员，以外国人的视角观察和评论峰会，发布《中国有能力成为世界争端有效调停者》等评论 21 篇。

3. 区域和国际组织

由于 G20 峰会是国际性大会，涉及全球各个国家和地区的发展，因此，区域和国际组织也成为必不可少的一个消息来源。

以对布里斯班峰会的报道为例,对澳大利亚联合通讯社、《澳大利亚人报》和澳大利亚广播公司的相关报道消息来源统计发现,总量排名第二的消息来源类别是国际组织。作为重要国际会议的报道,国际组织消息来源对会议的评价更具有权威性和全球话语权。

在多伦多峰会上,区域和国际组织作为《多伦多星报》报道的消息来源,所占比例为13.58%;作为加拿大广播公司报道的消息来源,所占比例是10.44%;作为《环球邮报》报道的消息来源,所占比例是3.46%。可见,区域和国际组织在媒体报道中居于相当重要的位置,在重大国际会议的采访中,常常作为重要消息来源出现。

4. 其他媒体

转载其他媒体报道或者把其他本国或他国媒体作为消息来源,是新闻报道的常见做法,会议新闻报道尤其如此。

研究发现,"BBC全球监测"(BBC World Monitoring)全部引用或转载外国媒体对G20峰会的报道。其中,引用率最高的还是欧洲媒体,特别是俄罗斯媒体。就亚洲而言,引用的国家媒体不多,但是,在峰会前一周、会议中、峰会后一周的时间段内,对中国国家媒体的转引率非常高,其中新华社被提到的次数最多,共有330次,《人民日报》被提到过4次。相比之下,另一个全球大通讯社塔斯社才被提到过27次。

5. 民间团体和一般民众

在一些国家对G20峰会的报道中,民间团体和一般民众作为重要消息来源受到关注。

例如,在加拿大《多伦多星报》对多伦多峰会的86篇报道中,民间团体和一般民众共出现115次(约占43.4%)。《多伦多星报》对G20多伦多峰会的报道中,社会民生方面的新闻议题占50%,这与民间团体和一般民众的消息来源的比重基本一致。

(三) 报道视角

就G20峰会传播而言,报道视角可以分为宏观、中观、微观三个层面,分别关照全球视野、国际关系和会议组织等内容。

1. 宏观视角:分析全球背景

把峰会置于全球的背景下进行考量是历次峰会报道的一个突出特征。无论是对会议议题本身的报道，还是对相关新闻的报道，都体现了这一特点。特别是与时代背景的结合，对国际经济、政治形势的判断，是各国媒体在做好峰会传播过程中不可或缺的环节。

以华盛顿峰会报道为例，美国媒体对首次 G20 峰会持谨慎的积极评价态度，无论是自由派媒体还是保守派媒体都认为本次会议虽然不可能取得具体的成果，也不可能立竿见影地把全球经济从泥潭中解救出来，但重要经济体在全球危机面前携起手来，取得一些原则性的共识是有必要的，而且很多报道寄希望于后续峰会能取得更实质性的结果。

2. 中观视角：讨论国际关系

研究发现，一些媒体报道聚焦于各个国家之间的关系，通过不同国家领导人之间的互动，反映国际关系的走向。

以圣彼得堡峰会报道为例。会前，俄罗斯第一频道政治类题材相关报道大部分是关于俄罗斯与其他国家的合作，有 6 篇，占会前政治类题材报道的 60%；俄罗斯与其他国家的纠纷 1 篇，占 10%；国外政治 2 篇，占 20%；国内政治 1 篇，占 10%。会中阶段，14 篇报道中，多边报道有 11 篇，占 78.57%；双边报道有 3 篇，占 21.43%；没有对国内和国外的单独报道。作为本次 G20 峰会的东道主，俄罗斯总统普京与各国领导人开展了一系列双边和多边会晤，因此第一频道的着眼点也集中在多边和双边报道。会后，政治类题材的报道全部是俄罗斯与其他国家的合作，共 4 篇。

3. 微观视角：注重会议细节

对于细节的报道主要有两个方面：一是对会议组织工作的介绍，二是对会议举办城市的影响。

一般而言，G20 峰会这样的大型会议或赛事报道中难免掺杂不少负面消息，如场馆建设延迟、公共投资过大、安保措施不到位、组织安排混乱或有大量游行示威等。然而，墨西哥主流媒体在报道 G20 洛斯卡沃斯峰会时对于组织工作的细节介绍全面，尤其注重正面宣传，如打消人们对墨西哥安全形势的疑虑、介绍墨西哥特色美食等，有利于提升国家形象并吸引更多游客和投资。

就第三次峰会而言，关于峰会举办城市匹兹堡市的主题主要有两个：该市的过去和对未来的展望。CNN 于 2009 年 9 月 24 日的报道就借助普通市民的口吻对匹兹堡这一曾经被弃置的工业城市进行了描述，同时对峰会可能为该市带来的光明未来进行了展望。NBC 同日的一条标题为《G20 峰会上美国的形象正在发生变化》的报道中提到，奥巴马政府之所以选择匹兹堡作为峰会举办城市，就是希望能够突出展示匹兹堡这样一个正在发生巨大转变的工业城市。

（四）报道立场

不同性质的媒体，在报道立场上有天壤之别。就东道国主流媒体而言，主要是站在政府的立场上，为国家形象服务。就世界性通讯社而言，除了坚持本国利益之外，报道立场更为客观中立。

1. 传递政府的声音，塑造良好国际形象

就G20峰会报道而言，《泰晤士报》的立场主要是传递英国政府的声音，为英国政府树立良好形象。此次峰会在经济危机背景下召开，英国首相戈登的核心目标是呼吁各国团结合作，给世界经济带来信心。《泰晤士报》在峰会前的报道看起来态度比较谨慎，但也试图展现一个"团结的欧洲"；峰会报道中聚焦中、美、俄、法等重要国家的重要人物及其和谐景象；峰会后的报道总体基调稳重平衡，对利弊进行分析。值得一提的是，《泰晤士报》十分注重以小见大，树立国家形象。该报撰文描述布朗夫人在晚宴上招待各国元首夫人和英国各界知名人士时，还专门提到她邀请了自己的母亲，把布朗夫人塑造成女主人、好夫人、好女儿的形象。另外，在报道4000名示威游行者时，其态度总体上也是反映政府的声音，认为他们是在行使自己的权利，但是行为不雅。

对墨西哥媒体报道第七次G20峰会的稿件进行分析发现，媒体十分重视三个方面的报道。一是东道主国领导力与国家形象的宣传。提升国际形象，扩大影响力本身就是倾注人力物力举办G20峰会这样的大型国际会议的重要目标之一，东道主国媒体充分配合宣传也很重要。二是社会各界以及世界各国对议题的看法和建议，以及墨西哥政府通过各种途径听取意见的开放积极的态度。这不仅为东道主国的形象加分，也使得峰会更容易得到各界的接受和认可。三是多边背景下东道主国双边活动的报道。

2. 报道会议新闻，传播相关信息

以首尔峰会为例。从美联社、合众国际社、新华社这三家通讯社的相同点来说，都以本国的经济利益发展和外交政策为基础，涉及的内容侧重点略有不同。合众国际社特别关注奥巴马在此次峰会上的言论，比如他要求各国不要过分依赖美国在全球经济复苏中的力量,同时指责中国在贸易不平衡中扮演的角色。美联社比较关注股价、货币、贸易、抗议活动以及安保等问题,有文章特别关注了美国对于人民币升值的期待以减少美国对中国的贸易赤字。而新华社报道的范围比较广泛,在257篇稿件中,以中国在G20会议中发出的呼吁以及采取的决策为主要报道方面,还包括中国与各国合作应对世界经济危机等问题。

(五) 文本分析

为了更细致地了解各国媒体对G20峰会的报道情况,我们对重点报道进行了文本分析,主要围绕叙事框架、发稿地点、语言风格三个方面展开。

1. 叙事框架

有些国家媒体倾向于选择冲突性框架,负面事件、负面观点和对问题解决的呼吁往往成为报道的主要叙事框架。

以戛纳峰会报道为例。在叙事框架方面,法国媒体对G20峰会的报道以客观陈述为主,但较具批判精神,部分文章倾向于报道事件进程中的不和谐因素,如在萨科齐邀请工会代表共商社会议题的主题下,媒体对法国总工会主席拒绝萨科齐邀请一事进行了长篇报道。在报道萨科齐欲借峰会发展融资创新时,着重陈述了推动征收金融交易税所要面临的重重困难。

法国媒体侧重反映各利益主体对现状的不满及其提出的应对措施,或报道利益主体直接呼吁峰会领导人达成切实有效的协议。例如,非政府组织对当今世界"避税天堂"屡禁不绝、金融投机、世界饥饿问题严峻等均表达出强烈的抗议与失望之情,认为过去所采取的诸多措施收效甚微,无法落实或不能从根本上解决问题,要求采取切实方案(如征收金融交易税等),根除以上难题。

在报道民众意见时,同样倾向于选取负面事件,如通过数据调查统计,指出法国民众对G20峰会打击"避税天堂"未曾寄予厚望,或报道非洲农民对统治阶级掠取大量钱财的抗议及对峰会解决该难题的希冀。

2. 发稿地点

发稿地点的多样化,充分体现媒体的报道实力,也呈现媒体对峰会的多层次报道。

以匹兹堡峰会为例,课题组比较了三家通讯社的发稿情况。

美联社发稿地点有9个,其中,发稿最多的是会议主办地美国匹兹堡,其次是美国华盛顿、纽约。此外，瑞士日内瓦、比利时布鲁塞尔、丹麦哥本哈根、瑞典斯德哥尔摩、泰国曼谷都有报道发出，另外联合国也作为一个单独发稿地。

合众国际社发稿地点有7个，发稿最多的是会议主办地美国匹兹堡。此外，美国华盛顿、澳大利亚堪培拉、中国上海、韩国首尔、德国柏林、比利时布鲁塞尔均有报道发出。

新华社的发稿地点多达19个，发稿最多的是会议主办地美国匹兹堡，此外，土耳其伊斯坦布尔、韩国首尔、联合国、泰国曼谷、美国华盛顿、墨西哥墨西哥城、南非约翰内斯堡、中国香港、英国伦敦、美国纽约、印度新德里、尼日利亚拉各斯、美国芝加哥、澳大利亚堪培拉、日本东京、意大利罗马、比利时布鲁塞尔、俄罗斯莫斯科均有报道发出。

3. 语言风格

以多伦多峰会报道为例。加拿大广播公司的相关报道中共出现466次和"说"有关的词语，其中"say""state""note""add""speak"等中性词占99.57%，尤其是"say"（包含其他形式）一词，占比达到93.13%，"say"是西方新闻写作中的常用词，它表现了媒体的客观中立的立场。"claim"（宣称）指的是声称某件事情的真实性，特别是在有反对意见的时候，暗指所说的话不一定对，所以该词有着明显的倾向性。"claim"在新闻文本中仅出现了2次。

以圣彼得堡峰会为例。就美联社、合众国际社、新华社三家通讯社的语言风格而言，通过对美联社的样本语料库进行检索，"军事"（military）和"叙利亚的"（Syrian）出现频次最高，分别达到72次和54次，这说明了美联社对叙利亚危机的高度关注。除此之外，报道中如"international"和"global"等相对出现频次较高的中性词也从侧面反映了美联社的官方切入视角。经过对合众国际社的样本语料库进行分析，发现"international"、"economic"、"global"和"military"等中性词出现频次最高，印证了合众国际社报道多为与政治经济领域相关的硬新闻。新华社的样本语料库显示，同样的，"economic"、"global"、"military"、"political"和"international"等中性词几乎全为最高频次词，一定程度上出现了与美联社和合众国际社高频词的同质化。而值得注意的是，"Chinese"出现频次位列第四，为130次，说明了中国作为主要议题或提及背景在新华社报道中有突出地位。

（六）报道节奏

从报道的节奏来看，历次峰会的情况不太一样，有的峰会报道会前比较充分，有的峰会报道会中最为集中，有的峰会报道会后延续较长时间。这与东道国媒体的报道风格、历次峰会的讨论议题、峰会召开时的时代背景等因素有关。塔斯社对历次峰会会前、会中、会后的报道篇数从图1可窥一斑。

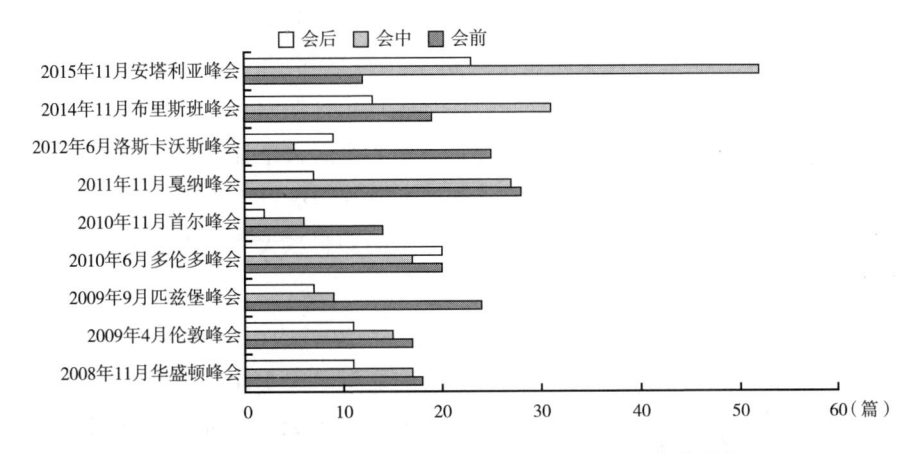

图1 塔斯社历次G20峰会会前、会中、会后报道篇数

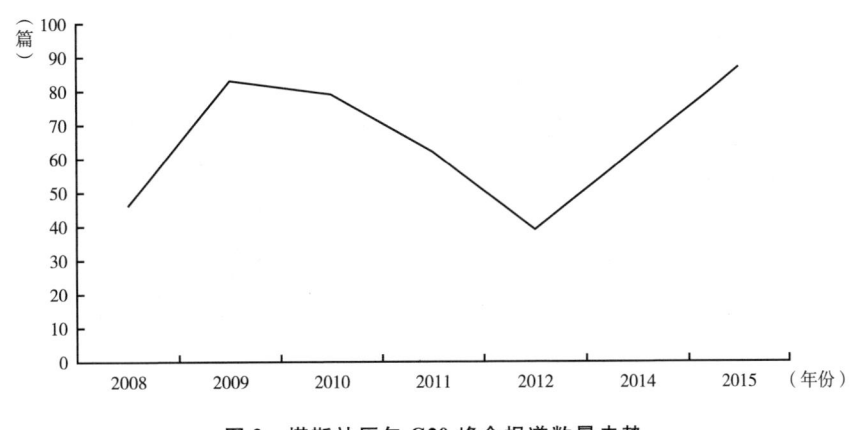

图2 塔斯社历年G20峰会报道数量走势

由图2可知，塔斯社对历年G20峰会报道的总量较大，在2012年之后总体呈逐年走高的上升趋势，在2015年形成报道的峰值。塔斯社对韩国首尔峰会和墨西哥洛斯卡沃斯峰会的报道相对较少。每次会议的会前报道数量较为平均，平均为 20 篇，这主要由于每次峰会召开之前媒体及社会各界都对会议持有相对稳定的期待。会中和会后报道平均篇数分别为 20 篇和 11 篇。会中、会后报道篇数年度起伏较大，这与当年会议达成的成果、会议过程中突发事件的多少以及塔斯社对峰会的关注程度有很大关系。如 2014 年澳大利亚布里斯班峰会取得了较为显著的成果，2010 年加拿大多伦多峰会期间发生群众游行示威、恐怖袭击、伊朗核问题、朝鲜问题以及地震、蚊虫灾害等事件，2015 年土耳其安塔利亚峰会受塔斯社关注程度较高，这些因素促使会中报道篇数接近或超出平均水平。而 2010 年韩国首尔峰会与多伦多峰会在同一年召开，会议达成的成果远远低于预期水平，会议期间的报道也以突发事件和插曲、轶事为主，导致会中和会后报道篇数出现低谷。

报道的数量和频率还受到会议召开时国际局势的巨大影响，从而反映出时代的脉搏。对国际新闻而言，对象国发生的冲突越大、与本国利益关系越大，报道的数量就越多。

第一，在 2008 年全球经济危机的背景下，2009 年伦敦峰会是最受世界瞩目的一次峰会，同年举行的匹兹堡峰会则取得了实质性的成果。这两次峰会曾被认为代表着"新秩序"的开启和新阶段的开始，因此格外受到瞩目。

第二，2010 年是全球"后经济危机"阶段的第一年，"复兴与新起点"成为这一年峰会的口号，同 2009 年一样，这一年峰会共举行两次，分别在加拿大多伦多和韩国首尔举行。在群众示威频发、朝韩冲突尖锐的多事之秋，这两个城市也成为各种敏感事件的聚集之地。

第三，2015 年的峰会在土耳其安塔利亚举行。随着二十国集团取得世界瞩目的成就，其在国际事务中的地位也越来越突出；而作为"新兴十一国"之一的土耳其经济持续繁荣，国际地位提高，吸引了世界各国的关注。俄土关系一直是俄罗斯外交史的焦点，加之国际新闻报道近几年总体呈上升态势，因此塔斯社关于土耳其安塔利亚峰会的报道量形成了历年报道中的最高峰。

二 对大型会议传播的建议

基于对历次峰会报道的研究，从可操作性和传播效果角度，课题组对大型会议传播提出以下建议。

（一）对传播内容的建议

第一，采用多元叙事者的策略，发挥"隐性作者"的作用。消息来源单一是传播效果不理想的一个重要原因，峰会传播很容易陷入政府机构和官员的"一言堂"，或者成为持某一类观点的专家、学者的传声筒。为了避免落入窠臼，在报道策划阶段就应丰富、细化消息来源类别，尽可能采访不同的信息源，特别是增加来自非政府部门（学者、业界人士、非政府组织和普通民众）的新闻来源，反映多元声音。

第二，有目的地选择新闻事件，选取独特视角。根据国家立场和媒体性质，为不同的媒体提供不同的传播方案。从宏观、中观、微观三个视角入手，从不同角度解读会议议题和相关新闻，为传播平台提供独特的解读、分析类报道，使传播内容兼具广度和深度。

第三，以受众为本，使会议报道更贴近群众。在报道大型会议时，可将关注焦点转向某个特定的事件或关键人物，以小见大，用讲故事的方法来说明抽象的议题，增加趣味性。充分考虑群众的利益和诉求，使报道内容更接地气，贴近群众的日常生活。

第四，考虑建立类似"BBC全球监测"的新闻部门，收集全球新闻，为全球用户服务。监测并传播全球新闻有助于受众了解会议的全貌，以及不同国家、不同媒体对会议的认识和对相关议题的观点。

第五，如果在会议召开期间出现了抗议示威等突发事件，要掌握好报道此类事件的分寸，稍有不慎，就会对会议的顺利召开造成影响，但是也不应完全避讳报道，在反映游行示威人群等普通民众心声的同时，也要注重维护国家形象。

第六，在写作层面，做好新闻信息采写的同时，加强观点性文章的写作。组织一批资深记者和专家、学者从事评论、社论写作，可以不局限于本国专业人士，广泛吸纳世界各国相关领域专家的意见，既可以直接约稿，也可以通过采访的形式集纳观点。

（二）对传播节奏的建议

第一，做好预热工作，提前设置传播议程。从时间分布看，会前报道充足是非常必要的，有利于社会各界提前熟悉并逐步深入了解各项议题，也有利于各界就相关议程充分发表意见，方便社会各界参与峰会。墨西哥作为东道主国，这方面做得比较理想，在峰会举行的半年前就开始对议程设置及相关行业和领域的动态进行宣传报道，值得借鉴。

第二，抓住一切机会，利用国际媒体发出自己的声音。对中国政府而言，时效性决定有效性，透明度决定公信力，及时、准确地为新闻议程进行首次定义和解释就可能占据国际舆论的主导地位。

第三，集中火力，做好会议期间的报道。会议期间的报道无疑是峰会报道的高潮，应提前准备好预制稿，并根据实际情况播发现场新闻，配合花絮报道，使会议新闻得到立体传播。

第四，会后持续关注会议成果的落实情况。会后报道尤其重要，不能忽视，它可以反映一次会议是否取得了实际成效。可以从会议相关议题的后续讨论、会议成果的落实步骤、下一届会议的举办城市等方面着手展开报道。

（三）对传播形态的建议

首先，依据不同的传播内容选择适宜的传播媒体形态。应考虑不同受众的信息处理习惯及不同媒体的运作惯例。报纸可编发消息、组织特写或专访、安排评论性文章、刊登读者来信，电视台可在新闻节目中插入连线访谈、组织专访、做谈话节目或专题节目等。国家级媒体可更侧重于对事件本身的关注，地方媒体或都市报纸可以在花絮报道上进一步挖掘，专业化媒体（包括新媒体）则可以充分发挥窄播的特点，为目标受众提供定制化的信息。

其次，建构整合传播策略，各类媒体协同作战，各司其职，发挥所长，相互配合，形成合力，从而实现对重大事件的立体化传播。努力做到平面媒体与电视媒体互为补充，传统媒体与新媒体互为延伸，大众媒体与专业媒体互相支持，国家级媒体与地方媒体互相配合，国际媒体与国内媒体互相引用。

再次，善用新媒体，广泛尝试虚拟现实（VR）、增强现实（AR）、互动新闻、播客、机器人写稿等新技术手段和新媒体形态，使会议传播在形态上百花齐放，吸引更多年轻受众关注。

最后，借助社交网络平台放大传播效果。遵循新闻传播规律和社交媒体传播规律，积极向社交网络投放会议报道，开设专门账号，组织专业队伍运营维护，有意识地与受众进行互动。

图书在版编目(CIP)数据

G20 峰会跨文化传播研究／孙有中，刘滢，章晓英主编．--北京：社会科学文献出版社，2018.9
 ISBN 978-7-5201-3380-7

Ⅰ.①G… Ⅱ.①孙…②刘…③章… Ⅲ.①文化传播-研究 Ⅳ.①G0

中国版本图书馆 CIP 数据核字（2018）第 206708 号

G20 峰会跨文化传播研究

主　　编／孙有中　刘　滢　章晓英

出 版 人／谢寿光
项目统筹／张晓莉　叶　娟
责任编辑／叶　娟

出　　版／社会科学文献出版社·国别区域与全球治理出版中心（010）59367200
　　　　　地址：北京市北三环中路甲29号院华龙大厦　邮编：100029
　　　　　网址：www.ssap.com.cn
发　　行／市场营销中心（010）59367081　59367018
印　　装／三河市龙林印务有限公司

规　　格／开　本：787mm×1092mm　1/16
　　　　　印　张：18.25　字　数：319千字
版　　次／2018年9月第1版　2018年9月第1次印刷
书　　号／ISBN 978-7-5201-3380-7
定　　价／89.00元

本书如有印装质量问题，请与读者服务中心（010-59367028）联系

▲ 版权所有 翻印必究